# LA COSA GODENTE

## *I filosofi di fronte alla psicoanalisi*

a cura di
Pietro Pascarelli

Galaad Edizioni

Tutte le traduzioni sono opera del curatore.



www.galaadedizioni.com

ISBN 978-88-98722-87-7

Matemi

14

Collana di filosofia e psicoanalisi diretta da
Marco Gatto, Antonio Lucci e Alex Pagliardini

Direzione scientifica di
Massimo Recalcati e Rocco Ronchi

Ringrazio Sergio Benvenuto per il confronto creativo,
anche nel mio lavoro per questo libro.

## Sommario

## Introduzione

di Pietro Pascarelli

Verso la fine del 2017 l'«European Journal of Psychoanalysis» (EJP) ha sottoposto una serie di domande in tema di psicoanalisi e filosofia – sul rapporto che esiste tra tali due dimensioni del sapere e sul senso, oggi, di ciascuna di esse – ad autori diversi per orientamento e provenienza: psicoanalisti interessati alla filosofia e filosofi interessati alla psicoanalisi. Il pratico medium della scrittura non è da intendersi, nel caso di queste interviste, come segno di legittimazione e permanenza assoluta di concetti con valore di verità, ma come base per la continua rielaborazione delle idee proposte dagli autori interpellati. Questo libro, che raccoglie le loro riflessioni, diventa allora un *testo* con cui ciascuno può entrare in rapporto, dando il proprio contributo interpretativo, in una prospettiva atemporale.

Vi sono affrontate molte delle questioni solitamente dibattute all'interno dei due campi posti in tensione tra loro, a partire da interrogativi di fondo sulla filosofia come ispiratrice e ordinatrice del pensiero e sulla psicoanalisi come visione e arsenale teorico-tecnico che intende in modo inaudito i processi della vita psichica e il loro significato, e alla fine l'uomo.

Come osserva Francesco Saverio Trincia, anche laddove si intenda il rapporto filosofia/psicoanalisi nei termini di una sfida fra esse che «ne respinge ogni possibile sintesi o reciproca integrazione o utilizzazione [...] all'interno dell'universo del pensare», l'incontro tra il logos filosofico e quello psicoanalitico è comunque inaggirabile, ed «è divenuto impossibile pensare filosoficamente senza che il paradosso del senso di una vicinanza distante torni a presentarsi come compito di un'indagine [...] a cui in generale non ci si deve-può sottrarre».

La psicoanalisi si pone come metodo di ricerca, come campo di conoscenza e *anche* come cura, e secondo alcuni è ispirata dalla filosofia attraverso autori come Arthur Schopenhauer, Friederick W. Nietzsche, Karl R.E. von Hartmann. Secondo altri, invece, e come in verità era nelle intenzioni strategiche di Freud, essa scuote dalle fondamenta i pilastri della cultura che la precede, e segnatamente della filosofia, com'è affermato con forza, in queste pagine, da Alenka Zupančič: «la psicoanalisi non è semplicemente una pratica terapeutica. È – probabilmente prima di ogni altra cosa – un'incredibile invenzione concettuale [...] la psicoanalisi è anche qualcosa che è "accaduto" alla filosofia e a cui la filosofia non può restare indifferente, come se nulla fosse successo. [...] la filosofia ha contribuito a dare alla teoria psicoanalitica una portata possibilmente universale, così come la capacità di percepirne la rilevanza ontologica. La psicoanalisi non è una nuova ontologia, ma non è senza rapporto con l'ontologia e con le interrogazioni ontologiche».

La psicoanalisi si pone anche come interprete delle manifestazioni e degli enigmi del linguaggio, senza peraltro alcuna indebita enfatizzazione del sapere intellettuale, e anzi nella piena consapevolezza dei limiti e dei rischi del conoscere. Come ci ricorda Dany Nobus, infatti, «il sapere stesso è la fonte principale di sofferenza e [...] il soffrire può essere alleviato in una certa misura accettando il fatto che l'ignoranza e l'incertezza non possano essere escluse e che anzi potrebbero anche essere abbracciate come un nuovo insieme di virtù. In un certo senso, come il punto in cui la psicoanalisi rientra nel campo della filosofia e dell'etica». Prospettiva, questa, che va integrata con quanto rileva Antonello Sciacchitano: «Freud scoprì il fatto inquietante – *unheimlich* – che il sapere inconscio è saputo in modo incompleto. Per la rimozione primaria, che precede ogni rimozione, il sapere inconscio non è del tutto disponibile; quindi l'essere che ne deriva è incompleto».

Tale incompletezza, il nascondimento e rimaneggiamento

continuo del discorso dell'inconscio che giunge in superficie e il suo annunciarsi per segnali da decodificare, l'inevitabilità di procedere a partire da una mancanza, delineano la specificità della psicoanalisi. Per Rocco Ronchi, essa «rappresenta un "colpo di sonda" nell'oceano dell'esperienza alla ricerca del suo fondamento. [...]. I concetti metapsicologici, primo fra tutti quello di "inconscio", sono allora gli effetti di quel colpo, come le onde concentriche che si tracciano sul mare o i detriti che emergono. Attraverso essi è possibile congetturare sulla natura del fondamento *inconcussum*. [...] sono infatti dei "resti" che vanno interpretati. Sono resti del solo "fatto" che interessa al filosofo speculativo. Un "fatto" che è in realtà un "atto puro"».

Diverso l'orizzonte di pensiero in cui si colloca la lettura di Gianluca Solla, per il quale «la psicoanalisi ci guida alla scoperta della dimensione di ciò che resta eterogeneo e irriducibile rispetto all'ordine dei discorsi, dentro ogni discorso come dentro ogni significazione. I lapsus, gli atti mancati, le dimenticanze: sono i vuoti che costellano la nostra esperienza, facendone al contempo il luogo della trasformazione e della scoperta».

Nella declinazione proposta da Jacques Lacan, la psicoanalisi è dapprima centrata sull'azione dell'Altro, cioè – lo spiega qui Alex Pagliardini – «sull'azione incessante del linguaggio sul vivente», come oggi lo è sul «*non-nato*, il pre-ontologico, il *c'è dell'Uno* – cioè il farsi del godimento». In questa prospettiva, essa è il dispositivo per affrontare il reale, il senza-senso, nella propria chiave personale, senza restarne succubi. La psicoanalisi si riscopre infine in termini nuovi grazie al concetto di antifilosofia di Alain Badiou, che ridefinisce il rapporto della filosofia, e della psicoanalisi, con la verità. Scrive Bruno Moroncini: «la verità di cui si fa questione in filosofia è in realtà una verità slegata dal sapere, soprattutto è una verità che non passa più per la rappresentazione ma si rovescia in atto, e che perciò stesso implica una superiorità dell'etica sulla conoscenza. L'antifilosofia in Lacan nasce dal fatto che per lui l'atto psicoanalitico, più che a interpretare il sintomo con il sapere di cui lo psicoanalista si è dotato, è rivolto in realtà proprio a destituire quest'ultimo dalla posizione di soggetto-supposto-sapere in cui lo colloca l'analizzante. Non c'è sapere preventivo in grado di disinnescare gli effetti sconvolgenti che la verità produce sul soggetto».

Oltre alla psicoanalisi, solo l'arte ci offre la possibilità di accostarci al reale senza smarrirci – ad esempio al reale della morte. Mi limito a citare una bellissima poesia di Dylan Thomas, *Don't go gently into that good night.* Il poeta, che pensa alla morte del padre, di fronte alla veste mistificatrice in cui si presenta quel reale angosciante smonta la falsa ragionevolezza dell'accettazione della morte del vecchio in quanto vecchio, opponendole la più strenua resistenza. Riporto qui solo le due prime strofe[1]:

Do not go gentle into that good night,
Old age should burn and rave at close of day;
Rage, rage against the dying of the light.

Though wise men at their end know dark is right,
Because their words had forked no lightning they
Do not go gentle into that good night.

Peraltro l'arte, in questo caso la scrittura poetica, si produce nel distacco dall'autore, e nello spazio, corrispondente alla casella interposta fra il vedere, il dire e la scrittura, in cui opera

[1] Non andartene buono buono in quella buona notte, / I vecchi dovrebbero infiammarsi e scalmanarsi quando finisce il giorno; / Furore sia, furore, contro il perire della luce. / Sebbene i saggi sappiano nel momento della fine che la tenebra è giusta, / Perché mai dalle loro parole fulmini si erano sprigionati essi / Non se ne vanno buoni buoni in quella buona notte.

la creatività, fuori dalla portata e dalla previsione del soggetto, fuori anche dal discorso poetico col suo significato sintatticamente codificato, ed entro invece l'area della "semanticità non articolata" di Algirdas Julien Greimas: qui si offre qualcosa che non è simbolizzato, che non si può trasmettere che nel modo della poesia: non univoco, non irreversibile, non chiaro. In questo spazio extrasoggettivo dunque, in cui il testo si impone a un tratto come qualcosa (il reale?) di cui l'artista non sapeva nulla fino all'attimo prima della sua improvvisa comparsa, in un'*innocence* alla Blake, e che prescinde dalle regole della lingua, è estraneo e incomparabile a ogni affetto, significato e narrazione. L'inconscio come attività di produzione continua è forse a questa stessa distanza dal discorso della veglia nel conscio. Ciò sembra collegarsi a quel che afferma qui Silvia Vizzardelli: «Mentre pensiamo di sapere cosa desideriamo, in un altro luogo, separato dal primo da una spaziatura e non innervato da quella che Lacan chiama "coaptazione orientata", si scrive qualcosa che è dell'ordine dell'evento e dell'impensato. [...] Per riassumere: la psicoanalisi ha portato all'evidenza dell'esperienza psichica cosa voglia dire stacco, taglio, lontananza, distanza, telegrafia, teleplastia. I fantasmi arrivano da lontano e diamo loro forma non plasmando materiali tra le mani, ma attraverso una tattilità a distanza».

Che si ragioni dell'effetto che può avere la psicoanalisi sui pazienti, di ciò che la distingue da altre forme di intervento "psi", dei suoi nessi con le neuroscienze o di altri temi come il rapporto con Nietzsche e Marx o con i fenomeni sociali e la politica (su cui i pareri si sono rivelati diversi e anche discordi), si aprono sempre nuove domande, che segnalano la necessità di un dialogo con altre forme di intervento e di cura, con altri campi del sapere.

Una questione su tutte si pone con insistenza nel discorso pubblico odierno, ed è quella che riguarda la scientificità, o meno, della psicoanalisi. Diversi degli autori qui interpellati propongono articolate riflessioni in merito, analizzando da un lato lo stesso concetto di scienza, dall'altro per lo più cogliendo l'impossibilità di circoscrivere la psicoanalisi entro i termini di una prospettiva quantitativa, e dunque l'opportunità di intenderla al meglio nella specificità del suo procedimento. Cito qui al riguardo la posizione di Alessandra Campo: «Penso [...] che ogni scienza sia incerta e proceda a tentoni appoggiandosi a qualche mito. Sicché la psicoanalisi non è meno esatta delle scienze "esatte" le quali, dopo Gödel e Heisenberg [...], non sono, peraltro, nemmeno più tali (lo sono mai state?). Tuttavia la psicoanalisi, rinunciando sin da subito [...] all'esattezza e alla previsione offerte dal calcolo matematico perché costretta, dalla natura invisibile e inquantificabile del suo "oggetto" (l'inconscio intensivo più che estensivo), ad accogliere altre forme di "misura" o correlazione, ha persino anticipato, a mio parere, alcune delle conseguenze dei teoremi di incompletezza e del principio di indeterminazione per l'odierna epistemologia scientifica: sostituzione della probabilità alla certezza, identificazione tra conoscenza e congettura, etc.».

Psicoanalisi e filosofia si rivelano non solo come laboratori di osservazione antropologica e di teoresi, ma ciascuna per sé, a suo modo o in qualche modo insieme all'altra, come la via impensata che porta dritto al cuore delle cose – alle scaturigini e alle corrispondenze concrete di principi astratti e di elaborazioni dottrinali, e viceversa –, ma anche dell'evento su cui si impernia l'osservazione psicoanalitica, nel senso attribuito al termine *evento* da Badiou. È evidente che psicoanalisi e filosofia procedono su linee diverse e indipendenti. La filosofia, rispetto alla psicoanalisi, opera di norma con le sue interrogazioni, per così dire, di rimando. La psicoanalisi agisce invece in presa diretta sui fenomeni, e nella clinica in presenza di un altro. Ma è anche vero che la filosofia, al di là di quel che davvero fu, in sé ed emblematicamente, il rapporto Freud-Nietzsche, qui ampiamente indagato, ha squarciato veli e aperto orizzonti alle possibilità d'intervento della psicoanalisi, contribuendo così a rinnovare l'interesse di molti giovani nei suoi confronti. Per converso, nota Luciano De Fiore, «se oggi la filosofia può pretendere di tornare a essere radicale, e credo che questa vocazione sia davvero nelle sue corde, lo deve in buona misura proprio alle sollecitazioni che le sono giunte da Freud e dalla psicoanalisi, dalla sua costante spinta verso le frontiere dell'impensato». Così pure Felice Cimatti: «la psicoanalisi può servire alla filosofia per introdurre nel suo campo qualcosa che sfugge alla presa della ragione e del calcolo».

La sfida della psicoanalisi alla filosofia è lanciata da una domanda cruciale, che formula Alessandra Campo ancora con riferimento a Badiou: «la filosofia è in grado di compiere atti? È in grado, cioè, di toccare il reale – nella sua distinzione lacaniana dalla realtà – producendo una trasformazione nel soggetto? Oppure si riduce a un'elucubrazione, paranoica secondo Freud, masturbatoria secondo Lacan, sul sapere? [...] La filosofia, in sostanza, può fare a meno del senso svelando il trucco che fa di molti filosofi degli "uomini virtualmente appagati"? Essa è in grado di toccare il reale e di dimostrare che vi riesce pur "operando" in assenza di setting, analista, divano e libere associazioni?».

Il tema non è più solo e genericamente il nesso fra psicoanalisi e filosofia, per quanto articolato, ma il rapporto fra il pensiero e noi stessi, in relazione alla verità che ci è preclusa (a ogni soggetto è velata la propria verità, che è *Lust*, desiderare e godere, ci dice Sergio Benvenuto), alla nostra vita e all'idea che ne abbiamo. In questo, il contributo conoscitivo della psicoanalisi non è nel dire ma nel mostrare, come suggerisce ancora Benvenuto seguendo l'insegnamento di Wittgenstein, e quindi privilegiando non quel che si dice ma quel che attraverso il dire si mostra: il non essere padroni in casa propria o l'essere carne che patisce del significante. O ancora, il qualificarsi dell'inconscio come cosa in sé o *noumeno*, di cui parla Alan Bass nel suo contributo, quando afferma che «Freud intende i riferimenti all'inconscio come a una kantiana cosa in sé».

Anche al di là di simili e così radicali conseguenze, che investono la stessa definizione dell'essere, il dialogo fra filosofia e psicoanalisi si rivela sorprendente. Emergono concetti su cose impreviste, e che ci si rivelano improvvisamente situate nella profondità di campi del tutto differenti e ulteriori rispetto a quelli di partenza. Freud, peraltro, come Marx e Nietzsche, fa parte di quella cultura del sospetto che porta a cercare sempre, come ricorda Alfonso Maurizio Iacono, «non dietro le apparenze, ma nelle trame non viste del visibile. Parafrasando Paul Klee si può dire che i filosofi del sospetto *rendono visibile* ciò che non si vede dentro lo stesso visibile». Ben oltre il confronto dottrinario, di confini e di contenuti specifici di ciascun campo, ci troviamo di fronte a visioni che collocano l'uomo nel mondo e in un non-mondo (cioè in un universo in cui l'uomo non è al centro come misura di tutte le cose).

Si parla dunque del mondo umano che tutti conosciamo, fatto di coppie, di famiglie, di individui, di passioni più o meno nascoste. Quel mondo chiuso in cui Freud, come gli viene rimproverato da Deleuze e Guattari, aprendo una questione su cui ancora si deve riflettere, ha deterritorializzato l'inconscio rinunciando a pensarlo in termini di desiderio e produzione senza oggetto definito, al fine di non contrapporsi ai disegni del capitalismo, per riposizionare invece il desiderio sul piano della rappresentazione con al centro il lapsus, il fantasma e il sogno. Su tale questione si esprime oggi anche Ronchi, quando indica tra i contributi più significativi della filosofia alla psicoanalisi «la desostanzializzazione dell'inconscio e la sua assimilazione al processo reale messa in atto da Deleuze e Guattari in *Capitalismo e schizofrenia*». Sulla scena di questo teatro, tutta la lettura psicoanalitica è stata da Freud imperniata su un significante unico, l'Edipo come primo attore, fattore di regolazione centrale dei rapporti intrapsichici, familiari, sociali.

Ma si parla anche di un mondo inumano del quale, come si

è detto, apre le porte la riflessione di Jacques Lacan, in cui incontriamo il reale e il suo continuo agire traumatico sul soggetto.

Soggetto che è l'elemento fondante della clinica e della teoresi psicoanalitica, ma anche, come rilevano Coelen, Webster, Zupančič, Panattoni, del taglio filosofico a essa dato da Lacan, con un epocale spostamento dell'accento dall'oggetto al soggetto entro una prospettiva originale. Lo sottolinea Zupančič: «Lacan ha rivoluzionato la nozione di soggetto nel modo più interessante, anche filosoficamente. Il soggetto non è un agente autonomo e libero, ma non è semplicemente un mero effetto della struttura in quanto pienamente coerente in sé stessa. È piuttosto un effetto del gap in questa struttura, della sua incoerenza e incompletezza costitutiva».

Volendo ampliare la questione, si può osservare come il soggetto incarnato e volto al godimento tenda, nelle estreme derive della modernità, a dirigersi verso la condizione paradossale e aporetica di una *cosa che sente*, di una *cosa in sé*, come sostiene Mario Perniola. In tempi più recenti si assiste infatti a uno spostamento di baricentro della riflessione filosofica ed estetica, che si allontana dalla temporalità con la sua interiorità e ascesi, per avvicinarsi alla spazialità in cui si espandono corpi e libido, nonché la stessa psiche, come ebbe a dire Freud («La psiche è estesa, di ciò non sa nulla»). Ciò ha fatto sorgere sulla traccia di altre basi, come l'estetica del barocco, le osservazioni di Walter Benjamin e le cyber-tecnologie, nuove forme di sessualità. Queste ultime sono centrate sulla sparizione del soggetto classico e ben definito e inducono a concettualizzare, come ha fatto il succitato filosofo, un *sex appeal dell'inorganico*. Nel quale gli "oggetti", caratterizzati da sembianze funeree d'alabastro e da pelle gelida come neve, o luccicanti di spie luminose come il cyborg vagamente antropomorfo, o ibridazioni immaginarie di pelle e stoffa nell'aura erotizzata della moda, sono il tramite, in un orizzonte *postumano* di frammentazione, dello sfumare dei confini di soggetto e oggetto (che a me sembra anticipato dai profetici orologi molli di Salvador Dalì), di un piacere erotico *sui generis*, che sfugge al paradigma e alla retorica del desiderio e dell'orgasmo. È forse questa la direzione che per la filosofia auspica Alex Pagliardini, quando dice: «Ipotizzo, e confido, che a breve alla filosofia interesserà l'omologia tra farsi del godimento e incidenza del linguaggio». Una linea di pensiero cui rimanda anche Felice Cimatti, che osserva: «Mi occupo di linguaggio, e soprattutto del modo in cui il linguaggio, in tutte le sue forme, modifica il corpo umano. [...] Il linguaggio non è né semantica né pragmatica, bensì logica (Wittgenstein), forma (Saussure), significante (Lacan), sintassi (Chomsky). [...] A me interessa la psicoanalisi come pratica formale, sintattica, effetto di significante. La psicoanalisi che mi interessa è quella lacaniana, che alla fine ha un solo problema, sbarazzarsi del senso».

Vi è però, inversamente, anche la tendenza, almeno in apparenza opposta, rappresentata da Romano Madera, analista junghiano, il quale concepisce la psicoanalisi come una ricerca di senso, ma speciale: che si adagia nel solco della sapienzialità antica ed elabora tecniche di conoscenza e cura di sé che colgano un senso al di là del non senso.

All'origine si trova la pulsione, quella che Freud definiva «il nostro mito», nell'idea che scienza e mito non siano contrapposti. Come osserva Jean-Luc Nancy, «le scienze sono sempre più consapevoli di produrre delle finzioni», in particolare «la finzione di una realtà né fisica né psichica e che dà realtà piena all'*al di qua* e all'*al di là* di ogni divisione tra corpo e mente: proprio ciò che Freud ha saputo toccare». La pulsione crea la destabilizzazione e la tensione che tracciano le linee di un "divenire dell'essere", e segna una nuova frontiera fra senso e non senso, con cui tutti siamo chiamati a confrontarci. Una frontiera, come osserva Guy-Fèlix Duportail, che l'inconscio strutturato come linguaggio sposta, e lungo la quale peraltro riconosciamo una grammatica del non senso, del sogno e del sintomo.

Questo divenire dell'essere è, per Federico Leoni, la fascinosa opportunità offerta dalla psicoanalisi in quanto «ontologia sperimentale» che permette di cogliere nella seduta il delinearsi della soggettività. Ed è questa peraltro la direzione, tanto per cogliere solo un altro aspetto del suo complesso contributo, tracciata da Alenka Zupančič, che legge la sessualità come torsione dell'essere coestensiva alla costituzione del soggetto, processo ontologico di per sé problematico.

In principio, dicevo, è la pulsione. La pulsione è una forza di origine biologica che preme nel soggetto e trova in esso rappresentazione psichica. In virtù della pulsione l'individuo tende ad agire in una sfera vitalistica individuale. Perché scopra la dimensione della relazione sociale e abbracci le regole della convivenza che sono indispensabili alla civiltà, mentre è già per forza pulsionale sospinto verso gli altri dal desiderio, alla ricerca dell'oggetto, l'uomo dovrà subire un condizionamento sociale che Deleuze e Guattari, in *L'anti-Edipo*, descrivono così: «L'uomo deve costituirsi tramite la rimozione dell'impulso germinale intenso; grande memoria biocosmica che farebbe passare il diluvio su ogni tentativo di collettività». Questo processo costitutivo ruota intorno all'azione del significante, che pone in posizione centrale «il problema dell'iscrizione, del codice, del marchio» impresso dal significante stesso come operatore della socializzazione all'insegna della mutualità e dei valori che chiamiamo "civiltà". Il mezzo che soddisfa questa necessità, ciò che il marchio imprime e trasmette, è presto detto: «si tratta del debito, dei blocchi aperti di debito, mobili e finiti, questo straordinario composto della voce parlante, del corpo marcato e dell'occhio che gode». Marchio prodotto dalla «macchina mano-grafia, voce-audizione, occhio-sguardo», che ne traccia l'iperbole in forma di inscrizione, debito, legge, e impresso nella carne e nella psiche attraverso tutte le pratiche educative.

L'occhio simboleggia, nelle origini primordiali e barbariche del patto sociale, la sorveglianza e la punizione prevista per chi rifiuta o trasgredisce le regole della convivenza, in un'equazione di danno e dolore in cui, come teorizzano ancora i due autori francesi di *L'Anti-Edipo*, «l'occhio trae dal dolore che contempla un plusvalore di codice che compensa il rapporto rotto tra la voce d'alleanza cui il criminale è venuto meno e il marchio che non era abbastanza penetrato nel suo corpo». Possiamo rintracciare in questo spettacolo di giustizia primitiva l'origine dell'istituto simbolico di controllo che viene interiorizzato nella psiche dopo essere stato marcato nel corpo per «renderlo capace d'alleanza, formarlo nella relazione creditore-debitore che, da ambo le parti, viene a essere un affare di memoria (una memoria tutta tesa verso il futuro)», e in ciò vedere rappresentato nel suo sorgere l'Altro, con le sue allucinate derive persecutorie.

Se la psicoanalisi ha per compito quello di far saltare il soggetto e far vivere un corpo, di collegare soggetto e pulsione nella dimensione di un corpo che parla e gode, di un inconscio come parola incarnata nel corpo; se la psicoanalisi, insomma, ci offre una prospettiva entro la quale riconoscere il giogo dell'altro e dell'Altro così da potercene affrancare, dobbiamo in questo riconoscere il contributo di un pensiero filosofico che, affiancandosi al Freud di *Il disagio nella civiltà*, coglie, nello stadio primordiale in cui fa la sua comparsa, la valenza repressiva del marchio in funzione della salvaguardia del bene collettivo.

E se, tuttavia, invece di stringere la psicoanalisi nelle maglie del pensiero filosofico, cercassimo di costruire una disponibilità psichica, una prospettiva teoretica e un lessico nuovi per cogliere il suo contributo? La psicoanalisi si applica oggi a un mondo rimodellato dalla modernità e dalle tecnologie, che ci destruttura e ci riplasma con nuovi profili più o meno definiti e nuove forme e consistenze, rifondando le finalità del contatto e della comunicazione, l'estetica e l'erotismo. Potremmo scoprire l'importanza di interrogare, della psicoanalisi, più le modalità e le possibilità d'intervento – ciò che essa determina nel paziente col suo lavoro che, da *talking cure* e interpretazione di enigma, la porta a cimentarsi col reale – che le presunte ascendenze filosofiche e culturali. Si tratta di rinunciare a forzarla verso una familiarizzazione con noi attraverso similitudini e contiguità, riconoscendone così la diversità e il necessario e ineliminabile taglio di estraneità, quella sorta di resistenza a collocarsi unicamente entro il perimetro del senso. Qualcosa che si forgia nel suo rapportarsi corpo a corpo, in seduta, contemporaneamente col significante ma sempre più anche con l'in-significante che è la pulsione e il reale senza senso, fino ad accettarlo e farlo accettare al paziente. Questa distanza, questo porsi fra le due rive che separano conscio e inconscio, mondo umano e inumano, simboli e reale, e che fa il paio con l'atteggiamento dell'analista in seduta, è in un certo senso la condizione perché la psicoanalisi possa sorprenderci, abituandoci ad accettare non solo la sorpresa proveniente dall'inconscio come enigma linguistico e fonte di scoperta di ciò che era celato (come in una felice intuizione di Theodor Reik), ma anche, sempre di più, la continua sorpresa del reale nella sua assoluta, irriducibile e asciutta insensatezza.

Questo operare, peraltro, in una prospettiva un po' diversa, ci dà una chance per sottrarci al godimento, e il suo intervento, idealmente protratto nell'autoanalisi, comprende una continua dis-interpretazione della ricerca inconscia di modi di godere. Infatti, come suggerisce Benvenuto, «l'idea di inconscio ruota attorno al fatto che la verità essenziale dell'umano è il godimento anche quando il soggetto vi si sottrae, e in questo modo si impone come godimento dell'Altro. Che sia io o l'Altro, comunque *es genießt, si gode*, in qualche modo». L'inconscio «è esso stesso interpretazione, e l'interpretazione analitica – ad esempio di un sogno – è sempre una dis-interpretazione dell'interpretazione inconscia».

Il godimento vede oggi i soggetti intrecciati con le vicende della politica e delle organizzazioni sociali come catene di modulazione e distribuzione del godimento stesso, in una dinamica sovraindividuale in cui, come nota Ronchi, è superata la dottrina ricardiana del valore-lavoro. Il plus-valore dell'analisi di Marx è soppiantato oggi – riducendosi il lavoro per effetto dell'automazione – dal consumo: «Il plus-valore non si estrae dal lavoro vivo ma da qualcosa d'altro che Lacan chiama "godimento" (e che ha a che fare, in ultima analisi, con la differenza specifica del vivente: il sesso e la morte). [...] Il problema si sposta: ciò che va liberato non è più il lavoro, ma il consumo». E questo consumo, prima che merci e beni vari, sembra investire, su un piano, la nostra possibilità di rimanere gioiosamente al di qua del principio del piacere, e su un altro piano, la nostra stessa vita ridotta a valore di scambio.

## Alan Bass

*Che cosa, della psicoanalisi, la interessa oggi da una prospettiva filosofica, e perché?*

Pur insegnando in un dipartimento di filosofia, non sono un filosofo di professione, ma piuttosto uno psicoanalista con un retroterra filosofico. Il resto delle mie risposte è formulato e andrà letto tenendo conto di questa premessa.

*Quale contributo filosofico alla psicoanalisi considera tra i più significativi, almeno per il suo approccio alla psicoanalisi?*

In ambito filosofico sono conosciuto per le mie traduzioni di quattro libri di Derrida, incluso *La Carte Postale*, che ha per oggetto la psicoanalisi. La mia impressione è che nessuno tra i filosofi contemporanei se ne sia occupato in modo più profondo e continuativo di Derrida. Naturalmente riconosco la grandissima importanza di molti altri contributi.

*A parte Freud, c'è qualche altro psicoanalista a suo parere capace di stimolare una proficua riflessione filosofica sulla psicoanalisi?*

Hans Loewald, che credo rimanga ancora relativamente sconosciuto in Europa. Benchè Loewald non scriva per dare un contributo specificamente filosofico, definirei filosofico il suo modo di pensare. Nell'introduzione alla raccolta dei suoi scritti, egli afferma di essere stato uno dei primi studenti di Heidegger. Sento l'influenza di Heidegger dappertutto, in Loewald, in particolare nella sua lettura della metapsicologia di Freud.

*Possiamo chiederle se ha avuto un percorso psicoanalitico, e se esercita come psicoanalista? In ogni caso, come vede quel che accade nella pratica clinica analitica? Ovvero, che cosa veramente accade in una cura?*

Ho svolto pratica analitica a tempo pieno per trentacinque anni. Per rispondere alla domanda, è importante definire cosa si intenda precisamente per psicoanalisi clinica. In primo luogo, c'è la questione della diagnosi: per alcuni pazienti la psicoanalisi è controindicata, sebbene possano giovarsi di un trattamento psicoanalitico modificato. Nel grande gruppo dei pazienti per i quali la psicoanalisi è invece indicata, il processo richiede il tipo di cornice analitica stabilito da Freud: almeno tre incontri alla settimana; sedute della durata minima di quarantacinque minuti; uso del lettino nella maggior parte dei casi; neutralità e astinenza dell'analista; libere associazioni del paziente accompagnate dal silenzioso processo associativo dell'analista nell'ascolto del paziente; un trattamento di lunga durata; linee guida chiare circa la responsabilità delle sedute mancate; attenzione dell'analista ai problemi controtransferali.

Credo che il processo analitico sarebbe impossibile senza una struttura di questo genere. Una volta che questa è stata stabilita, come ha scritto Freud nei suoi testi tecnici, ciascun trattamento va per la sua strada, determinata dalla psicodinamica del paziente: pulsioni, fantasie, angosce, difese, struttura del super-io, struttura del carattere, modalità delle relazioni oggettuali, circostanze della vita – in una parola, qualunque cosa il o la paziente porti nel trattamento. Mentre il transfert e la resistenza diventano le questioni centrali, poiché il trattamento potenzia il transfert, che ha luogo sia nella relazione con l'analista, sia nella vita del paziente. Tutto ciò deve essere interpretato. Da ultimo, occorre che vi sia un comune accordo circa la conclusione dell'analisi.

*Nietzsche e Freud. Quest'ultimo ammise di non aver mai veramente letto l'opera del filosofo, perché temeva di scoprire, tra le sue pagine, intuizioni anticipatrici del proprio lavoro. Come vede il rapporto tra i due?*

Si tratta di una questione di enorme importanza sulla quale, come molti altri, ho scritto. Una risposta completa richiederebbe molte pagine. Posso perciò fare riferimento solo ad alcuni punti.

Nella sua discussione su Nietzsche alla Società Psicoanalitica di Vienna nel 1908, Freud si domanda come questi possa aver raggiunto tante conclusioni simili alle sue senza alcuna esperienza clinica, e arriva a supporre che sia stata la psicopatologia a dargli accesso alla comprensione dei processi inconsci. Ma qui Freud sembra ignorare quella che, a mio parere, è la vera risposta al suo interrogativo. Il pensiero di Nietzsche è determinato dalla sua critica alla metafisica, specialmente nel suo privilegiare la coscienza. È il suo rigore, come quello di Freud, a condurlo a una teoria dei processi inconsci, e ad anticipare tante idee psicoanalitiche.

Ciò detto, ci sono divergenze cruciali tra i due. Nietzsche sfida le vedute della scienza e del vero sottoscritte da Freud. Freud intende i riferimenti all'inconscio come a una kantiana cosa in sé. Nietzsche avrebbe riso di questo. Nietzsche non ha un programma terapeutico nel senso inteso da Freud, anche se J. Russell ha scritto un libro eccellente sulla rilevanza clinica del pensiero di Nietzsche (*Nietzsche e la Clinica*). Mi limiterò a questi pochi e insufficienti accenni. Su questo argomento si dovrebbero leggere Ricoeur – che notoriamente accomuna Marx, Nietzsche e Freud come i «maestri del sospetto» –, l'accuratissimo *Freud e Nietzsche* di Assoun, le puntualizzazioni di Derrida in *Speculare – su "Freud"*, il mio capitolo dedicato alla questione in *Interpretation and Difference.*

*Sin dagli inizi della psicoanalisi, con Fenichel, Bernfeld, Reich, Fromm e altri, si è sviluppato un filone freudo-marxista sia tra gli analisti sia tra i filosofi, ancora fiorente. Come va pensato, oggi, il rapporto tra Marx, marxisti e psicoanalisi?*

È ben noto che esiste una convergenza diretta fra Marx e Freud sulla questione del feticismo. Si gioca qui il nodo della complessa relazione tra ideologia, credenza, mistificazione — l'incontro di processi inconsci e politica. D'altra parte, è altrettanto noto lo scetticismo di Freud circa la possibilità di una trasformazione sociale radicale, l'eliminazione della proprietà privata, eccetera. Sfortunatamente, le condizioni attuali di Russia e Cina sembrano confermare questo scetticismo, così come la diffusione planetaria di una grave disuguaglianza di reddito. Non riesco a concepire una psicoanalisi che non sia fondamentalmente "di sinistra" nelle sue convinzioni.

*Crede che la psicoanalisi possa essere uno strumento utile per interpretare i fenomeni politici, sociali e di costume contemporanei? In particolare, le differenze di genere, il processo emancipativo delle donne e di persone con orientamenti sessuali non ortodossi? E se sì, secondo quale chiave?*

Sì, stiamo vivendo un revival da incubo di nazionalismo e razzismo. Credo che questi fenomeni debbano essere compresi attraverso il pensiero psicoanalitico in materia di aggressività, autodistruttività, sadismo, narcisismo – questioni intorno a cui Freud e M. Klein, per fare solo due nomi, hanno prodotto contributi essenziali. La conoscenza psicoanalitica viene raramente applicata a questi fenomeni nella sfera pubblica, ma senza di essa credo si corra il rischio di arrendersi alla disperazione di fronte a manifestazioni di odio e violenza che appaiono invincibili. Per combattere qualcosa bisogna capirlo.

Per venire al punto "questioni di genere e di orientamento sessuale" – con che cos'altro la psicoanalisi si è sempre confrontata? Certo ci sono stati importanti dibattiti, in ambito psicoanalitico, su questi temi, per esempio quello sviluppatosi negli anni '20 e '30 in risposta a Freud sull'invidia del pene. Ma tali dibattiti portarono a un cruciale ampliamento della teoria psicoanalitica e della pratica clinica. Se per "orientamento sessuale" si intende l'omosessualità, o tutte le pratiche sessuali convenzionalmente etichettate come "perverse", la sola cosa da fare è leggere i *Tre saggi* di Freud sulla teoria sessuale. Sulla questione dei disturbi raggruppati e rubricati sotto la voce "trans", credo che la psicoanalisi non abbia detto abbastanza. Uno psicoanalista, in qualità di maestro del sospetto, non considera nulla in base al suo valore nominale. Così l'incontro con un paziente che crede di essere transessuale deve essere riportato nei termini delle dinamiche inconsce. Pur essendo questa l'idea psicoanalitica più elementare, essa non dovrebbe mai essere basata su una psicopatologia data per scontata. Patologia può esserci, come per tutti i pazienti, ma i problemi "trans" devono essere approcciati con discernimento. Questo vuol dire che potrebbe non esserci alcun risultato garantito con un paziente che sta prendendo in considerazione un intervento medico per cambiare sesso. Su un livello più teorico, la questione della differenza sessuale va considerata in relazione alla comprensione della differenza stessa – un tema che domina, per esempio, il pensiero di Nietzsche, Heidegger, Derrida, Deleuze. Colui o colei che si considera "trans" è un "essenzialista del genere", ossia qualcuno per cui esiste un'assoluta contrapposizione sessuale piuttosto che una differenza sessuale più complessa, o qualcuno per cui la differenza sessuale di per sé implica sempre una relazione fra maschio e femmina tale che l'uno possa diventare l'altro? Una psicoanalisi aperta a un approccio più filosofico alla questione della differenza in sé potrebbe avere da dire cose cruciali al riguardo.

*Una parte della fenomenologia filosofica si è occupata della psicoanalisi. Anche chi procede sulla scia del pensiero di Heidegger e chi coltiva l'ermeneutica ha spesso tematizzato la psicoanalisi. Che cosa pensa di questa "appropriazione" fenomenologica della psicoanalisi?*

Fenomenologia può voler dire molte cose. Dovendo essere breve, lasciate che mi concentri su Heidegger. Heidegger insiste sempre sul fatto che sta tentando di elaborare una fenomenologia dell'essere (*Sein*) stesso, che non è una fenomenologia *à la Husserl*. Io credo che vi siano enormi risorse per la psicoanalisi nella fenomenologia dell'essere. Per fare soltanto tre esempi: ripensare il tempo; ripensare l'interpretazione; ripensare la differenza stessa (si veda l'ultima domanda). Heidegger affrontò alcuni di questi problemi nei *Seminari di Zollikon*, il suo unico lungo incontro con la psicoanalisi. Non riesco a spiegare rapidamente perché ritengo che la questione dell'essere sia intrinseca all'interpretabilità stessa, o, per esempio, alle sedute a tempo. Idealmente, allora, non parlerei di "appropriazione fenomenologica" della psicoanalisi, ma della necessità di un dialogo fra le due discipline. Comunque, sono ben consapevole del lavoro da fare da entrambe le parti, che non credo mantengano il rigore che sarebbe necessario.

Un altro esempio: il Merleau-Ponty di *Il visibile e l'invisibile*. Reagendo contro una certa appropriazione fenomenologica ed esistenziale della psicoanalisi, Merleau-Ponty spiega perché pensa che sia necessaria una psicoanalisi "ontologica" – il che è quel che ho appena cercato (comunque in modo inadeguato) di descrivere.

*A partire da Popper, si è sviluppata nel corso dei decenni una corrente di critica radicale della psicoanalisi, che ne nega la plausibilità scientifica assimilandola a una mitologia, e contesta la validità della pratica analitica. Come si pone in questo dibattito, se in qualche modo vi si pone?*

Popper notoriamente basa la sua critica sulla falsificabilità, come se questa fosse l'unico criterio per un giudizio scientifico. Nelle loro formulazioni iniziali, la selezione naturale e la relatività speciale non erano falsificabili. Erano teorie derivanti da un *insight* profondo, disciplinato, che alla fine furono dimostrate vere nel senso convenzionale. Semplicemente non abbiamo ancora i mezzi per fare lo stesso con la teoria freudiana, sebbene ricercatori psicoanalitici empirici abbiano compiuto importanti passi avanti. Ma se è vero che ci sono processi inconsci, che essi superano come estensione i processi consci, che hanno un'influenza determinante sulla psicopatologia, allora ogni forma di trattamento che ignori questi fatti è non scientifica.

*Trova importante che la psicoanalisi oggi dialoghi con il sapere biologico (scienze dell'evoluzione, neuroscienze) e con le scienze in generale?*

Sì. Questo non vuol dire che ci dovrebbe essere un programma riduttivo – per esempio comprendere la mente solo in termini di neurofisiologia. Non sono molto esperto in questo campo, ma ne ho una certa conoscenza. Due importanti neurofisiologi, Edelman e Kandel, trassero ispirazione da Freud. Tre delle più importanti scoperte della neurofisiologia sono che il cervello è l'oggetto più complesso dell'universo, che il grande picco dell'attività cerebrale è nell'interazione con se stessi, e che il cervello è plastico. Ciascuna di esse ha profonde implicazioni per la psicoanalisi. Freud riteneva che la biologia fosse un «campo di illimitate possibilità», e lavorò molto sulla teoria evoluzionista. In vari punti della sua opera egli fa riferimento alla rivoluzione nella fisica che fu contemporanea alla nascita e allo sviluppo della psicoanalisi. Credo che l'idea della complementarità di Bohr, secondo cui esiste un livello di realtà entro il quale si applicano insieme principi in apparenza opposti, apra una strada di pensiero essenziale per la psicoanalisi. Allo stesso modo in cui interagiscono il caso e principi deterministici.

*Oggi la psicoanalisi si confronta con psicoterapie e teorie rivali – la psicoterapia comportamentale e/o cognitiva, la psicoterapia sistemica-relazionale, e svariati altri tipi di cure. Come situarla in relazione a queste? E in particolare, possiamo dire che la psicoanalisi sia una psicoterapia, e se sì, in che senso?*

La grandezza della psicoanalisi consiste nel suo essere l'unica forma di psicoterapia capace di rendere giustizia alla complessità dei processi psichici. Ci sono sempre state, e sempre ci saranno, forme di psicoterapia che sono assai più semplicistiche. È questa la ragione per cui la psicoanalisi non morirà, anche se oggi è molto più marginalizzata che in passato.

*Molti filosofi si sono interessati particolarmente al pensiero di Jacques Lacan. Che valore e che senso attribuisce al contributo* après coup *di Lacan?*

Dato il mio retroterra culturale francese, e il fatto che insegno psicoanalisi in un dipartimento di filosofia, l'incontro con Lacan è stato inevitabile. Ovviamente, nella comprensione di Lacan, sono stato influenzato da Derrida. La sua è una critica filosofica, in cui lo psicoanalista diventa un esempio di «fallogocentrismo». Come clinico, e a lungo insegnante del pensiero di Freud, ho grande difficoltà con il pensiero di Lacan. Spesso considero il suo "ritorno a Freud" come una distorsione. È come se la critica, spesso giustificata, della psicologia dell'Io anglosassone portasse Lacan a distaccarsi da tutto ciò che Freud aveva detto intorno all'Io. Per esempio – l'attacco di Lacan sull'analisi della resistenza, la sua affermazione che c'è solo una resistenza, quella dell'analista. Non c'è in Freud un'idea più fondamentale di quella che la nevrosi è dovuta alla difesa, e che la difesa produce la resistenza nel trattamento. Freud si dedicò a quest'idea tutta la vita, e la mise sempre al centro del trattamento. Sedute di durata variabile mettono l'analista in una posizione onnipotente, che io considero anti-psicoanalitica. Il training psicoanalitico basato sulla "passe" fu un disastro. D'altra parte, quando insegno il pensiero di Lacan, mi ritrovo sempre in accordo con molte delle sue critiche specifiche rispetto a vari pensatori del campo psicoanalitico. E sono del tutto d'accordo con l'idea lacaniana che l'articolazione fra psicoanalisi e filosofia sia imprescindibile.

## Sergio Benvenuto

*Che cosa, della psicoanalisi, la interessa oggi da una prospettiva filosofica, e perché?*

Le ragioni per cui la psicoanalisi ha affascinato molti filosofi, mentre ha prodotto in altri un rigetto, non sono molto diverse da quelle per cui essa ha suscitato fascinazione o rifiuto in molte altre persone non filosofe. Wittgenstein diceva che la maggiore difficoltà della teoria di Freud non consiste tanto nelle resistenze che essa provoca, quanto invece nella grande carica di seduzione che essa produce (anche in lui stesso). La seduzione che la psicoanalisi ha esercitato in oltre un secolo è quella di un'antropologia e di un'etica che *ci rappresentano*, e di cui occorre esplicitare il paradigma basilare.

Questa antropologia si basa su una scelta di fondo, contenuta in gran parte nel termine tedesco *die Lust*, che significa allo stesso tempo desiderio, brama (libido, dice Freud) e piacere, godimento. *Lust* è una moneta che ha due facce: una che guarda al *Wunsch*, augurio o desiderio; e l'altra che guarda verso *Genuß*, il godimento. Come ogni grande antropologia, anche quella di Freud scommette su una verità essenziale dell'essere umano, che sostanzialmente era già articolata nel *Progetto di una psicologia* (1895): che l'essere umano è un essere desiderante che punta a godere. Non sono (solo) *io* a desiderare e a godere, *Es* desidera e gode. Questa è stata la grande scommessa freudiana. La sfida di Freud è stata di ricostruire strategie di godimento anche quando i soggetti, in modo inquietante, sembrano fare di tutto per soffrire. L'angoscia stessa è un godimento che prevarica l'Io come micidiale. Freud ha provato a spiegare persino la melanconia come godimento; ovvero, come godimento sadico dell'Oltre-io (*Über-Ich*). In effetti, l'idea di inconscio ruota attorno al presupposto che la verità essenziale dell'umano è il godimento anche quando il soggetto vi si sottrae, e in questo modo si impone come godimento dell'Altro. Che sia io o l'Altro, comunque *si gode* in qualche modo.

La pratica inaugurata da Freud ha avuto un enorme successo, anche popolare – prova ne sia la fortuna cinematografica, mai tramontata, della figura dell'analista in seduta. Da dove deriva l'attrazione per la scena rituale del setting analitico? Questo setting impressiona per l'etica che esso esprime: che la nostra riuscita individuale sia dovuta a una «cura di sé» (come la chiama Foucault), a un'opera di ricostruzione della propria storia, in un rapporto verbale con qualcuno che ti ascolta e si astiene dall'agire.

D'altro canto la psicoanalisi può aiutare la filosofia ad auto-analizzarsi, insomma ad auto-decostruirsi: occorre che i filosofi si interroghino, oltre che sui loro enunciati, anche sulle loro enunciazioni. E queste hanno a che fare con le strategie di godimento. Non si è convinti da una filosofia per le sue argomentazioni! Bisogna capire di volta in volta che tipo di godimento si profila attraverso le enunciazioni filosofiche. In che modo, attraverso una "nostra" filosofia, godiamo?

*Quale contributo filosofico alla psicoanalisi considera tra i più significativi, almeno per il Suo approccio alla psicoanalisi?*

Paradossalmente, tra i contributi più utili per capire Freud annovero testi che appaiono severamente critici della psicoanalisi. In particolare, mi ha fatto pensare quel che Wittgenstein ha detto e annotato su Freud. In realtà, l'atteggiamento di Wittgenstein nei confronti della psicoanalisi è estremamente ambivalente. Ora, credo che questa ambivalenza non vada risolta in un senso o nell'altro, ma vada invece assunta e rivendicata.

Si può esercitare da analista ed essere ambivalente nei confronti dell'analisi? Certamente. Direi che è persino necessario.

Perché è chiaro – come ha mostrato Wittgenstein – che le *teorie* psicoanalitiche sono miti, esse si basano su presupposti antropologici che non si prestano alla corroborazione scientifica. L'Edipo, le fasi libidiche, la scena primaria, l'identificazione proiettiva, gli elementi alfa e beta, la *forclusion* o pignoramento, ecc. sono tutti miti. I quali però permettono, se usati con accortezza e ironia, uno straordinario *insight* dell'inconscio.

Potrà apparire strano che un altro filosofo il cui pensiero ha inciso sulla mia formazione sia stato Jacques Derrida, così distante da Wittgenstein. Il pensiero di Derrida è quello maggiormente influenzato dalla psicoanalisi nella filosofia del Novecento. Anzi, credo di avere nei confronti di Freud un atteggiamento molto più laico, diciamo scanzonato, del suo. Pur essendo io lontano da Derrida per molti versi, va detto che egli ha cercato in qualche modo di (psico)analizzare la filosofia, Freud incluso. I testi filosofici non sono più presi alla lettera, sul versante dell'enunciato: quando un filosofo compie un'opzione metafisica, *che cosa nel fondo vuol dire, a se stesso e agli altri*? Di solito, i filosofi non sanno quello che stanno dicendo, non diversamente dai pazienti in analisi: occorre far dire al loro testo quel che il loro testo *mostra* senza dirlo.

Mi piace decostruire Freud perché – come diceva Wittgenstein – è uno dei pochi che avesse qualcosa da dire. È una pietà decostruttiva. Ma, in fondo, anche la mia è un'autodecostruzione.

Sono stato formato anche da filosofi che non si sono occupati di psicoanalisi – o se ne sono occupati poco e male. In particolare dalla linea Kant-Heidegger. E ho un debito con Foucault, per il suo modo di applicare Nietzsche all'analisi della società, del sapere e della storia.

*A parte Freud, c'è qualche altro psicoanalista a suo parere capace di stimolare una proficua riflessione filosofica sulla psicoanalisi?*

Maestri e punti di riferimento sono stati, per me, Jacques Lacan per la teoria psicoanalitica, Elvio Fachinelli per la psicoanalisi clinica, Diego Napolitani per la psicoterapia in senso lato. Ho cercato di seguire la prescrizione di Lacan, quando diceva agli allievi: «Fate come me: non imitatemi». Questa prescrizione è un vero *double bind.* Il double bind, il paradosso pragmatico, è parte integrante della nostra vita sociale – tutti siamo invischiati in paradossi. Così, contraddittoriamente, imito i miei maestri: non ho più maestri.

Amici e colleghi non freudiani restano sempre stupiti dal fatto che, quando un filosofo o saggista si occupa di psicoanalisi, di solito si occupi solo di Freud. Se ci si confronta con la psicoanalisi, partire dal pensiero di Freud appare non solo necessario, ma spesso anche sufficiente. Due soli analisti, oltre a Freud, attraggono l'attenzione di filosofi e scrittori: Jung e Lacan. Perché Freud, Jung e Lacan hanno detto qualcosa di *originario*; gli altri, anche se ottimi, appaiono piuttosto ramificazioni. Eppure Freud e Lacan – e suppongo che qualcosa di simile accada con Jung – vengono letti in modo completamente diverso da ciascun filosofo o studioso, tanto da potersi chiedere se tutti costoro abbiano parlato dello stesso autore.

Heidegger disse che un vero grande pensatore pensa di fatto sempre un solo e unico pensiero. Può valere, questo, anche per un grande psicoanalista? Ho già detto quel che mi sembra l'unico pensiero di Freud. Di Lacan direi che il suo pensiero essenziale era: come il linguaggio ci permette di toccare un reale? Di Winnicott era: come accedere alla possibilità creativa del gioco?

*Possiamo chiederle se ha avuto un percorso psicoanalitico, e se esercita come psicoanalista? In ogni caso, come vede quel che accade nella pratica clinica analitica? Ovvero, che cosa veramente accade in una cura?*

Ho cominciato a esercitare come analista tardi, dopo aver avuto percorsi con analisti – volutamente – di scuole diverse. Kleiniana, lacaniana, foulkesiana, kohutiana. Questa pluralità rivela la mia insofferenza a identificarmi con una scuola. Il capolavoro di Freud è aver creato un setting che produce effetti specifici indipendentemente dalla metapsicologia dell'analista. Alcuni allievi e allieve mi dicono che non capiscono perché i loro pazienti tornino da loro per mesi o per anni e perché abbiano vistosi miglioramenti – "Eppure non ho fatto nulla di speciale", dicono. In realtà hanno saputo *non* distruggere il transfert. Hanno lasciato fare al setting. In psicoanalisi la parola non deve essere performativa (l'analista non prescrive, non consiglia, non giudica), proprio per rendere performativo il legame analitico.

Qualifico il mio approccio come *minimalista*, nel senso che considero essenziale il mantenere una posizione analitica di fondo. Le teorie o metapsicologie che poi ogni analista usa possono essere interessanti, ma non sono l'essenziale dell'*atto* analitico. Non condivido il pessimismo terapeutico di certi analisti, penso che un individuo che abbia condotto a fondo un'analisi possa superare inibizioni, sintomi e angosce. Del resto, se pensassi che l'analisi non cura, non la praticherei, non lo troverei etico. È vero che l'analista non promette una guarigione, ma proprio il fatto di ottenerla è l'indicatore che si è fatta una buona analisi. Non è vero che i sintomi non si sciolgano, talvolta anzi sono i primi a cadere. È anche vero però che fare analisi è per molti di per sé un godimento, alcuni fanno analisi per l'analisi, come si dice l'arte per l'arte. Ma questo godimento infinito del transfert non deve essere una scusa dell'analista per pensare "il paziente si illude che starà meglio".

Credo che la psicoanalisi aspetti il suo Machiavelli, che ricostruisca *che cosa veramente si fa in un'analisi.* Prima di Machiavelli esistevano varie teorie politiche, ma il segretario fiorentino fu il primo a fare della politica una "scienza", ovvero a descrivere come si agisce politicamente al di là dei modelli di buon governo. Attendo un equivalente psicoanalitico del *Principe.*

*Sin dagli inizi della psicoanalisi, con Fenichel, Bernfeld, Reich, Fromm e altri, si è sviluppato un filone freudo-marxista sia tra gli analisti sia tra i filosofi, ancora fiorente. Come va pensato, oggi, il rapporto tra Marx, marxisti e psicoanalisi?*

La tentazione freudo-marxista, o marx-freudiana, è nata precocemente; già con i surrealisti. A tutt'oggi prospera una corrente freudo-marxista che annovera anche autori di spessore, come Slavoj Žižek e Alain Badiou. Ma un'altra ala del marxismo ha assunto posizioni nettamente anti-psicoanalitiche. Insomma, Freud ha dilaniato il marxismo al proprio interno.

Certo è che sia il marxismo sia il freudismo si vogliono analisi che denunciano la "falsa coscienza". Per il marxismo la falsa coscienza è l'ideologia, le teorie che ci costruiamo per non vedere la realtà, la divisione della società in classi. Per il freudismo la falsa coscienza sono le razionalizzazioni egoiche, le costruzioni narcisistiche, tutto il sistema difensivo che edifichiamo per sfuggire alla verità della nostra *Lust.* Così Paul Ricoeur trovò il nesso tra Marx, Nietzsche e Freud identificandoli come, in forme diverse, pensatori del sospetto: sospettare della nostra "buona coscienza" e decostruirla. Così non si contano i saggi che mettono in corrispondenza la teoria marxiana del feticismo della merce con la teoria freudiana del feticismo sessuale.

Il freudo-marxismo è fiorito a dispetto del fatto che Freud detestasse il bolscevismo. E soprattutto c'è un inghippo fondamentale: Freud non credeva nel progresso, mentre è impensabile il marxismo senza un progetto progressista. Per Freud, se esiste progresso sul piano tecnologico, non si può però parlare di progresso sul piano spirituale, o felicità degli individui. Quanto a Lacan, non ha creduto mai alla rivoluzione marx-leninista, cosa che non ha impedito a tantissimi lacaniani, oggi, di essere marx-freudo-lacaniani. Ma allora, sono stati i maestri (Freud, Lacan) a essere ciechi rispetto alla loro profonda affinità con Marx, mentre i discepoli hanno visto quel che essi non vedevano? O sono stati i discepoli a voler mettere nello stesso paniere cose che in realtà sono, se non incompatibili, incommensurabili? Io sono per la seconda ipotesi. Penso che, al di là delle loro analogie come pratiche di emancipazione, marxismo e freudismo siano due antropologie alternative. Il profondo bisogno che ha avuto l'ultimo secolo di legare Marx e Freud – e magari anche Nietzsche, Heidegger, Benjamin (anche se quest'ultimo detestava Heidegger)... – in una sorta di nodo borromeo va a sua volta decostruito. È come se ognuna delle "speranze" promessa da ciascuno di questi pensatori venisse percepita come insufficiente. Mettendo assieme pensatori e dottrine che non si sono amati si tenta di trasformare un insieme di speranze parziali in una Grande Speranza.

Seguendo Umberto Eco, ho espunto il termine *ideologia* dal mio vocabolario proprio per schivare il suo senso marxista, ideologia come falsa coscienza. Come dire: "la mia teoria è veramente scientifica, la tua è solo ideologia". È una sbruffoneria. Oggi non si dice più ideologia ma *narrative*. Credo che in fondo tutte le teorie siano narrazioni, marxismo incluso. È solo uscendo dalla teoria che si esce dalla narrazione. Costruirsi delle teorie, certo, è indispensabile – ma con la consapevolezza, appunto, che si tratta di narrazioni utili, di scommesse.

*Crede che la psicoanalisi possa essere uno strumento utile per interpretare i fenomeni politici, sociali e di costume contemporanei? In particolare, le differenze di genere, il processo emancipativo delle donne e di persone con orientamenti sessuali non ortodossi? E se sì, secondo quale chiave?*

La separazione tra marxismo e psicoanalisi che ho evidenziato nella risposta precedente non impedisce uno sguardo psicoanalitico sulle cose politiche e sociali, tutt'altro. Ancora ben pochi hanno saputo utilizzare la psicoanalisi come strumento di comprensione del mondo sociale.

La psicoanalisi ha un vantaggio su molta politologia e sociologia: che essa ci ha abituato a capire la forza del significante. La psicoanalisi dovrebbe renderci evidente il fatto che i conflitti più estremi non sono frutto di contrasti economici (non solo di quelli, per lo meno), ma di opposizioni significanti. Sono arbitrarie tutte le "identità", per lo più oppositive: scozzesi/inglesi, jugoslavi/croati-sloveni, catalani/spagnoli, tutzi/huti, mussulmani/indù, sciiti/sunniti, ecc. I continui massacri che punteggiano la storia sono più effetti dell'opposizione di significanti che conflitti su base materiale. C'è una dimensione agonistica nella storia, quasi sportiva ma presa troppo sul serio, che sarebbe tempo di smascherare.

Se c'è una dottrina sociale della psicoanalisi – per chiamarla così – essa consiste in questo: la psicoanalisi si interessa a (e cura) i *ratés* di ogni società, agli scarti. *Scarti* anche nel senso di differenze, di schivate, di svolte: la psicoanalisi punta sull'irriducibilità della soggettività al Bene sociale. Per questa ragione essa prospera di fatto per lo più in società capitaliste e a democrazia pluralista: in queste lo scarto soggettivo, per dir così, è come istituzionalizzato.

*Una parte della fenomenologia filosofica si è occupata della psicoanalisi. Anche chi procede sulla scia del pensiero di Heidegger e chi coltiva l'ermeneutica spesso ha tematizzato la psicoanalisi. Che cosa pensa di questa "appropriazione" fenomenologica della psicoanalisi?*

La fenomenologia ha sempre avuto una relazione ambivalente con la psicoanalisi. Nella fenomenologia includo anche l'ermeneutica, detta "pensiero debole" in Italia, che in sostanza è il modo in cui la fenomenologia ha tenuto conto del *linguistic turn*. E nella fenomenologia includo Heidegger, forse il filosofo più influente in psicoanalisi. Eppure Heidegger ha rigettato la psicoanalisi come una scienza naturalistica, confondendo così gli enunciati della psicoanalisi con le sue enunciazioni. Altri, invece, come Merleau-Ponty, l'hanno in qualche modo sdoganata come una prima approssimazione a una visione fenomenologica della soggettività, anche se ancora "sporca" di determinismo scientista. La fenomenologia ha sempre puntato a una sorta di *purificazione* della psicoanalisi, sganciandola completamente dai presupposti di causalità e determinismo.

La psicoanalisi naviga inevitabilmente tra Scilla e Cariddi: tra la sua integrazione a una scienza psicologica da una parte, e la sua riforma come ermeneutica dall'altra. La mia opinione è che essa però, optando per una cosa o per l'altra, si faccia divorare. Il fidanzamento tra psicoanalisi ed ermeneutica è nato sulla base del fatto che entrambe praticano interpretazioni. Nella sua forma radicale, nichilista, per l'ermeneutica "non esistono fatti, solo interpretazioni". È un episodio della ricorrente rivendicazione della suprema Libertà umana: non ci sono limiti all'umana libertà interpretativa. C'è però un profondo malinteso su ciò che la psicoanalisi e l'ermeneutica chiamano *interpretazione*. Per l'ermeneutica tutti interpretiamo, e così creiamo il nostro mondo e la nostra storia. Per la psicoanalisi invece si interpreta uno scacco interpretativo, si disinterpreta. L'inconscio è esso stesso interpretazione, e l'interpretazione analitica – ad esempio di un sogno – è sempre una dis-interpretazione dell'interpretazione inconscia. L'ermeneutica punta a ciò che essa chiama verità, la psicoanalisi a ciò che essa chiama reale. In molte scuole analitiche questo reale viene chiamato trauma.

Malgrado i suoi sempre rinnovati tentativi di colonizzare l'inconscio, la fenomenologia resta una filosofia del primato della coscienza, anche se trascendentale, ovvero sempre coscienza-di-qualche-cosa. Che cosa dell'inconscio freudiano resterà sempre inassimilabile a ogni riduzione fenomenologica? L'inconscio secondo me è, parafrasando Pascal, che *le cul a ses raisons que la Raison ne connaît pas*. La fenomenologia, anche con tutta la sua migliore volontà, non riuscirà mai a far emergere queste *raisons du cul*. Detto in modo meno popolaresco: le ragioni della carne, il fatto che la carne "pensa" attraverso il nostro pensiero e il nostro corpo. Ogni relazione con gli altri e l'Altro si ritaglia sempre al di dentro di queste ragioni di *Lust*.

Descriverei il mio percorso intellettuale come *a long good bye* dalla fenomenologia. Dire addio a una filosofia che vuole entrare in competizione con la scienza su una base fondativa, su un *Grund*, partendo da evidenze che sarebbero certe per tutti. Dall'evidenza dell'*Erlebnis*, dall'esperienza vissuta *del* mondo e *nel* mondo. Non credo che la funzione della filosofia sia di *fondare* qualcosa – dal sapere alla politica. Ogni pretesa fondativa è destinata allo scacco.

*A partire da Popper, si è sviluppata nel corso dei decenni una corrente di critica radicale della psicoanalisi, che ne nega la plausibilità scientifica assimilandola a una mitologia, e contesta la validità della pratica analitica. Come si pone in questo dibattito, se in qualche modo vi si pone?*

Ormai l'insegnamento della psicoanalisi è stato espunto non solo dai corsi di psichiatria, ma anche di psicologia. Agli studenti in entrambe le discipline si insegna che la psicoanalisi è una teoria superata. Oggi si studia la psicoanalisi nelle facoltà di Filosofia, Letterature Comparate, Critica e Storia dell'arte... È un corollario della convinzione dominante che la teoria e la pratica della psicoanalisi siano *Humanities*, non *Sciences*.

Credo che la questione della scientificità della psicoanalisi sia mal posta, dato che per me è evidente che *la psicoanalisi non è una scienza* come oggi la si intende. Ma ci sono tanti altri campi del sapere importanti pur senza essere strutturati come scienze. È quel che a suo modo Freud disse quando affermò che tre sono i mestieri impossibili: governare, educare, psicoanalizzare. Mestieri impossibili ma inevitabili (persino psicoanalizzare è inevitabile): non possiamo non governare le nostre società, non educare figli e allievi. Ora, possiamo dire che un uomo politico è grande perché è scientifico? O possiamo dire che le scuole Montessori, per esempio, sono così diffuse nel mondo perché il metodo Montessori è più scientifico di altri? Analogamente, la psicoanalisi non è una tecnica che derivi da una teoria scientifica. Quando si ha a che fare con esseri umani, le cose diventano molto più complicate che nelle scienze positive. La politica, la pedagogia e la psicoanalisi sono insomma *pratiche di cura* degli esseri umani. La psicoanalisi è piuttosto una *psicoprudenza*, una *phronesis*, ovvero una pratica di cura dei soggetti che si ispira certo a teorie, ma non scientifiche. Essa è più empiria, direi, che scienza.

Riferendoci a T.S. Kuhn, possiamo dire che la psicoanalisi non è considerata scienza perché non è mai entrata in una fase *normale*. La scienza è "normale" è quando un'intera comunità scientifica accetta un paradigma e risolve puzzle entro questo paradigma. La psicoanalisi è rimasta invece sempre una scienza "straordinaria", ovvero sempre dibattito di fondo sui paradigmi, non ne ha mai scelto uno. Ma per Kuhn c'è progresso scientifico perché ci sono lunghe fasi di scienza normale.

Oggi molte ricerche sono tese a verificare se una psicoterapia sia più efficace di altre. Lester Luborsky giunse alla conclusione che *tutte* le psicoterapie sono efficaci in misura quasi eguale – insomma, curarsi in qualsiasi modo è sempre meglio che non curarsi. Però queste ricerche sul campo mi paiono in gran parte *biased*: non tengono conto dell'incommensurabilità tra le varie cure. Un esempio: una signora viene da me portando il problema che non riesce a imparare l'inglese. Tutti i suoi familiari lo parlano, lei no. Nel giro di un paio di sedute emergono le ragioni di questa inibizione, i suoi difficili rapporti con i genitori... L'analisi prosegue, e dopo un anno la paziente non ricorda nemmeno più di essere venuta la prima volta col problema dell'inglese, ormai uscito dal suo orizzonte. Uno psicoterapista cognitivista, ad esempio, si sarebbe invece focalizzato su quel sintomo, e magari, dopo qualche mese di sforzi, la signora avrebbe cominciato a parlare inglese. Con l'analisi invece il sintomo è uscito di scena. Quale delle due cure è stata la più efficace? È evidente che si tratta di due risposte incommensurabili, rispetto a ciò che un paziente porta come sintomo. Se non si terrà conto di questa eterogeneità degli approcci etici, fare ricerche comparative sull'efficacia delle psicoterapie sarà solo una perdita di tempo.

Eppure sono grato alle critiche importanti mosse alla psicoanalisi, perché hanno cambiato il mio modo di essere analista. Confutare le confutazioni della psicoanalisi non è la cosa essenziale, l'importante è averle assimilate per risituare il senso che ha oggi la pratica analitica. E per uscire dall'oscillazione tra pessimismo terapeutico e trionfalismo megalomane. La psicoanalisi più seria non è quella che ignora le critiche più perspicue alla psicoanalisi e non è nemmeno quella che cerca di adattare la psicoanalisi ai protocolli scientifici in modo da evitare le critiche, ma quella che le ha assorbite e metabolizzate.

*Trova importante che la psicoanalisi oggi dialoghi con il sapere biologico (scienze dell'evoluzione, neuroscienze) e con le scienze in generale?*

I padri fondatori della psicoanalisi non erano contro le

scienze e nemmeno contro la psichiatria della loro epoca. Non mi risulta che Freud, Jung, Klein, Winnicott, Lacan... abbiano mai inveito contro la neurobiologia, ad esempio, contro quelle che oggi sono dette neuroscienze. Perché essi stessi si sentivano parte di un processo in senso lato scientifico. Ahimè, da qualche decennio molti analisti si presentano come i corifei della "psiche" contro le scienze del "cervello", in una specie di derby tra squadre del mentale. L'opposizione, che discende dal vecchio dualismo cartesiano, marca la deriva oscurantista di molta psicoanalisi: mi stupisce che molti analisti detestino le scienze, dando credito a varie superstizioni, e sono convinto, invece, che se la psicoanalisi continuerà a evitare il confronto con certe serie teorie neuroscientifiche finirà con il ridursi ad attività di diporto di letterati che danno il meglio di sé nel denunciare il mondo.

Rileggendo il *Seminario V* di Lacan sulle formazioni dell'inconscio, sono stato colpito dal fatto che, quando si occupa del comico e quindi del riso, egli dica chiaramente come su questi temi occorrerebbero studi di psicologia sperimentale. Quanti lacaniani oggi affermerebbero che qualche lume può venire dalla psicologia sperimentale?

Alcuni importanti neuroscienziati si ispirano a Freud, almeno in parte (segnalo che la teoria di Gerald Edelman del *reentry* è anche un tentativo di spiegare in termini di materia cerebrale una nozione cruciale della psicoanalisi, quella di *nachträglich*, *après coup*); altri hanno elaborato sofisticate teorie sulla mente e sulla significazione, da contrapporre al positivismo imperante nelle scienze. Gli analisti non dovrebbero tagliarsi fuori completamente da questo dibattito. Vorrei insomma che la psicoanalisi restasse nell'ambito delle discipline *serie*, che non sono solo scientifiche. La psicoanalisi non è di per sé una scienza, ma opera con soggetti che vivono in un mondo intriso della visione scientifica e delle tecniche da essa prodotte, e da varie scienze può trarre nutrimento.

Freud ha basato tutta la sua dottrina su un principio *archeologico* non darwiniano: l'organismo umano mira al godimento, senza curarsi del suo senso adattativo. Per godere, la mente è disposta anche a tracimare nell'allucinazione, e in ogni tipo di illusione nevrotica o psicotica (e politica). L'essere umano si adatta alla realtà non per massimizzare la trasmissione dei propri geni, ma per godere. Freud ha chiamato questa finalità ultima del godimento *pulsione di morte*. Sia la pulsione di morte che quella di vita sono modi di riunire tutto ciò che non è adattativo nell'essere umano.

In definitiva, credo che la psicoanalisi debba riconciliarsi con le scienze, proprio perché ammette di non essere una scienza. Non è in competizione, quindi, con esse. È importante per un analista conoscere anche la storia delle scienze, e la loro ricostruzione epistemologica, appunto per evitare di costruire teorie pseudo-scientifiche, scimmiottature ingenue del modo di argomentare nelle comunità scientifiche di oggi. La psicoanalisi può recuperare la sua credibilità non *contro* le scienze, e nemmeno *imitandole*, ma trovando il proprio luogo in un mondo da queste egemonizzato.

*Oggi la psicoanalisi si confronta con psicoterapie e teorie rivali – la psicoterapia comportamentale e/o cognitiva, la psicoterapia sistemica-relazionale, e svariati altri tipi di cure. Come situarla in relazione a queste? E in particolare, possiamo dire che la psicoanalisi sia una psicoterapia, e se sì, in che senso?*

Due idee sono oggi alquanto diffuse. La prima è che la psicoanalisi sia *una* delle, ormai tante, psicoterapie. La seconda, invece, è che la psicoanalisi sia qualcosa di assolutamente diverso dalle psicoterapie: queste ultime ricalcherebbero un modello medico, sostanzialmente riabilitativo, per cui il paziente verrebbe adattato alle funzioni sociali a cui è destinato; mentre la psicoanalisi sarebbe una pratica ben più nobile, non adattativa e non medica, tesa alla pura emersione dell'inconscio. Sono entrambe idee sbagliate. Per psicoterapie intendo le logoterapie, ovvero interventi basati sulla parola. Come Jacques-Alain Miller, ritengo si debba rovesciare il punto di vista secondo cui la psicoanalisi sarebbe una delle psicoterapie: tutte le psicoterapie in qualche modo sono psicoanalitiche, quel che differenzia la psicoanalisi propriamente detta è che *va oltre* le normali psicoterapie. C'è dello psicoanalitico in tante psicoterapie.

Ma, d'altro canto, chi dice che la psicoanalisi non ha nulla a che vedere con le psicoterapie non sa, evidentemente, come di fatto si svolge un'analisi: essa comincia come psicoterapia. Se un analista volesse fare analisi prima che si stabilisca un transfert solido, andrebbe incontro ad amare delusioni. C'è una dimensione *curante* dell'incontro che può diventare analitico, la quale non può essere eliminata. Anche chi teorizza che tale dimensione andrebbe eliminata, di fatto la pratica, se vuol continuare a svolgere la professione di l'analista.

Le psicoterapie si sono moltiplicate nell'ultimo secolo e ciò ha portato anche, ovviamente, a una loro stratificazione sociale. Ovvero, ci sono oggi psicoterapie per tutte le tasche, per tutti i titoli scolastici, per tutti i gusti e le superstizioni. Si dice che la psicoanalisi propriamente detta resti una logoterapia per le élite più sofisticate. Per élite sofisticate non intendo necessariamente i più benestanti, molti analizzanti sono poveri; diciamo élite culturali. La psicoanalisi dunque resta la logoterapia più prestigiosa tutt'oggi, e proprio per questo derisa da chi non se la può permettere e mira a rattoppi rapidi.

Ma non bisogna credere che la stessa psicoanalisi non sia un rattoppo. Lacan, in un incontro a Milano, ci disse che l'analisi è un *rapiéçage*, un rammendo, come quelle stoffe messe sul gomito delle giacche. Egli non aveva affatto un'idea sublime, anti-psicoterapica, dell'analisi. Diciamo che l'analisi è un rappezzo lungo, oltre che una magia lenta (come diceva Freud).

Questo non significa che un ascolto psicoanalitico non sia penetrato anche in altri contesti, ad esempio in psichiatria o nell'educazionc. C'è un ascolto psicoanalitico al di là del setting psicoanalitico classico. E dovremmo seriamente chiederci fino a che punto, e se, questo ascolto psicoanalitico abbia modificato l'approccio alla sofferenza mentale, l'approccio pedagogico ai giovani, ecc. Ma la cura psicoanalitica classica resterà sempre la pratica di una minoranza.

Non si tratta qui di un assunto aristocratico; altrimenti, anche dire che sono pochi i veri grandi scienziati o i veri grandi scrittori sarebbe un enunciato aristocratico. Nessuno accusa l'alta matematica di essere aristocratica perché pochi la seguono e la capiscono: tutti noi usiamo i prodotti della matematica più sofisticata, ad esempio quando adoperiamo un computer. Anche la psicoanalisi arriva alla massa per vie traverse, nella misura in cui indirettamente partecipa al cambiamento della mentalità. Non credo che sarebbe stata possibile la rivoluzione del costume degli ultimi decenni senza la psicoanalisi. E mi chiedo se la stessa democrazia potrebbe sopravvivere senza l'ossigeno che le crea attorno la psicoanalisi. Lo psicoanalista individualmente può anche essere conservatore, ma la psicoanalisi nel suo insieme ha partecipato al cambiamento del mondo – inconsciamente, come le si conviene.

La tendenza di alcuni, specialmente filosofi, a opporre l'oro etico della psicoanalisi all'ottone moralistico delle psicoterapie deriva secondo me dal retaggio di una classica divisione del pensiero occidentale, che oppone il fisico (la medicina, la terapia) allo spirituale (la psicoanalisi, la metanoia). Ciò che concerne il corpo è vile, ciò che concerne l'anima (anche se pulsionale e sessuata) è nobile. Ma c'è qualcosa di banalmente terapico in un'analisi, così come nelle psicoterapie lontane dall'analisi ci possono essere delle intuizioni dell'inconscio. Questo non toglie, ovviamente, che ci siano psicoterapie rozze e banali, le quali però possono produrre effetti nella misura in cui un transfert, in qualche modo, si stabilisce con il terapeuta.

*Molti filosofi si sono interessati particolarmente al pensiero di Jacques Lacan. Che valore e che senso attribuisce al contributo* après coup *di Lacan?*

Da giovane ho seguito i seminari di Lacan, ho fatto un'analisi con un lacaniano, ho tradotto in italiano un seminario di Lacan (*Encore*) per Einaudi, ecc. Ma da tempo non appartengo a nessuna organizzazione che si dica lacaniana. Penso di essere stato fortunato ad aver avuto una formazione lacaniana: Lacan è un gran *maître*, ma credo di aver superato il transfert nei suoi confronti. Nei suoi termini: *non gli suppongo più il sapere* (per Lacan, il transfert si basa sul soggetto-supposto-sapere). A differenza di altri che sono in pieno transfert con il suo pensiero, non cerco di dimostrare a ogni costo, prima di tutto a me stesso, che qualsiasi cosa Lacan abbia detto o scritto è una rivelazione, anche se sembra di primo acchito insostenibile. Leggo sempre Lacan, ma laicamente; *laicanianamente*. Esistono, certo, dei lacaniani laici. Apprezzo il lavoro di scuola che alcuni lacaniani svolgono, eppure alla Scuola preferisco il dopo-scuola. Già da adolescente marinavo spesso la scuola... Diciamo che prendo le intuizioni di Lacan caso per caso. Freud e Lacan sono autori troppo importanti perché si debbano far loro degli sconti.

Ci sono due tipi di analisti, tra coloro che hanno avuto un vero maestro. Alcuni restano sempre allievi, rimangono insomma a Scuola per tutta la vita. Nulla di male in questo, ma il rischio è che si limitino a quel che in arte si chiama *accademismo*: disegnare o scolpire come prescrive il Maestro, non infrangere in nessun caso le regole della Scuola. Quelli del secondo tipo, invece, chiudono la loro fase scolastica e si mettono in proprio. Questi allievi lasciano la casa "paterna" e aprono a loro volta una scuola, ma anch'essi dovranno rassegnarsi al fatto che, in seguito, verranno a loro volta abbandonati dai loro allievi, e spesso proprio dai migliori.

Di recente, in occasione di una lezione introduttiva al pensiero di Lacan a psicologi che lo conoscevano poco, una ragazza ha detto: "Con Lacan bisogna sempre fare lo *switch*". È proprio così. *To switch* è commutare, deviare, spostarsi. Credo che Lacan abbia avuto il merito storico di switchare rispetto a Freud. È vero che lui ha affermato un "ritorno" a Freud e si è proposto come il suo legittimo erede, ma è anche vero che, in un certo senso, il pensiero di Lacan è quello *più lontano* dalla *lettera* di Freud. E questo è il suo merito. Invece, molti altri che pensano di aver superato Freud mi sembrano ancora irretiti nel sistema concettuale *esplicito* di Freud: non hanno compiuto la fedele infedeltà di risituare il pensiero del maestro entro un altro orizzonte.

Credo però che occorra fare con Lacan quel che Lacan ha fatto con Freud: fare lo switch. Perciò non mi sento a mio agio quando si applica in modo "scolastico" il pensiero di Lacan. Certo ha detto cose importanti che fanno pensare, ma ha detto anche sciocchezze, come tutti; ri-penso le cose importanti da lui dette *fuori dalla* griglia lacaniana. A differenza di quel che Lacan fece con Freud, però, non propongo un Ritorno a Lacan. Perché il Ritorno è sempre un tradimento. Del Ritorno si deve dire quel che lo stesso Lacan disse dell'oggetto del desiderio: che quello a cui si mira non è mai l'oggetto che originariamente ha causato il desiderio. Anche tra gli oggetti di desiderio c'è lo switch.

Seduce la particolare combinazione lacaniana tra ciò che Pascal chiamò *esprit de finesse* ed *esprit de géométrie*. Lacan aveva passione per la topologia e la logica. Ma Lacan è anche erede del surrealismo e delle avanguardie del secolo scorso: la sua razionalità è ironica, perché de-scrive – nel senso in cui si dice de-borda – qualcosa di irrazionale come l'inconscio. Da qui la proposta di una disciplina paradossale, «la logica del significante». Lacan ha quindi sia il senso della struttura che il senso della vertigine. Ha visto in Freud qualcosa che molti non vedono: che i concetti psicoanalitici hanno qualcosa di fluttuante, sono come oggetti messi tra due specchi, e che la concettualizzazione psicoanalitica è sempre una *mise en abyme.*

Con Lacan la psicoanalisi rinuncia alla rispettabilità scientifica, senza acquisire un'aureola ermeneutica e intersoggettivista: viene restituita alla sua natura di teoria-pratica al limite dell'abisso concettuale. Da qui la tentazione di un recupero "benpensante" di Lacan, ovvero di adattarlo alla mentalità di medici e psicologi sminandone la carica critica nei confronti della psicoanalisi stessa. Molti lacaniani, senza volerlo, chiudono la *béance* che Lacan ha aperto nella psicoanalisi. Del resto, proprio perché quella di Lacan segna una crisi della psicoanalisi, essa può porsi in modo convincente come la teoria *giusta* per salvare la psicoanalisi.

Si può apprezzare Lacan senza necessariamente assumere come certezza l'assunto dell'inconscio strutturato come un linguaggio? Secondo me sì, se ci liberiamo di tutto un alone antropocentrico, di una rimozione heideggeriana dell'animalità, che Lacan ha respirato e che condiziona ancora la sua scommessa. Insisto: scommessa, non patrimonio acquisito. L'importanza di Lacan ancora va tutta, se non dimostrata, testimoniata. Bisogna che i lacaniani si mostrino come i migliori proprio smettendo di lacaneggiare.

## Alessandra Campo

*Che cosa, della psicoanalisi, la interessa oggi da una prospettiva filosofica, e perché?*

Come filosofa, sono interessata alla psicoanalisi perché credo sia la migliore teoria del soggetto di cui oggi disponiamo. Migliore perché laica, lucida, scomoda e, soprattutto, sperimentale: in seduta, i suoi assiomi sono verificabili alla stregua di effetti da ciascuno e sulla propria pelle. Purché, ovviamente, se ne rispettino le regole: associazione libera dell'analizzante e attenzione fluttuante dell'analista. Nella sostanza, infatti, a eccezione di un nuovo vocabolario consono a un nuovo apparato concettuale, la psicoanalisi non rompe granché, in quanto teoria, con ciò che la filosofia – da Platone fino a Nietzsche – è venuta illustrando circa il *campo* della soggettività. Certamente ne radicalizza e approfondisce alcune ipotesi. Ma è solo in quanto è una teoria che è anche una pratica, cioè una clinica, che la scienza fondata da Freud ha introdotto qualcosa di nuovo e irriducibile al già noto. La psicoanalisi, invero, non soltanto permette di convalidare empiricamente, diciamo così, le assunzioni filosofiche sul soggetto (prima fra tutte: quella della sua divisione); in quanto scienza e tecnica dell'inconscio, essa incide, di più, su quell'invisibile effettuale la cui realtà, sia nella forma del *daimon*, che dell'anima o dell'*essentia*, ha costituito l'oggetto della scommessa di ogni teoria filosofica del soggetto. Il setting che fonda il lavoro analitico fa insomma di quest'ultimo uno strano laboratorio filosofico: la psicoanalisi è una filosofia "applicata". Se può entrare nel novero degli antichi "esercizi spirituali" ripresi, nel Novecento, da Foucault e Hadot, lo fa, a mio parere, come una tecnica di produzione del sé. Dunque come una tecnica radicalmente occidentale di modificazione più che di scoperta, di espressione più che addomesticamento di quel sé che, in Oriente, è stimato essere la radice immensa e sottilissima di tutte le cose («la psiche è estesa – disse Freud – ma di ciò non sappiamo nulla»). Ecco perché la psicoanalisi, come scrive Jacques-Alain Miller in *Introduzione alla clinica lacaniana*, «costituisce qualcosa di orientale nell'occidentale o, se non l'altro, l'originalità dell'analista, personaggio inedito nella storia, sta nel porsi come elemento orientale penetrato nel mondo occidentale. Forse la novità dell'invenzione dello psicoanalista ha anzi a che fare proprio con questo». L'espressione "campo" per designare la soggettività non è causale: sin dai tempi di Platone e del celeberrimo mito della biga alata contenuto nel suo *Fedro*, la filosofia non ha mai smesso di pensare la soggettività come un campo dinamico di forze che rivaleggiano tra loro. E sebbene per lungo tempo si sia conferito un certo privilegio alla sola forza o istanza razionale, si è nondimeno riconosciuto ogni volta che il suo primato era, per così dire, un risultato: il risultato di un compromesso. L'auriga deve trattare con i due cavalli per guidarli; la ragione deve passionalizzarsi per incidere sulle passioni; l'intelletto deve infiltrarsi negli *idola mentis* prima di decretarne il crepuscolo. Da Platone sino a Kant, quindi, la tesi è chiara: solo mescolandosi col suo "altro", la ragione permette all'uomo di uscire dallo stato di minorità (Kant) e sofferenza cagionato da una conoscenza inadeguata (Spinoza). In altre parole, e senza sottovalutare l'inversione di rotta che, rispetto a questo atteggiamento illuminista della filosofia sia antica che moderna, ha rappresentato il Romanticismo nelle sue diverse manifestazioni, ciò a cui la filosofia si è sin da subito (Socrate) mostrata sensibile è il fatto che, citando Freud, l'Io non è padrone in casa propria. L'Io *può non* essere padrone in casa propria ma, proprio per questo, *deve* diventarlo (è il freudiano *Wo Es war, soll Ich werden*). E vi riesce solo attuando una politica di integrazione nei confronti del suo coinquilino. La *maîtrise* dell'Io, da intendersi come governo riformista più che come un colpo di stato rivoluzionario, è la condizione della felicità come *eudaimonia*. E la filosofia, quando è indagine dell'uomo oltre che della natura, deve, almeno secondo alcuni, condurvi. In una parola: deve essere un'etica.

Ora, posto che Freud si è sbagliato di grosso quando ha accusato la filosofia di aver perpetrato l'illusione che psichico equivalga a cosciente, non v'è dubbio che la psicoanalisi sfidi la filosofia – intesa, qui, come etica o teoria del soggetto – sul suo stesso terreno. In effetti, se la filosofia non avesse riconosciuto da sé il carattere complesso della soggettività riconoscendo parimenti in sé stessa una «introduzione alla vita beata» (Fichte), più che di sfida bisognerebbe parlare di superamento *tout court*: venendo dopo, la psicoanalisi avrebbe corretto, oltrepassandola, la filosofia. Ma dal momento che, molto prima di Freud, la filosofia ha descritto lo psichico come un campo di forze in tensione reciproca presentando se stessa come un metodo per orientarsi con successo al suo "interno" (è il sempiterno, anche se problematico, nesso di *sophia* e *phronesis*, contemplazione e azione), la categoria hegeliana di *Aufhebung* deve cedere il passo a quella, sempre hegeliana, di *Kampf zum Anerkennung*. Filosofia e psicoanalisi si scontrerebbero, cioè, come le due coscienze nella sezione quarta della *Fenomenologia dello spirito*. Ma chi ha o avrà la meglio? Chi non temerà di morire sotto i colpi dell'altra o chi, stretto alla sua vita, si impegnerà in un faticoso servizio dell'altro che, però, alla fine proprio da questi lo emanciperà?

Tra i filosofi, colui che, recentemente, ha avuto il merito di cogliere il punto, ossia la sfida lanciata dalla psicoanalisi alla filosofia (l'altra cosa che mi interessa), è stato Alain Badiou nel suo seminario dedicato all'antifilosofia di Jaques Lacan. La psicoanalisi, per Lacan, è un'antifilosofia e, come tale, lancia alla filosofia una sfida che Badiou sintetizza in questi termini: la filosofia è in grado di compiere atti? È in grado, cioè, di toccare il reale – nella sua distinzione lacaniana dalla realtà – producendo una trasformazione nel soggetto? Oppure si riduce a un'elucubrazione, paranoica secondo Freud, masturbatoria secondo Lacan, sul sapere? La filosofia è un insieme di

*Weltanschaungen* consolatorie perché paghe di cogliere il reale per via discorsiva, oppure è anch'essa capace, come auspicava già il Marx dell'undicesima tesi su Feuerbach, di trasformare il mondo invece di limitarsi a descriverlo? La risposta di Badiou è secca: la filosofia è *possibile* a condizione che sia *compossibile* con Freud e Lacan, «educatori di ogni filosofo a venire». Tornare a Freud, infatti, significa per Badiou sottoporre la filosofia alla prova dell'atto analitico, una prova in cui non è possibile nessuna menzogna. L'atto analitico permette di smascherare la pretesa fondatrice della filosofia in quanto il suo "luogo" è un punto, rigorosamente extratemporale (e per Badiou anche extrafilosofico), in cui una spinta precipitante verso la formalizzazione – la teoresi, l'interpretazione – converge con qualcosa come una ritenuta d'affetto che non inganna – l'angoscia, l'affetto che non mente e che certifica l'implicazione del soggetto nel suo dire. Ma esiste, in filosofia, qualcosa che non inganni, qualcosa come una certezza in grado di inchiodare le spalle dell'*Ego cogito* al muro dell'*Id cogitat* costruendo vincoli per i propri enunciati? Detto altrimenti, essa è in grado di procedere, come la matematica, "senza coscienza", lasciando che il detto si alimenti soltanto del dire e non anche dell'immaginazione che, alla coscienza, è legata come un sinonimo lo è con l'altro? La filosofia, in sostanza, può fare a meno del senso svelando il trucco che fa di molti filosofi degli "uomini virtualmente appagati"? Essa è in grado di toccare il reale e di dimostrare che vi riesce pur "operando" in assenza di setting, analista, divano e libere associazioni?

La mia risposta è sì. A patto che si guardi all'atto non come a un genere di cui quello filosofico e psicoanalitico sono due specie. Non c'è radice comune tra i due atti perché la differenza tra filosofia e psicoanalisi non è di grado ma di natura. C'è un atto filosofico, la cui logica è stata descritta egregiamente da Bergson e Deleuze, solo per fare degli esempi, e un atto analitico che Lacan, per la prima volta, ha codificato. Entrambi, in quanto atti, avvengono in assenza di garanzie, ma solo l'atto analitico avviene sotto transfert ed è in grado di modificare due vite contemporaneamente. Ciò che, infatti, differenzia la psicoanalisi dalla filosofia è che la prima avviene tra due "individui", anche se uno dei due, sorretto dal "desiderio dell'analista", occupa la posizione del morto. L'atto filosofico, come ogni atto creativo, richiede invece la presenza di un solo individuo, un individuo che, come io, è sovvertito da quell'atto che, quando è compiuto, come soggetto lo crea... in un oggetto, a valle!

*Quale contributo filosofico alla psicoanalisi considera tra i più significativi, almeno per il suo approccio alla psicoanalisi?*

Tra le fila dei filosofi che, nel Novecento, si sono misurati con "la scoperta freudiana" non sono molti i nomi che si possono fare. Occorre infatti distinguere, preliminarmente, tra coloro che sono stati semplici lettori di Freud o appassionati di psicoanalisi e coloro che, al contrario, ne hanno capitalizzato le conquiste prendendo le mosse, nella propria ricerca, dai risultati del primo e della seconda. Tra questi ultimi, mi sento di fare i nomi di Jaques Derrida, Gilles Deleuze e Jean-Francois Lyotard. Il primo è indubbiamente il filosofo del Novecento che più di tutti ha dialogato con Freud, cercando, con la sua decostruzione, di importare qualcosa del metodo psicoanalitico in filosofia. Il secondo, fatta eccezione per la retorica e l'ideologia che stinge alcune pagine de *L'anti-Edipo* e di *Millepiani* – entrambi scritti, però, a quattro mani con Félix Guattari – ha sviluppato una logica del senso, una teoria dell'istinto di morte e una riflessione sul sadomasochismo da cui, a mio parere, nemmeno uno psicoanalista può oggi prescindere. Infine, il terzo, rivendicando *expressis verbis* una discendenza, per la sua opera, dal lavoro di Freud (anche se poi ha finito per prenderne le distanze), ha "applicato" la psicoanalisi alla filosofia (penso, in particolare, ai saggi sul sublime kantiano) e allo strutturalismo (penso al concetto di "frase-affetto" sviluppato nei primi anni '70) "libidinizzandoli". Tra i contemporanei, invece, mi sento di fare i nomi di Alain Badiou – soprattutto per la presa in carico della sfida antifilosofica lacaniana – e di Alenka Zupančič, la quale, nei suoi lavori *L'etica del reale* e *Che cos'è il sesso* si è impegnata – con ottimi risultati – a mostrare in che modo la filosofia, sia come etica che come ontologia, può e deve servirsi della psicoanalisi. Un riferimento, però, lo merita anche il suo maestro, Žižek: da un lato, per l'acutezza con cui ha colto e sciolto alcune criticità del discorso psicoanalitico e, dall'altro, per aver detto (in questo momento non ricordo dove) che i concetti metapsicologici sono concetti speculativi e come tali vanno trattati, cioè lavorati.

Viceversa, l'uso della psicoanalisi che ha contraddistinto la Scuola di Francoforte mi pare sia stato, nel complesso, abbastanza strumentale e, per certi versi, addirittura sterile. Pur essendo stata manifesta, sin dai tempi dello *Zeitschrift* del '32, l'intenzione di servirsi della psicoanalisi, assieme alla teoria marxista, per fare emergere le contraddizioni della società capitalistica al fine di risolverle, il programma di ricerca della *Schule* non è stato particolarmente fruttuoso e oggi, a mio parere, è inattuabile oltre che inattuale. Axel Honneth, allievo diretto di Habermas ed esponente di spicco dell'odierna Scuola di Francoforte, si serve spesso, è vero, della psicoanalisi nei suoi lavori, ma la psicoanalisi cui strizza l'occhio e si riferisce è, troppo volentieri, la psicoanalisi edulcorata delle relazioni oggettuali. In proposito, infatti, sono d'accordo con Lacan quando dice, in vari luoghi del suo seminario, ch'essa si risolve in una psicologia delle relazioni immaginarie.

*A parte Freud, c'è qualche altro psicoanalista a suo parere capace di stimolare una proficua riflessione filosofica sulla psicoanalisi?*

Premesso che quel che dirò vale soprattutto per l'Italia e la Francia – i paesi che conosco meglio –, risponderei, senza dubbio, Lacan, il quale, pur essendosi proclamato antifilosofo, si è nondimeno confrontato costantemente con la filosofia (di cui aveva una buona conoscenza, a differenza di Freud). Per Lacan il filosofo è il sofista cui Platone dà la caccia nell'omonimo dialogo. Ed è forse per questo che, dalla psicoanalisi lacaniana più che da altre, la filosofia si è sentita chiamata in causa: sia per difendersi dalle accuse mosse nei suoi confronti (per Lacan, in sostanza, la filosofia si riduce a un chiacchiericcio immaginario sull'Essere), sia per servirsi degli attrezzi speculativi che la teoria lacaniana le ha messo a disposizione (penso soprattutto alla critica dell'immaginario nella forma della schisi tra occhio e sguardo, alla nozione di oggetto a, alla logica del fantasma, all'uso della topologia e dei matemi, alla verità di incompletezza di ogni sapere).

Tuttavia, anche i lavori di Winnicott sulle agonie primitive, di Bion sul "divenire O", di Matte Blanco sugli insiemi infiniti e di Abraham-Torok sulla cripta sono in grado di stimolare, arricchendola, la riflessione filosofica.

*Possiamo chiederle se ha avuto un percorso psicoanalitico, e se esercita come psicoanalista? In ogni caso, come vede quel che accade nella pratica clinica analitica? Ovvero, che cosa veramente accade in una cura?*

Sì, ho avuto un percorso analitico di circa otto anni: sei con un analista e quasi due con un altro. Entrambi freudiani. No, non esercito come psicoanalista. Alla terza domanda rispondo succintamente con delle parole di Lacan, dal *Seminario VI*, trovate per caso solo di recente e che, però, sono esatte per questa occasione: «l'analisi è un racconto che è, esso stesso, il luogo dell'incontro di cui si parla nel racconto». Ed è questo, ossia il cosiddetto "terzo analitico", ciò che rende possibile, come diceva già Freud nel '37, realizzare il più grande sogno dell'umanità: poter rivivere un'esperienza – dove "rivivere" non significa "vivere di nuovo", ma "vivere diversamente", "altrimenti", "con (un) altro".

Di conseguenza, ciò che, a mio parere, accade veramente

in una cura è l'instaurazione di una diplopia, ed è questa stessa diplopia che resta, come una singolarissima *skill*, alla fine di un'analisi. Con diplopia intendo la capacità di entrare in risonanza con quell'altro che non è altrove che è l'inconscio; la sensibilità nei confronti di ciò che si scrive o gioca a distanza e che, tuttavia, ci riguarda. Diplopia, cioè, non significa dualismo ma un doppio sguardo unico. Il transfert come messa in atto della realtà sessuale e atemporale dell'inconscio ne è, a un tempo, la condizione necessaria e sufficiente. Invero, che l'analisi sia un racconto che è, esso stesso, il luogo dell'incontro di cui si parla nel racconto, vuol dire, in termini filosofici, che è un pensiero in cui ne va immediatamente di un essere, una rappresentazione immediatamente implicata col suo affetto, un dire che è anche mostrare, un enunciato che è anche la sua enunciazione. Malgrado la loro differenza di natura, infatti, quello tra inconscio e coscienza è un rapporto di implicazione reciproca radicale e solo l'esperienza, in prima persona, di quest'implicazione, permette al soggetto, inizialmente spaccato in due sotto l'effetto di una causa che gli è inconscia, di assumerla come la ragione manifesta dei suoi comportamenti. In analisi, in fin dei conti, si tratta di scoprire che il soggetto del lamento e del godimento è il medesimo (categoria cui Lacan, dopo Hegel, ha dedicato importanti riflessioni), ossia, per riprendere un leitmotiv della filosofia politica seicentesca, che siamo noi a fabbricare, in privato, le catene di cui denunciamo la folle stretta in pubblico (ad eccezione, s'intende, delle catene "fisiche"). Perciò, d'altronde, le amiamo come fossero gli strumenti della nostra libertà: di fatto, lo sono. Tutto sta nel capire per chi. E la risposta psicoanalitica è chiara: è la libertà o azione dell'Es che viene sperimentata come servitù e inibizione dall'Io. In analisi, quindi, a rimetterci la pelle è l'anima bella, lo spirito invidioso: colui o colei che accusa e giudica gli altri coltivando, per sé, le passioni tristi del risentimento e dell'indignazione (passioni nient'affatto politiche come invece, generalmente, si crede). Fare i conti con i propri fantasmi, infatti, significa liberare, per quanto è possibile, gli altri dalle critiche che solitamente rivolgiamo loro. Ed è questo un altro senso della ferita narcisistica inflitta al *sapiens* da Freud: non soltanto l'Io non è padrone in casa propria ma, il più delle volte, è colui che la mette a repentaglio incolpando l'Altro grande o piccolo del disordine e dell'insoddisfazione che vi trova. Ecco: la fine dell'analisi è la fine della categoria di colpa e l'inizio di quella di responsabilità. Le due, contrariamente a quanto Kant ha creduto, non vanno di pari passo.

Solo in questo senso, aggiungo, una cura è dis-alienante: invero, se ancora per l'ultimo Lacan si può dire che un'analisi finisce con l'attraversata del fantasma, è perché attraversare non significa, *ipso facto*, passare al di là – come se vi fosse un punto edenico di fuoriuscita dall'immaginario – ma passare attraverso, dunque stare nel mezzo: allenarsi a vedere doppio. Il *sinthomo*, del resto, non è un altro sintomo ma lo stesso di cui, alla fine, se si è fortunati, si gode in due, senza chc nessuno se ne lamenti troppo.

*Nietzsche e Freud. Quest'ultimo ammise di non aver mai veramente letto l'opera del filosofo, perché temeva di scoprire, tra le sue pagine, intuizioni anticipatrici del proprio lavoro. Come vede il rapporto tra i due?*

La psicoanalisi è nietzscheana nel suo asse, cioè spinoziana (Spinoza è colui nel quale Nietzsche riconosce il suo unico precursore). E lo è, come ho accennato rispondendo alla prima domanda, in quanto è anzitutto un'analisi-esperienza delle forze che agiscono "dietro" le rappresentazioni, un incontro con gli affetti o significati che fluttuano "dietro" i significanti.

Il binomio Spinoza-Nietzsche, però, si costituisce in particolare sul terreno della potenza e in entrambi "potenza" significa "affermazione della differenza". La potenza è l'azione di una differenza: «Un pesce – scrive Deleuze nelle sue *Lezioni su Spinoza* – non può avere le specifiche possibilità di un altro pesce. Tutto qui». Accettare questa differenza o limite proprio di ciascuno dopo averlo "sentito" significa, a mio parere, assumere la castrazione. E del resto, quando, molto tempo dopo Spinoza, Nietzsche lancia il concetto di "volontà di potenza", vorrà dire, essenzialmente, la stessa cosa. La volontà di potenza, infatti, non c'entra niente con l'acquisizione di maggior potere: la sua logica non è fallica e «non si capirà nulla di Nietzsche – continua Deleuze – se lo si interpreterà in questo modo». La potenza non è ciò che *voglio*, è ciò che *ho*: «ho questa potenza, o quest'altra, cioè sono situato in un determinato posto nella scala quantitativa degli esseri». Sicché, fare della potenza l'oggetto di una volontà è un controsenso. Vale esattamente l'opposto: è in funzione della potenza che possiedo o potrò volere questo o quello, di modo che liberare la potenza "dietro" l'essenza non significa altro che mettere il soggetto in condizione di volere ciò che può.

Ma la psicoanalisi è nietzscheana, cioè spinoziana, nel suo asse anche perché, prima di Nietzsche, Freud e Lacan, Spinoza ha sottolineato con grande rigore che esiste una differenza fondamentale tra etica e morale. Spinoza non fa mai della morale, per la semplice ragione che non si chiede mai cosa si deve fare. L'*Etica* ha a che fare con la potenza, non con il dovere, ed è in questo senso che Spinoza è profondamente immorale. Per sua fortuna, dice Deleuze, non comprende cosa significhino "bene" e "male": capisce solo i buoni e cattivi incontri, l'aumento e la diminuzione della potenza. La morale, insomma, è ridotta a un giudizio di gusto e l'etica, come l'analisi, si risolve nell'estetica: essa punta alla (ri)abilitazione del *Lust-Ich*, ovvero al funzionamento di una soggettività minimale, una soggettività-soglia che accoglie ciò che gli piace ed espelle ciò che la deprime, acconsentendo, è importante precisarlo, a che anche gli altri facciano così (è la tolleranza). Che questo non sia il trionfo del libero arbitrio è presto detto: la legge dell'espulsione-introiezione che Spinoza chiama "essenza" e Lacan "desiderio" non è qualcosa che il soggetto sceglie. *Libertas necessitatis* significa autonomia nell'eteronomia, separazione nell'alienazione.

Infine, come l'analisi, anche l'*Etica* ci mostra il cammino per conquistare la potenza di agire senza dire in anticipo che forma avrà questa potenza: nessuno, infatti, *sa* ciò che un altro *sente* come buono o cattivo. All'universalità astratta delle essenze e di alcuni DSM si contrappone la singolarità concreta di una potenza, sicché non è possibile sapere nulla a priori in modo definitivo (l'Altro è barrato, non c'è metalinguaggio). Occorre, bensì, sperimentare, e farlo con una certa dose di ottusità. L'etica, sia quando è spinoziana sia quando è freudiano-lacaniana, non è affatto prescrittiva: non c'è un solo rigo del *mos geometricus* che dica "cosa fare" o offra garanzie nella forma di premi e ricompense, e ciò sebbene ogni assioma sia un invito "a fare": a fare per sé quello che il "sé" può. Spinoza non crede alle essenze, ma prende in considerazione solo la potenza, ossia le azioni e le passioni di cui si è *effettivamente* capaci. E, come l'analista, non chiede "cos'è?" ma, indirettamente, "cosa sei capace di fare o sostenere?"

Sebbene Freud non conoscesse Spinoza, la psicoanalisi è, allora, comunque spinoziana nel suo asse e lo è in quanto è un'etica – Lacan dice "erotica" – al di là della morale. L'analista non è né un profeta né un giudice né un prete né, in generale, qualcuno che sa. Il soggetto supposto sapere è, appunto, solo supposto e, di conseguenza, in una cura non ci sono valori come etichette da applicare ai fatti né, tantomeno, esistono i fatti: ciò che, al più, si ascolta sul lettino è un'interpretazione morale dei fatti ed è questa interpretazione che un'analisi punta a decostruire fino a giungere al suo nucleo pulsionale o reale: quel "punto" estetico o basso da cui tutto l'etico o alto deriva. Quando Freud e Lacan parlano di "posteriore rettifica dell'originario processo di rimozione" e di "sovversione del soggetto" alludono a una siffatta conversione dello sguardo (Spinoza) come al risultato di una, scottante, trasvalutazione dei valori (Nietzsche). Sulla porta carraia dell'analista, infatti, c'è scritto "destituzione soggettiva" perché in analisi l'io, l'ego cogito tronfio e sicuro, è rivoltato come un guanto: detronizzato da quella stessa potenza che, faticosamente, ha imbrigliato in un'essenza solo immaginaria (Io ideale/Ideale dell'Io).

Eppure, se questo è vero, bisogna riconoscere che un'analisi, quando è ben fatta, quando cioè è ben diretta dall'analista-martello (il martello, per Lacan, è il taglio), mette capo a una "grande salute", ossia alla generazione di un Sì alla vita per com'è e per come accade (questo significa acconsentire, per quanto è possibile, al godimento che si insinua nel piacere, alla morte che si accumula nella vita). In una cura, l'io nevrotico (Freud) o cristiano (Nietzsche) animato da quell'altra passione triste che è la passione di giustificazione è scalzato, anche se mai del tutto, da quel soggetto che, come dice Lacan in *Télévision*, gode sempre ed è sempre felice. E fare i conti con questa "affermatività" fine a sé stessa significa, come dice lo spinoziano-nietzscheano Deleuze, rendersi degni di ciò che accade, farsi figli dell'evento che ci ha effettuati impegnandosi nella sua contro-effettuazione (nel caso di Joe Bousquet commentato in *Logica del senso*: fabbricarsi una schiena adatta alla pallottola che l'ha colpita, incarnare la propria ferita).

Ma affermatività non significa verità. Di questa "sorellina del godimento", la psicoanalisi conosce il carattere mendace (semi-detta, per Lacan la verità è un «partner inscopabile»). Freud s'avvede, come prima di lui Nietzsche, che ciò che è profondo porta una maschera e che il "mondo vero" non si dà altrove che nella favola: la verità, difatti, è vera non malgrado ma grazie al suo essere falsa e Freud, in ragione di ciò, liquida il problema della realtà della scena primaria con un "non liquet" a riprova che il dato immediato si dà come ritrovato e mai come innato. In altre parole, dal punto di vista machiavelliano degli effetti assunto dalla psicoanalisi, che si tratti di verità o di menzogna poco importa. Il significante è causa, dice Lacan, ed è dubbioso. Ecco perché averci a che fare in analisi implica che il paziente "sudi di brutto". Detto altrimenti, per fare un'analisi occorrono degli spiriti nietzscheanamente forti, e ciò a prescindere dal fatto che siano tali per "natura" o in seguito a una profonda ferita narcisistica. Quello che conta è che lo siano e che, essendolo, siano in grado altresì di sopportare l'angoscia necessaria a fare, come sempre dice Lacan, «il lutto del fallo», alias la favola, il mito, l'*idolum*. Invero, scrive Nietzsche ne *Il viandante e la sua ombra*, «colui che finalmente si accorge quanto e quanto a lungo fu preso in giro abbraccia per dispetto anche la più odiosa delle realtà; cosicché, considerando il corso del mondo nel suo complesso, la realtà ebbe sempre in sorte gli amanti migliori, poiché i migliori furono sempre e più a lungo burlati». O scomunicati: solo un "folle" ebreo portoghese poteva, in effetti, sentenziare che realtà = perfezione, castrando con sole tre parole tutti coloro che confidavano nell'al di là del principio di realtà.

*Sin dagli inizi della psicoanalisi, con Fenichel, Bernfeld, Reich, Fromm e altri, si è sviluppato un filone freudo-marxista sia tra gli analisti sia tra i filosofi, ancora fiorente. Come va pensato, oggi, il rapporto tra Marx, marxisti e psicoanalisi?*

Credo che il freudo-marxismo sia stato il frutto di una congiuntura storica precisa e non abbia più molto da dirci oggi.

*Crede che la psicoanalisi possa essere uno strumento utile per interpretare i fenomeni politici, sociali e di costume contemporanei? In particolare, le differenze di genere, il processo emancipativo delle donne e di persone con orientamenti sessuali non ortodossi? E se sì, secondo quale chiave?*

Sì, indubbiamente. Rispetto alle questioni di genere la psicoanalisi ci ha insegnato, soprattutto, che "maschile" e "femminile" non sono destini anatomici ma posizioni, che l'identità sessuale non è "naturale" ma "culturale", cioè costruita e costruibile, che la donna è esposta al fallo quanto l'uomo e che entrambi, se non vogliono diventare "fascisti", devono imparare a farne il lutto. L'analisi ci insegna, per riprendere le parole di Deleuze, a sorvegliare il fascista che è in noi. Lacan dice che l'analisi è una "paranoia guidata" intendendo proprio questo: la paranoia non sorvegliata, infatti, è all'origine dei vari fascismi, populismi, razzismi e atteggiamenti xenofobi che, *oggi come ieri*, minacciano le democrazie. Ciascuno si fonda sull'incapacità di tollerare la minima frustrazione, su una logica oppositiva semplice (interno vs esterno; amico vs nemico; buono vs cattivo), sulla feticizzazione dei confini e su un rifiuto della perdita. L'identità è stimata intatta e, se non lo è, è colpa di qualcun altro anziché dell'alienazione strutturale che ne permette la costruzione. Il lavoro paranoico è, in questo senso, un lavoro anti-lutto, dunque un lavoro anti-psicoanalitico. Il lavoro analitico è, infatti, un lavoro di simbolizzazione della perdita che punta alla costruzione di un sintomo di supplenza – il *sinthomo* – in cui il godimento, nella sua opacità, giunge a localizzarsi delocalizzando in pari tempo la personalità, ossia decretando la fine del suo culto fascista e del suo aedo onnipresente: il delirio di interpretazione. Il paranoico, invece, rimuove la colpa e la responsabilità soggettiva, non sopporta l'implicazione di lamento e godimento, alienazione e separazione (il godimento è proiettato nell'altro e, molto spesso, individuato in un tratto biologico giudicato "malvagio"), si proclama innocente e ha fretta di punire chi non lo è: alla miscredenza (*Unglauben*) nei confronti del godimento proprio, fa il paio la certezza del godimento ingiusto dell'Altro, *à savoir* la certezza della sua colpa.

*A partire da Popper, si è sviluppata nel corso dei decenni una corrente di critica radicale della psicoanalisi, che ne nega la plausibilità scientifica assimilandola a una mitologia, e contesta la validità della pratica analitica. Come si pone in questo dibattito, se in qualche modo vi si pone?*

Il problema della scientificità della psicoanalisi è uno pseudo-problema nel senso che Bergson ha dato a questo termine.

Esso presuppone una falsa alternativa: scienza vs non scienza. Falsa perché la definizione della prima, come della seconda, è parecchio controversa. Certo, si dirà: la scienza è caratterizzata da cose molto precise: esattezza, previsione, riproducibilità, etc. In una parola, greca, dall'essere, o puntare a essere, *episteme*: possesso solido e stabile, al riparo cioè dall'oscillazione dei sensi, di un sapere. Ma siamo proprio sicuri che la scienza sia tale e che lo sia, soprattutto, in antitesi a qualcos'altro che difetta di questi requisiti? Possiamo davvero ripartire con nonchalance l'ambito di ciò che è scienza dall'ambito di ciò che è solo opinione, *doxa*? Non sono forse delle ipotesi in attesa di verifica anche le più seducenti teorie cosmologiche?

Ho una certa conoscenza del dibattito intorno alla (non) scientificità della psicoanalisi. Ho letto i testi di Grunbaum, e non solo. Ma i suoi attacchi, al pari di altri, non mi hanno mai convinta. Penso infatti che ogni scienza, semplificando, sia incerta e proceda a tentoni appoggiandosi a qualche mito. Sicché la psicoanalisi non è meno esatta delle scienze "esatte" le quali, dopo Gödel e Heisenberg (solo per fare due nomi emblematici) non sono, peraltro, nemmeno più tali (lo sono mai state?). Tuttavia la psicoanalisi, rinunciando sin da subito (Freud che si smarca da Charcot) all'esattezza e alla previsione offerte dal calcolo matematico perché costretta, dalla natura invisibile e inquantificabile del suo "oggetto" (l'inconscio intensivo più che estensivo), ad accogliere altre forme di "misura" o correlazione, ha persino anticipato, a mio parere, alcune delle conseguenze dei teoremi di incompletezza e del principio di indeterminazione per l'odierna epistemologia scientifica: sostituzione della probabilità alla certezza, identificazione tra conoscenza e congettura, etc. Inoltre, proprio in virtù di questa lungimiranza, la scienza-tecnica di Freud ha finito col rivelarsi molto più vicina alla filosofia che alla scienza, anche se questo non la imparenta *ipso facto* all'occulto e all'irrazionale come pure molti credono.

Prima di essere indagine dell'uomo, la filosofia è indagine razionale della natura e, di conseguenza, essere vicini alla filosofia significa essere vicini a ciò che ha generato la tanto amata scienza costituendone, per così dire, il presupposto trascendentale. Il confronto Einstein-Bergson è illuminante al riguardo: la negazione di un tempo unico o simultaneità assoluta da parte del primo era, di fatto, la negazione della condizione di possibilità della sincronizzazione tra due orologi, ossia del suo stesso operare. I fisici, diceva Bergson prima di Feyerabend, molto spesso non sanno ciò che misurano e non lo sanno perché rimuovono, cioè, nel suo linguaggio, "spazializzano". Le misurazioni sono delle astrazioni e, se sono utili, è perché senza la possibilità di trasporre l'universo su un pezzo di carta non sarebbe possibile nessuna fisica. Ma ciò che il filosofo, a differenza del fisico, non smette mai di fare è ricordarsi di quell'universo di cui il foglio di carta non è che metafora, ovvero che la mappa, come disse Korzybiski ripreso da Bateson e Deleuze, non è il territorio (anche Freud negava ogni letteralità alle sue topiche!). Crederlo, come ebbe a rimarcare il matematico *e* filosofo Whitehead, significa restare vittima della *misplaced concreteness fallacy:* la confusione tra i dati di accesso all'esperienza (il modello teorico-astratto) e l'esperienza (la realtà fisico-concreta) o, ma è lo stesso, tra il livello epistemologico e il livello ontologico, il possibile, direbbe Bergson, e il reale.

Per quest'ultimo, in particolare, la fallacia della concretezza mal posta è la conseguenza del «moto retrogrado del vero», ossia della tendenza, così caratteristica della nostra intelligenza, a proiettare all'indietro, allo stato di verità eterne e *a priori*, proprietà che si rivelano solo nel tempo e *a posteriori*. L'intelligenza, spiega, è competente unicamente rispetto alle cose compiute: i prodotti, e non già rispetto alle cose in atto: i movimenti. Ma allora come fare a essere contemporanei a ciò che accade? Come cogliere, cioè, un avvenimento mentre avviene? La grande lezione bergsoniana è che in filosofia, come nella scienza, occorre attrezzarsi di una forma di conoscenza non rappresentativa per indovinare qualcosa del reale: una conoscenza obliqua, spuria; «bastarda» dice Platone nel *Timeo.*

Bergson chiama intuizione questo altro modo di conoscere o, come si esprime, di entrare in comunione con la cosa simpatizzando con essa e, si badi, lo stesso Einstein fa appello all'intuizione per cogliere i "segreti" del suo «Dio sottile ma non ingannevole» (Lacan impiega il termine "mantica" per qualificare l'arte freudiana dell'interpretazione).

La psicoanalisi, è vero, non è, come si dice in gergo, protocollabile: nessuno, nemmeno l'analista, sa quando, come e se finirà. Ma qualcuno forse sa quando la prossima onda gravitazionale o particella di antimateria sarà rilevata? Il setting analitico, in questo senso, è come l'acceleratore del CERN: un dispositivo preposto a incontrare il *reale*. Anche a Ginevra, infatti, nessuno sa con anticipo quando l'incontro avverrà, perché perfino la "scienza" è una tecnica affidata all'imprevisto il quale, quando accade, la porta a elaborare un sapere intorno all'osservatore (l'acceleratore) e l'osservato (la particella x) che, propriamente, come scienza la costituirà (Canguilhem *docet*). Quando l'evento accadrà o, come dice Freud, il leone-inconscio salterà, ci sarà qualcosa che lo rileverà ed "esso" sarà stato rilevato. Ecco perché bisogna solo esser pronti e aspettare.

In conclusione, quindi, più che meno esatta o meno scientifica, direi che la psicoanalisi – come la filosofia – è solo meno redditizia, ossia meno impiegabile per fini che le sono estrinseci (ad esempio, l'aumento dei profitti delle case farmaceutiche e/o dei posti di lavoro degli operatori che, a livello universitario, gli sono solidali). Invero, è impossibile fare degli investimenti economici in assenza di certezza e previsione, così come è impossibile costruire chiese o gerarchie in assenza di dogmi. La psicoanalisi, per dirlo con altre parole, non paga né si vende, perché tanto è meno redditizia quanto è, ancora come la filosofia, meno comoda: dopotutto, e Freud lo sapeva bene, l'incontro con un neutrino o un'onda gravitazionale ci crea meno problemi di quello col nostro culo.

*Trova importante che la psicoanalisi oggi dialoghi con il sapere biologico (scienze dell'evoluzione, neuroscienze) e con le scienze in generale?*

Sì, assolutamente. Perché non dovrebbe?

*Oggi la psicoanalisi si confronta con psicoterapie e teorie rivali – la psicoterapia comportamentale e/o cognitiva, la psicoterapia sistemica-relazionale, e svariati altri tipi di cure. Come situarla in relazione a queste? E in particolare, possiamo dire che la psicoanalisi sia una psicoterapia, e se sì, in che senso?*

In virtù della sua parentela con la filosofia credo che la psicoanalisi sia, parafrasando Cartesio, la regina delle psicoscienze. E ciò per delle ragioni di metodo, setting e di principio che riassumo, inevitabilmente generalizzando, in questi termini: la stragrande maggioranza delle altre "psi" si comporta, nei riguardi della sofferenza psichica, come Freud rimproverava Rank di comportarsi con i traumi-incendi: limitandosi a spostare la lampada a petrolio che li ha scatenati. Invece, sfruttando ancora la metafora ignea e il fatto che lo stesso apparato psichico si comporta nei riguardi di un reale che «è fuoco» (*Seminario XXIII*) come un «estintore» (*Seminario VII*), direi che la psicoanalisi in tanto rifiuta il modello meccanico di causalità del *post hoc* (incendio) *ergo propter hoc* (lampada a petrolio), in quanto non si limita ad allontanare, via cognitiva o comportamentale, le cause "prossime" e manifeste del fuoco. La psicoanalisi interviene sulle "condizioni iniziali" dell'incendio e, quando ci riesce, le modifica. E questo lavoro che, almeno nel caso della nevrosi, ha bisogno del divano e di un certo uso del silenzio da parte dell'analista, mi pare sia specifico solo della psicoanalisi. Dunque no, la psicoanalisi non è una psicoterapia. Lo è molto di più la fisioterapia che oggi, almeno in Italia, dà lavoro a molti laureati.

*Molti filosofi si sono interessati particolarmente al pensiero di Jacques Lacan. Che valore e che senso attribuisce al contributo* après coup *di Lacan?*

Fra i lettori di Freud Lacan è senza dubbio il più acuto, per non dire geniale. Ma Lacan è anche uno psicoanalista il quale, tornando a Freud, ha, a mio parere, assicurato alla psicoanalisi qualche chance di sopravvivere alla fine del secolo in cui ha visto la luce. Ciò, in particolare, 1. grazie a un profondo lavoro di analisi e, quando necessario, di riformulazione dei maggiori concetti psicoanalitici (penso all'introduzione del fallo nel triangolo edipico, alla rielaborazione del concetto di pulsione di morte, alla codificazione di una specifica logica del significante, agli affondi nel continente nero della femminilità, agli assiomi "Non c'è rapporto sessuale", "La donna non esiste", "C'è dell'uno", alla tematizzazione della *jouissance* nella sua opposizione tanto al piacere che al desiderio e, infine, allo strepitoso uso dei matemi); 2. grazie al dialogo serrato intrattenuto con discipline e tecniche estranee alla psicoanalisi (dallo strutturalismo alla calligrafia, dalla linguistica alla topologia, dall'antropologia culturale alla teoria dei giochi, dalla cibernetica alla biologia) e 3. grazie ad alcune modifiche apportate al setting (penso soprattutto all'introduzione della seduta variabile, alla definizione di desiderio dell'analista e all'uso del taglio). Da un punto di vista etico-politico, invece, Lacan ha avuto il merito di contrastare la normalizzazione della scoperta freudiana cui, nella sua epoca, si assisteva nella triplice forma dell'*Ego-psychology*, dell'ortopedia psicoterapica e della scuola delle relazioni oggettuali, sforzandosi parimenti di rendere sensibili gli psicoanalisti rispetto alla loro "spontanea" tendenza di unirsi in una scuola come in una chiesa. «La Causa Freudiana – scrive in *D'écolage* – non è scuola ma campo. Da cui si deduce che durerà solo per il temporaneo».

In Francia, in particolare, l'incedere della grande psichiatria è stato tanto ambizioso quanto complesso e fin da subito Lacan è voluto tornare a Freud, scagliandosi contro la miopia dei semplici ripetitori del padre della psicoanalisi. Più nello specifico, raccattando, come si esprime nel *Seminario XI*, il *Nachträglich* freudiano, Lacan ha denunciato la "restaurazione" subita dalla psicoanalisi negli anni successivi alla guerra, una restaurazione avvenuta all'insegna di un genetismo psicologizzante, di una teoria della temporalità impregnata di cronologia dello sviluppo e di una radicale estromissione del punto di vista topico. Una restaurazione, insomma, pesantemente anti-freudiana, dove "anti" va inteso nel duplice senso di "prima" e "contro". All'interno del suo complesso apparato teorico, infatti, il concetto freudiano di *Nachträglichkeit* è tornato alla ribalta in modo assolutamente prioritario, al punto che il primo grande *après coup* della *Nachträglichkeit* – termine che Lacan traduce in francese, appunto, con "après coup" e che, in italiano, ho proposto di tradurre con "tardività" – è stato l'*après coup* in Francia. Le difficoltà logiche e temporali che questa straordinaria nozione freudiana poneva in termini di spiegazione di un evento o di una fantasia, il cui effetto patogeno si sviluppava solo posteriormente, richiedevano secondo Lacan un nuovo approccio al problema, e dunque la necessità di una tematizzazione della diacronia degli eventi psichici molto più attenta, tale, almeno, da *scomodare* logica e linguaggio.

Di conseguenza, se lo spirito della psicoanalisi ha potuto rinnovarsi, lo si deve in gran parte al pungolo con cui l'ha scossa Lacan e al lavoro che, su suo impulso, hanno condotto altri psicoanalisti dopo di lui. Lacan ha risvegliato la psicoanalisi dal sonno dogmatico in cui si era assopita perché l'ha riaperta alla critica dei suoi fondamenti, facendo di tutto affinché il contatto con l'inconscio si attivasse di nuovo e, per quanto è possibile, restasse sempre attivo: ogni sapere su *das Es* ha di fatto il valore di una sua chiusura, perché ogni sapere, in fondo, non è che la realizzazione del desiderio di dormire. Per Lacan, anzi, «l'inconscio è esattamente l'ipotesi che non si sogna solo quando si dorme», sicché, «il momento del risveglio – dice in una delle lezioni del *Seminario XIV* – non può mai essere che un breve istante: quello in cui si cambia di sipario».

Ecco, Lacan ha cambiato di sipario. Questo è stato il suo contributo *après coup*, in cui proprio *l'après coup* ha giocato un ruolo fondamentale.

## Felice Cimatti

*Che cosa, della psicoanalisi, la interessa oggi da una prospettiva filosofica, e perché?*

Posso rispondere a partire dal mio lavoro "filosofico". Mi occupo di linguaggio, e soprattutto del modo in cui il linguaggio, in tutte le sue forme, modifica il corpo umano. Prima vorrei però provare a rispondere a una domanda che non è stata posta, ma che è dietro questa stessa domanda: perché si chiede alla filosofia la ragione del suo interesse per la psicoanalisi? Perché il discorso psicoanalitico non dovrebbe interessare un filosofo? E viceversa, naturalmente. Come se psicoanalisi e filosofia fossero pratiche e saperi vicini, ma non coincidenti. In generale, credo che psicoanalisi e filosofia siano due forme di esistenza (forme-di-vita, usando l'espressione di Agamben ripresa da Wittgenstein) che, per il loro carattere intrinseco, non credono al loro tempo. Sono inattuali. Per questa ragione sono spesso accusate di non avere un oggetto preciso, di non essere abbastanza scientifiche, di essere troppo astratte. In questo senso forse le accomuna una simile esigenza difensiva. Ecco perché si cercano. Più in generale, la psicoanalisi può servire alla filosofia per introdurre nel suo campo qualcosa che sfugge alla presa della ragione e del calcolo. Penso che ogni filosofo, che non sia un "semplice" filosofo disciplinare, come un filosofo della biologia o della musica, ma voglia rimanere nell'ambizione della filosofia, dovrebbe comunque passare prima o poi per la psicoanalisi. Passare per l'inconscio vuol dire questo, passare per la lacuna del pensiero, per i suoi buchi, le sue esitazioni. Naturalmente si può parlare dell'inconscio solo in modo rigoroso – almeno per me, il modello inarrivabile è il *Tractatus*. Credo che solo i logici possano davvero apprezzare la poesia, e quindi l'inconscio. Io purtroppo non sono un logico.

Tornando ora alla domanda, mi interessa la psicoanalisi e quella lacaniana in particolare, perché è quella che più di ogni altra riflette sul "mistero" del linguaggio (la formula è di Chomsky; a proposito, temo che parlare di linguaggio senza avere attraversato Chomsky sia inutile: Chomsky è il Lacan della linguistica, nonostante quello che pensa di Lacan). Mi interessa il *fatto* del linguaggio, in particolare il nucleo ricorsivo e sintattico del linguaggio; il Novecento è il secolo che ha scoperto che il linguaggio non è né semantica né pragmatica, bensì logica (Wittgenstein), forma (Saussure), significante (Lacan), sintassi (Chomsky). Mi interessa allora capire come cambia il corpo di un animale altrimenti molto simile a un qualunque mammifero, l'effetto dell'essere infettati dal virus del linguaggio (immagine di Deacon). Come cambia il corpo umano? Quali pensieri può pensare? Quali emozioni può provare? Anche il mio interesse per l'animalità, da questo punto di vista, incrocia questa domanda, perché l'animale è un vivente non infettato dal linguaggio. Al contrario, il divenire-animale di cui parlano Deleuze e Guattari è il problema dell'animale umano, che è umano perché non è mai stato un animale. Psicoanalisi per me significa: corpo + linguaggio = ?

*Quale contributo filosofico alla psicoanalisi considera tra i più significativi, almeno per il suo approccio alla psicoanalisi?*

La filosofia che mi interessa è quella che affronta le questioni appena richiamate. Quindi Wittgenstein, soprattutto. Poi la linguistica, ma soprattutto quella chomskyana, che mi sembra quella teoreticamente più interessante. Mi interessa la filosofia di Deleuze, sempre di più, perché è l'unico filosofo davvero importante che non sia passato, nel Novecento, per la svolta linguistica, in base alla quale tutti i problemi filosofici andavano affrontati a partire dal linguaggio. Almeno per me, Deleuze è stato il risveglio dal sonno dogmatico del linguaggio come organo del pensiero. Penso invece che l'ermeneutica e il decostruzionismo non abbiano molto da dire alla psicoanalisi. La psicoanalisi mi interessa come pratica formale, sintattica, effetto di significante; dunque la psicoanalisi che mi interessa è quella lacaniana, che alla fine ha un solo problema, sbarazzarsi del senso. Di conseguenza, tutte le filosofie del senso non mi interessano, tutte le filosofie che non hanno bisogno del senso mi interessano. Penso, a questo riguardo, che la psicoanalisi – soprattutto quella lacaniana, quella che parla sempre del significante – potrebbe occuparsi anche di certe pratiche scientifiche che programmaticamente non hanno bisogno del senso, ad esempio l'etologia e la psicologia comportamentistica. Skinner è il grande incompreso della psicologia, ma la sua psicologia ha moltissimi punti di contatto con il progetto lacaniano. Penso infine che Agamben, per quanto si occupi molto poco di psicoanalisi, avrebbe molto da dire agli psicoanalisti.

*A parte Freud, c'è qualche altro psicoanalista a suo parere capace di stimolare una proficua riflessione filosofica sulla psicoanalisi?*

Ho già risposto: Lacan, soprattutto. Non perché parla spesso di filosofia, ma perché pensa in modo rigoroso e conseguente la questione del linguaggio e del suo impatto sul corpo umano. Non sono molti gli psicoanalisti con lo stesso rigore, almeno quelli che conosco io. Poi mi interessano gli psicoanalisti che seguono la linea di Melanie Klein, quindi Winnicott e Bion, in particolare. Mi piace molto anche Laplanche, che però, in fondo, sviluppa tesi di Lacan. In generale la psicoanalisi mi sembra ammalata di un doppio morbo, e apparentemente contraddittorio: da un lato cerca continuamente il senso, così si trasforma spesso in una specie di ermeneutica, oppure di fenomenologia (il concetto di "empatia" andrebbe proibito, a proposito); allo stesso tempo "dialoga" (come si dice) con le neuroscienze. Un dialogo inutile, perché neuroscienze significa soltanto: la psicoanalisi è falsa, non ha un oggetto, non ha un metodo. Come se il condannato a morte volesse dialogare con il boia che sta per decapitarlo. Credo del resto che per molta psicoanalisi valga la sentenza lapidaria di Wittgenstein per la psicologia: metodo scientifico e confusione concettuale. Solo che nella psicoanalisi non c'è nemmeno il metodo scientifico! D'altronde succede la stessa cosa per molta filosofia, convinta che le neuroscienze possano accogliere al loro interno il discorso filosofico. Anche in questo caso non si capisce che le neuroscienze non sanno che farsene della filosofia. Ancora una volta torna la questione della vicinanza fra psicoanalisi e filosofia; forse sono accumunate da una stessa stupidità verso il presente.

*Possiamo chiederle se ha avuto un percorso psicoanalitico, e se esercita come psicoanalista? In ogni caso, come vede quel che accade nella pratica clinica analitica? Ovvero, che cosa veramente accade in una cura?*

Sono stato in analisi per circa dieci anni, una psicoanalisi freudiana; l'analista, una donna, interveniva poco, ma nei momenti salienti. Non sono psicoanalista, anche se come tanti per un certo periodo ho pensato di iscrivermi a Psicologia per poter in futuro diventarlo. Ma visto quello che si insegna a Psicologia, oltre al fatto che non avevo voglia di studiare cose che ritengo sciocche, alla fine – come tutti, o quasi tutti – ho rinunciato all'idea. Che succede in analisi? Non so rispondere, le posso raccontare di alcuni momenti molto belli vissuti in analisi. Lo studio della mia analista era all'ultimo piano di una palazzina di Roma, nel centro storico. Dalla finestra entravano i rumori della città, i versi dei gabbiani, il traffico lontano. Lì sul lettino, l'analista alle mie spalle: fra i pochi momenti della mia vita in cui mi sia sentito al sicuro. In quei momenti, come dice Wittgenstein, sentivo il "miracolo" del fatto che il mondo c'è. La psicoanalisi mi ha permesso quei momenti. E forse mi ha permesso di cercarli anche fuori di lì. La palazzina si trovava nella stessa via di un famoso fornaio romano. Tutte le volte che uscivo dallo studio ci passavo davanti, e mi dicevo che ci sarei entrato solo il giorno che avessi finito l'analisi. Come poi ho fatto. Quindi si potrebbe dire che sono andato in analisi per poter entrare in un negozio di dolciumi. In effetti da allora ci entro spesso!

*Nietzsche e Freud. Quest'ultimo ammise di non aver mai veramente letto l'opera del filosofo, perché temeva di scoprire, tra le sue pagine, intuizioni anticipatrici del proprio lavoro. Come vede il rapporto tra i due?*

Non ho molto da dire su questo punto. Come ho scritto, a me interessa il rigore cha lascia spazio alla poesia, non sono attratto in prima battuta dalla poesia. Per quanto mi riguarda penso che, almeno nei Dipartimenti di Filosofia, bisognerebbe arrivare a leggere Freud e Nietzsche solo dopo aver fatto esami di Logica, Filosofia della Scienza e Linguistica. Prima la regola, poi la via d'uscita. Per questa ragione credo che Freud avesse ragione. Non si è mai troppo vecchi, in un certo senso, per leggere Nietzsche. In generale, provo a leggere Nietzsche come il filosofo del domani, come Foucault diceva di Deleuze. Non è ancora arrivato il tempo di Nietzsche. Mentre quello di Freud temo sia un po' passato. Almeno il Freud conservatore, il Freud realista, il Freud scientista. Freud, però, è troppe cose per poterne parlare al singolare.

*Sin dagli inizi della psicoanalisi, con Fenichel, Bernfeld, Reich, Fromm e altri, si è sviluppato un filone freudo-marxista sia tra gli analisti sia tra i filosofi, ancora fiorente. Come va pensato, oggi, il rapporto tra Marx, marxisti e psicoanalisi?*

È un filone che mi interessa molto (ho provato a occuparmene nel libro *La vita che verrà*). Credo che questi psicoanalisti siano gli unici che abbiano qualcosa da dire sul nostro tempo. Troppo spesso mi sembra che la psicoanalisi sia diventata un sapere conformista e conformizzante, tranquillizzante (da questo punto di vista, è più difficile "addomesticare" Lacan). L'inconscio fa paura, oppure non serve a nulla, anzi, serve per aumentare la produttività in una industria. Certo, si tratta di una prospettiva spesso ingenua (penso in particolare a Reich), e tuttavia è ancora vitale, anche se mi sembra che non se ne parli più molto. Su Marx, credo che bisognerebbe riprendere la questione della "reificazione", ma rovesciandola: oggi la rivoluzione passa per l'abbandono di ogni umanesimo, passa per un radicale divenire-animale dell'umano, per un confondersi con il mondo.

*Crede che la psicoanalisi possa essere uno strumento utile per interpretare i fenomeni politici, sociali e di costume contemporanei? In particolare, le differenze di genere, il processo emancipativo delle donne e di persone con orientamenti sessuali non ortodossi? E se sì, secondo quale chiave?*

Francamente no. Anzi, tutte le volte che sento parlare di politica o economia usando il lessico della psicoanalisi mi sembra che non si stia dicendo nulla di preciso, e tantomeno di necessario. Mi mettono a disagio le critiche psicoanalitiche del capitalismo contemporaneo, specie quelle basate sull'idea di persona, di valore, di socialità umana. Tutti concetti che per la psicoanalisi – in particolare quella lacaniana – sono privi di sostanza. Il soggetto, per la psicoanalisi, non va difeso, semmai va fatto esplodere. Qui, fra l'altro, c'è un equivoco ricorrente: la psicoanalisi prova a portare un essere umano a diventare un corpo, non una soggettività. Questa prospettiva, quella che parla dell'ultimo insegnamento di Lacan (sviluppato soprattutto da Jacques-Alain Miller) come di una ricerca del reale del corpo, viene spesso criticata come una specie di esortazione all'egoismo. Ma l'egoismo è una figura della soggettività. Il corpo non è né egoista né altruista. Il corpo reale, piuttosto, è un corpo che non ha bisogno di nulla, men che meno delle tanto aborrite merci, cioè delle cose. In fondo, le merci fanno paura perché sono cose; ma la psicoanalisi non è un umanesimo, quindi non ha nulla da temere dalle cose.

*Una parte della fenomenologia filosofica si è occupata della psicoanalisi. Anche chi procede sulla scia del pensiero di Heidegger e chi coltiva l'ermeneutica spesso ha tematizzato la psicoanalisi. Che cosa pensa di questa "appropriazione" fenomenologica della psicoanalisi?*

Un clamoroso equivoco. La psicoanalisi, quella lacaniana almeno, è una faccenda di forme e sintassi. Una fenomenologia psicoanalitica è una espressione autocontraddittoria. Se c'è qualcosa di cui sbarazzarsi è del senso, della soggettività, anche di quella pura, così come del corpo vissuto. Il significante va preso sul serio. Per questo Lacan è interessante, perché lo prende davvero sul serio.

*A partire da Popper, si è sviluppata nel corso dei decenni una corrente di critica radicale della psicoanalisi, che ne nega la plausibilità scientifica assimilandola a una mitologia, e contesta la validità della pratica analitica. Come si pone in questo dibattito, se in qualche modo vi si pone?*

Roba vecchia, francamente. In generale non vedo perché la psicoanalisi dovrebbe accreditarsi come pratica scientifica. Una pratica può essere efficace e teoricamente salda anche senza essere una scienza. Poi non è chiaro che cosa sia questa "scienza" con cui confrontarsi. Se scienza sostanzialmente vuol dire, come credo che non possa non voler dire, matematica ed esperimenti, allora la psicoanalisi non è una scienza, punto. E allora, che succede? Fra l'altro una scienza "vera" è vera proprio perché considera la psicoanalisi una specie di superstizione. Non si tratta di convincere un chimico, ad esempio, che la psicoanalisi è una cosa seria, perché essere un chimico vuol dire: la psicoanalisi *non* può essere una cosa seria. Che dialogo si sta cercando, allora? La psicoanalisi deve ritrovare il suo oggetto, che – direi con Lacan – è il corpo affetto dal significante; e studiarlo con il suo metodo, associazioni libere e *talking cure*. Questo non basta per qualificarla come scienza, va bene. Ma chi ha detto che una pratica o è scientifica oppure non ha valore? Ciò significa anche, ovviamente, che la psicoanalisi non ha niente a che fare con la psicologia (non dimentichiamo Wittgenstein, metodo sperimentale e confusione concettuale). Si tocca, così, una questione centrale: che se la psicoanalisi non è una forma di scienza, non può più rientrare fra le spese mediche, non sarà rimborsabile dalle assicurazioni e così via. Mi rendo conto che il problema esiste, ma che almeno sia chiaro che è una faccenda di soldi, non di epistemologia.

*Trova importante che la psicoanalisi oggi dialoghi con il sapere biologico (scienze dell'evoluzione, neuroscienze) e con le scienze in generale?*

Mi permetto di essere brutale: no. No perché non trova lì le risposte ai suoi problemi, e se ce le trovasse il suo sapere sarebbe ormai inutile, giustamente inutile. Dopodiché, serve ed è importante avere un'idea realistica e scientificamente plausibile di che cosa sia un corpo vivente, di come funzioni una lingua, come sia fatto un computer e così via. Ma non perché un neuroscienziato abbia qualcosa da dire sulla psicoanalisi. Qualcosa di pertinente e utile, intendo. Se la psicoanalisi, per fare un esempio, occupandosi di Io ed Es dirigesse il suo interesse sulla loro localizzazione fisica, nel cervello, è chiaro che non sarebbe più psicoanalisi. E se invece dovesse arrivare davvero a concentrarsi su queste entità immaginarie, allora è giusto che sparisca. Si pensi al culto odierno per Darwin, come se nella *Origine delle specie* ci fosse la risposta per ogni domanda. Questo culto della personalità non ha niente a che fare con la scienza.

*Oggi la psicoanalisi si confronta con psicoterapie e teorie rivali – la psicoterapia comportamentale e/o cognitiva, la psicoterapia sistemica-relazionale, e svariati altri tipi di cure. Come situarla in relazione a queste? E in particolare, possiamo dire che la psicoanalisi sia una psicoterapia, e se sì, in che senso?*

Domanda tecnica, a cui non penso di poter rispondere in modo adeguato per difetto di competenza. Ci provo comunque. Qui credo che il punto decisivo sia capire di cosa si occupa la psicoanalisi, quale sia il suo oggetto "scientifico", nel senso che non c'è una pratica scientifica in senso lato che non abbia un oggetto. Se l'oggetto è genericamente la psiche del paziente, senza altre qualificazioni, il suo disagio, la sua sofferenza, allora credo che su questo fronte la psicoanalisi abbia del tutto perso la battaglia, ma anche la guerra. Le tante psicoterapie esistenti mi sembrano molto più veloci, ed efficaci sul breve periodo (come è tristemente noto, sul lungo periodo siamo già morti), per non parlare di quanto sono meno costose. C'è poi tutta la faccenda degli psicofarmaci, che non si capisce perché vengano demonizzati. Non è che la *talking cure* sia migliore di per sé. Fra l'altro dietro questo pregiudizio c'è un fondo di dualismo, che in uno psicoanalista proprio non dovrebbe esserci. La *talking cure* è – come hanno sempre saputo i retori – uno psicofarmaco, in senso letterale: la parola entra nel corpo umano attraverso l'orecchio, e raggiunge il cervello (la "mente"?) mediante una serie di passaggi materiali, in particolare elettro-chimici. La *talking cure* può essere curativa proprio perché è materialmente e quindi causalmente efficace, altrimenti non funzionerebbe nemmeno in linea di principio (una psicoanalisi nello spazio extraterrestre è impossibile per motivi fisici). Quindi, qual è il problema con gli psicofarmaci? Veniamo così alla seconda parte della domanda. Se la psicoanalisi ha per oggetto il corpo affetto dal significante, allora non è una psicoterapia, perché non si occupa di rafforzare l'Io, ad esempio, ma nemmeno di rendere il soggetto più forte e capace di sopportare la vita. In questo senso la psicoanalisi non ha nulla da temere dalle psicoterapie, ma solo se chiarisce a se stessa quello che fa, qual è il suo oggetto, e qual è il suo metodo. Su questo esercizio di autocomprensione, però, sono piuttosto scettico.

*Molti filosofi si sono interessati particolarmente al pensiero di Jacques Lacan. Che valore e che senso attribuisce al contributo* après coup *di Lacan?*

Ho parlato finora di Lacan, o almeno spero di averlo fatto. Lacan ha rimesso in moto la psicoanalisi, l'ha liberata dall'abbraccio mortale della psicologia e della medicina, le ha dato un oggetto, un metodo, un obiettivo (liberare il corpo dalla stretta asfissiante del significante). L'unico problema è che mi sembra che anche questa rivoluzione sia stata, come accadde a Freud, riassorbita. Quanto sono ancora lacaniani, i lacaniani? Non si tratta di fedeltà al "vero" Lacan, questione ridicola (si pensi agli attacchi vergognosi a cui è stato sottoposto Massimo Recalcati da parte del lacanismo ufficiale, per dir così). Si tratta di capire quanto Lacan può ancora *essere* Lacan. Si assiste, mi sembra, a un generale movimento di reazione, nei costumi sessuali, nella politica (nazionalismo, fascismo, razzismo), nella società (ad esempio, nessuno sembra più avere nulla da dire sulla povertà, che ormai non è più sentita come una questione politica, ma un problema di solidarietà, se non di elemosina). In questo quadro, la psicoanalisi credo sia di fronte alla stessa domanda a cui tutti siamo chiamati: c'è ancora spazio per un pensiero radicale, come quello lacaniano ad esempio? C'è più di una ragione per essere pessimisti. Rimane il fatto che Lacan non si lascia ingabbiare. Per questo non si riesce a smettere di leggerlo.

## Marcus Coelen e Jamieson Webster

*Che cosa, della psicoanalisi, vi interessa oggi da una prospettiva filosofica, e perché?*

Possiamo rispondere a questa domanda probabilmente perché tutti e due esitiamo a farlo, non sapendo se è rivolta a noi. Non che due “mezzi” filosofi possano farne uno intero, o che due esitazioni possano portare a una decisione, ma questo aiuta a tener qualcosa in sospeso. Si tratta di un tipo specifico di *sospensione* che interessa la filosofia ma anche il filosofo. Possiamo rispondere solo insieme, perché non potremmo farlo individualmente “come filosofi”, e questa possibilità di sospensione – sospensione della risposta, sospensione del destinatario, sospensione della voce fra uno e due – è quel che ci interessa in psicoanalisi. Per la psicoanalisi la sospensione non può equivalere a una non-azione indefinita, al fallimento di una decisione. Se la sospensione fra due tempi, due voci, equivalesse a questo “niente”, anche se esso fosse definito in dettaglio squisito, nel miglior linguaggio poetico, la psicoanalisi non sarebbe che pura filosofia, pura astrazione. E così fra noi due, e tra filosofia e psicoanalisi, qualcos’altro deve accadere. Si tratta di qualcosa che Badiou prese da Lacan e chiamò *evento*, da una parte per dargli un nome, per definire filosoficamente la sua struttura, dall’altra per creare le condizioni per questo, lavorando come psicoanalista col corpo e la parola del paziente. E da analisti si deve sapere come metterci mano, come metterci l’anima – se ci è concesso esprimerci con crudezza – su questa linea, con e per un altro.

*Quale contributo filosofico alla psicoanalisi considerate tra i più significativi, almeno per il vostro approccio alla psicoanalisi?*

Diremmo le teorie del soggetto. Ciò che è stato detto a questo riguardo è decisivo per la psicoanalisi e segna una precisa svolta nel pensiero post-freudiano. Si tratta di una prospettiva cruciale per il lavoro di Jacques Lacan, ma – per non risultare settari, o banali – occorre riconoscere che ciò è vero anche per la psicoanalisi interpersonale, per la psicoanalisi relazionale, per Winnicott (che non era uno stupido), per i modi esistenziali di pensare psicoanaliticamente, tutti approcci che significarono spingere gli psicoanalisti fuori da ogni confortevole dimora in psicologia, che non riguardasse il soggetto. È una lezione che molti di noi stanno ancora ricevendo; e ciò rende la comprensione di Freud molto diversa da quella che si ritrova nelle versioni annacquate dell'analisi che comparvero negli USA negli anni '50 e in gran parte di ciò che passa per psicologia "dinamica". C'è qualcosa di meno dinamico della psicoanalisi senza la teoria filosofica del soggetto? Una volta che si è capito questo, forse, e solo forse, si potrà dire qualcosa di interessante su un oggetto o su più oggetti. Questo è quanto. A prova di scommessa.

*A parte Freud, c'è qualche altro psicoanalista a vostro parere capace di stimolare una proficua riflessione filosofica sulla psicoanalisi?*

Jose Rizal. Ha scritto un libro il cui titolo è molto difficile da tradurre, ma significa qualcosa come "Non toccatemi!". L'autore proviene dalle Filippine, e quasi nessuno ha letto questo suo testo; ma è morto coraggiosamente difendendo la posizione etica e politica che vi è espressa, e che si ritiene abbia infiammato la richiesta di indipendenza delle Filippine. In questa pubblicazione si deve ascoltare sia il grido di battaglia nevrotico del paziente, sia il peculiare atteggiamento di astinenza che l'analista mantiene. Freud naturalmente cominciò toccando i suoi pazienti, imponendo loro le mani sulla fronte, esaminandoli sul piano medico, ipnotizzandoli – e le isteriche gridavano "Non toccarmi!", che da un lato è la rimozione nevrotica della sessualità e del desiderio e dall'altro rappresenta la condizione stessa della parola: Freud deve fermarsi ad ascoltare ciò che queste donne stanno dicendo e smettere di toccarle. *Noli me tangere* era anche il nome usato dagli oftalmologi per il cancro delle palpebre. Ed è significativo che il cancro sia delle palpebre e non degli occhi, dunque di ciò che chiude quest'orifizio, o di ciò che ci permette di distoglierci dalla realtà, di questo strano involucro. Rizal, medico e scrittore come Freud, gioca profeticamente sul confine fra degenerazione fisica e mentale, col problema del campo visivo in una società di vano spettacolo e di violenta sorveglianza, e nell'incapacità di localizzare il "cancro" in una cultura, specialmente in quelle post-coloniali. Il trauma ci ha traumatizzato le palpebre. Dov'è il trauma? Dov'è il malcontento? Dov'è l'agentività? Come direbbe Agamben a proposito del XXI secolo, il problema non è il trauma di per sé, bensì il fatto che il trauma è ora dappertutto e da nessuna parte – non lo si può localizzare, non si può dire dove si svolgerà in un dato momento, o quale sia il suo giorno decisivo. È un cancro delle palpebre.

*Possiamo chiedervi se avete avuto un percorso psicoanalitico, e se esercitate come psicoanalisti? In ogni caso, come vedete quel che accade nella pratica clinica analitica? Ovvero, che cosa veramente accade in una cura?*

Volete seguire la strada delle ripetizioni nel transfert? Volete seguire la strada dell'elaborazione della fantasia masturbatoria? Volete seguire la strada di ciò che non è per tutti, la distruzione della vostra vita? Volete seguire la strada della parola? Quale volete davvero seguire? Tutte. E nessuna.

Questa è realmente la cosa più difficile da dire, e potremmo forse voler seguire l'ultima teoria di Lacan nella lettura impossibile del suo testo *L'Etourdit*: «Quel che si potrebbe dire resta dimenticato dietro quel viene detto in quel che viene udito. Se vi dicessimo quel che udimmo, o quel che il paziente disse, o perfino quel che disse di quel che udimmo, su quel che accadde, su come fu portato a compimento, sarebbe in qualche modo un tradimento esattamente di ciò che fa la psicoanalisi, perfino della stessa psicoanalisi. Crediamo che sia questa la ragione per cui la questione della cura crea luoghi comuni che pur non essendo sbagliati (comune infelicità umana, rielaborazione, mal-essere, abbattimento, riconciliazione col proprio desiderio, integrazione, lutto, eccetera) appaiono come vignette o meme di internet. Perciò dovremmo fare molta attenzione rispetto a questo. Forse è anche importante notare che in uno degli ultimi scritti di Freud sulla fine dell'analisi egli fondamentalmente disse il suo impossibile – l'inconscio, la resistenza, la sua interminabilità – e tuttavia la non conclusione era una figura ugualmente impossibile. Aggiungete a questo tutto il lutto che volete. Seguendo Derrida, non è chiaro quale sia la più grande violenza, proseguire o non proseguire.

*Nietzsche e Freud. Quest'ultimo ammise di non aver mai veramente letto l'opera del filosofo, perché temeva di scoprire, tra le sue pagine, intuizioni anticipatrici del proprio lavoro. Come vedete il rapporto tra i due?*

Questa relazione è diventata un triangolo amoroso complicato e per lo più non sfruttato con Lou Andreas-Salomé. La risposta perciò dev'essere trovata nei contributi di Freud alla psicologia e alla psicoanalisi dell'amore.

*Sin dagli inizi della psicoanalisi, con Fenichel, Bernfeld, Reich, Fromm e altri, si è sviluppato un filone freudo-marxista sia tra gli analisti sia tra i filosofi, ancora fiorente. Come va pensato, oggi, il rapporto tra Marx, marxisti e psicoanalisi?*

Tre risposte. Non crediamo che sia fiorente tranne che per un gruppo assai piccolo di persone sconosciute ma intelligenti e un po' folli di Cleveland che si sono create una loro società. In secondo luogo, se la domanda si riferisce alla corrente badiouana e post-badiouana, i suoi autori hanno saturato il mercato con le loro pubblicazioni finendo con l'irritare molte persone. Terza cosa, la psicoanalisi non ha niente da dire sulla politica. Quest'ultima affermazione può suonare piuttosto cruda, ma non la intendiamo consciamente in questi termini. Passiamo la mano ai teorici della politica e ai politici. La psicoanalisi è una prassi specifica con pazienti, le implicazioni politiche della quale sono per coloro i quali vogliono praticare la politica.

*Credete che la psicoanalisi possa essere uno strumento utile per interpretare i fenomeni politici, sociali e di costume contemporanei? In particolare, le differenze di genere, il processo emancipativo delle donne e di persone con orientamenti sessuali non ortodossi? E se sì, secondo quale chiave?*

Freud non era interessato alla civiltà, ma al suo disagio. Dovremo seguire questo orientamento: non fenomeni, ma disturbi. La peculiarità del sessuale. È certamente vero che ci sarebbero molte cose da dire su questo, perfino sul "tipo" di strumento che si potrebbe usare o manipolare o mettere in azione, ma non è necessariamente così. Cosa vorrebbe significare creare uno strumento di interpretazione al di fuori del fatto di una sessualità disturbante e delle peculiarità di un corpo erogeno? Non è, l'interpretazione, al di fuori dello studio dell'analista, ad esempio la creazione di discorso, precisamente una difesa contro il disturbo proveniente dalla sessualità? Come Serge Leclaire ha commentato in molte occasioni, il discorso della psicoanalisi è rigorosamente impossibile, e però, come analisti, dobbiamo comunque cercare di dire qualcosa.

*Una parte della fenomenologia filosofica si è occupata della psicoanalisi. Anche chi procede sulla scia del pensiero di Heidegger e chi coltiva l'ermeneutica spesso ha tematizzato la psicoanalisi. Che cosa pensate di questa "appropriazione" fenomenologica della psicoanalisi?*

Sentiamo cose assai negative al riguardo.

*A partire da Popper, si è sviluppata nel corso dei decenni una corrente di critica radicale della psicoanalisi, che ne nega la plausibilità scientifica assimilandola a una mitologia, e contesta la validità della pratica analitica. Come vi ponete in questo dibattito, se in qualche modo vi ponete al suo interno?*

Crediamo che questo "dibattito" non meriti attenzione né filosofica né psicoanalitica. Questa critica è per la psicoanalisi quel che una certa credenza fanciullesca nell'unicità e nell'assolutezza del pene è rispetto all'espressione di desiderio e affetto in una certa esperienza fantasmatica delle ragazzine – eccessiva certezza e misura per ognuno e per ogni cosa. Se prendete in considerazione l'altro versante del dibattito, allora rischiate un misticismo e una mitologia del femminile. Noi di certo preferiremmo la prima cosa rispetto all'ultima, ma non abbiamo altra scelta. In ogni caso, essere analisti allora vuol dire non ingaggiarsi in un dibattito ma lavorare con ciò che emerge mentre ci avviciniamo all'esperienza fantasmatica, con la speranza di evitare la possibilità di una reazione di pura violenza, anche se ce la aspetteremmo, ed è questo il motivo per cui la critica "radicale" della psicoanalisi si verifica in molti ambiti decennio dopo decennio. "Uno psicoanalista viene picchiato". Attendiamo con impazienza le critiche in arrivo e i loro strumenti unici e infaticabili con cui misurarci.

*Trovate importante che la psicoanalisi oggi dialoghi con il sapere biologico (scienze dell'evoluzione, neuroscienze) e con le scienze in generale?*

Sì, perché è la mitologia del nostro tempo, un vero e proprio disturbo sessuale, e qualcosa che si muove alla velocità della luce. Noi affrontiamo spesso le più strane idee, anche le più radicali idee del sessuale, col modo della conoscenza biologica e, quel che più conta, queste idee manifestano evidenti effetti sui nostri pazienti. Si pensi a una giovane donna, una ragazza che, per la prima, va dal ginecologo: gli strani pronunciamenti di costui circa la riproduzione e le molte tecniche disponibili, così oscuri per lei, vengono a segnarla, a mescolarsi con credenze sessuali infantili, in modo profondo e sconcertante.

Così questo non è importante solo come confronto degli analisti con la scienza, ma per il fatto stesso che non facciamo altro che incontrare cose di questo genere nel nostro lavoro, sempre di più, e impariamo qualcosa sul dove siamo diretti, o forse — per non sembrare troppo come Cristoforo Colombo o Kurtz — vediamo il vuoto che si apre, il cuore di tenebra che è la conoscenza del corpo.

*Oggi la psicoanalisi si confronta con psicoterapie e teorie rivali – la psicoterapia comportamentale e/o cognitiva, la psicoterapia sistemica-relazionale, e svariati altri tipi di cure. Come situarla in relazione a queste? E in particolare, possiamo dire che la psicoanalisi sia una psicoterapia, e se sì, in che senso?*

Sarebbe probabilmente più corretto dire che la psicoanalisi viene confrontata con queste "psicoterapie e teorie rivali", il che è forse inevitabile. La risposta più semplice potrebbe ancora essere la migliore: mentre un processo psicoanalitico ha effetti terapeutici che variano quanto a specie e potenza, il suo obiettivo diretto non è migliorare la psiche, la mente, o la vita di una persona. Il nome programmatico "psico-analisi" può essere preso in senso forte: il suo processo mette da una parte ciò che è chiamato "psiche" e lo restituisce di nuovo, esponendolo a una natura eteroclita, composita e frammentata. Questo processo rimedia alla falsa credenza nella coerenza omogenea e sostanziale di una psiche che tenta essa stessa di rimediare all'incoerenza eterogenea e non sostanziale del sessuale come tale. Semplice, vero?

Allora, forse, una risposta meno semplice. L'altro giorno un vecchio analista, molto newyorkese, ha raccontato che, quando fu sviluppata quest'idea di psicoterapia psicoanaliticamente orientata, egli pensò che sarebbe stato più corretto definirla psicoterapia psicoanaliticamente *disorientata*. Il bello è che egli lo intendeva come un commento ferocemente critico, del genere: è un'analisi disorientata, un'analisi falsa o frustrata. Ma noi crediamo che il suo inconscio sia stato più intelligente di questa battuta. La psicoanalisi riguarda il disorientamento. Altre terapie sono meravigliosamente e tristemente ben orientate. Le invidiamo.

*Molti filosofi si sono interessati particolarmente al pensiero di Jacques Lacan. Che valore e che senso attribuite al contributo* après coup *di Lacan?*

Un'ultimo aneddoto significativo e piuttosto sconfortante: in un numero recente del «Journal of the American Psychoanalytic Association» (JAPA) ci siamo imbattuti in un articolo sull'*après coup* che accreditava il concetto a Laplanche, affermando che ciò che Lacan aveva portato all'attenzione era importante, sebbene non ci fosse tornato sopra più di qualche volta. Si tratta di un'affermazione manifestamente falsa, come molti di noi possono sapere; Lacan si è occupato di questo concetto per tutta la vita. Nel *Seminario V*, sul quale abbiamo lavorato di recente per una pubblicazione, vi si sofferma per parecchie centinaia di pagine, elaborandone le varie inversioni e i movimenti dialettici nello svolgimento del complesso di Edipo. Un altro collega ha portato alla nostra attenzione il fatto che il JAPA, allertato su questa "fake news", non si sia mosso in alcun senso, al riguardo.

Non è, questa violenza mitica, parte dell'*après-coup* stesso – *après-coup* che prevede, da un lato, un lavoro volto a chiudere radicalmente elementi del passato, e dall'altro una sua pur involontaria rottura; e che nega ogni idea di progresso storico e linearità, come una benedizione e una maledizione insieme? Naturale che Lacan sia una maledizione, una maledizione per aver scoperto qualcosa di diabolico come la concezione freudiana di *après-coup*, e per averci lasciato con essa, senza alcuna protezione, neanche la bella protezione di un'idea come la traduzione. Comprendiamo che l'istituzione psicoanalitica desideri seppellirlo una volta per tutte. Ma l'inconscio non si può tradurre completamente; è una macchina infernale in cui tutto ritorna e niente è semplicemente nel passato.

## Luciano De Fiore

*Che cosa, della psicoanalisi, la interessa oggi da una prospettiva filosofica, e perché?*

L'inconscio e il sogno. Sono i due aspetti, così centrali per la psicoanalisi, che non cessano di coinvolgermi. La magia di Freud consiste nell'averci spinto a considerare l'ignoto non solo come il vero oggetto del conoscere, ma come il motore stesso di una nuova soggettività, dopo che già era passata al vaglio della grande riflessione filosofica, di Kant, Hegel e Nietzsche. Non a caso generazioni di psicoanalisti e di filosofi continuano a interpretare l'affermazione freudiana – che è legittimo ritenere fondamentale – per la quale l'Io deve divenire lì dov'era l'Es: proprio lì, nell'ambito dell'ignoto, quel che resta della nostra soggettività deve processarsi. Un'operazione affascinante che, con Lucio Russo, potremmo definire "ignotizzazione del noto". Se oggi la filosofia può pretendere di tornare a essere radicale, e credo che questa vocazione sia davvero nelle sue corde, lo deve in buona misura proprio alle sollecitazioni che le sono giunte da Freud e dalla psicoanalisi, dalla sua costante spinta verso le frontiere dell'impensato.

*Quale contributo filosofico alla psicoanalisi considera tra i più significativi, almeno per il suo approccio alla psicoanalisi?*

Dati i miei interessi, mi sono imbattuto in tematiche psicoanalitiche non tanto e non solo in filosofia. In particolare, ho trovato più di un appiglio nelle arti figurative e in letteratura. Per stare a quest'ultima, nelle ricerche su Joseph Conrad, Louis Stevenson, Arthur Schnitzler, T.S. Eliot e poi Pier Paolo Pasolini, J.M. Coetzee e Philip Roth sono stato certamente influenzato dall'interesse per la psicoanalisi. Com'è noto, in tutti questi autori, sia pure in modi molto diversi, si trovano spunti e temi, anche filosofici, riconducibili alla psicoanalisi.

In ambito più strettamente filosofico, ho avuto modo di cogliere in Spinoza, Leibniz, Hobbes, Hegel e Marx – a volte grazie a nuove riletture – passi di profondo interesse, se riconsiderati alla luce delle diverse scuole psicoanalitiche. Lasciando da parte quegli autori che ormai classicamente vengono avvicinati alla riflessione psicoanalitica, come Platone, Nietzsche, Sartre, Deleuze, Derrida e Simondon, solo per nominarne alcuni. Anche quelli che, una volta accostati a Freud e ai suoi "seguaci", ne vengono respinti come da un magnete dello stesso polo, come Karl Jaspers. Resta da investigare ancor più a fondo l'eco psicoanalitica di Hegel, che a mio avviso può dire ancora molto, se riletto dopo i classici della psicologia del profondo, Freud in testa.

*A parte Freud, c'è qualche altro psicoanalista a suo parere capace di stimolare una proficua riflessione filosofica sulla psicoanalisi?*

Affinità, idiosincrasie e casualità hanno fatto sì che il mio percorso abbia incrociato autori diversi e in fasi differenti, da Otto Rank (per i corsi universitari tenuti sulla figura del Doppio) a Sándor Ferenczi (per i miei studi sul mare e le acque e su Pier Paolo Pasolini), fino a Wilfred Bion e Ignacio Matte Blanco. Oltre Freud, nessuno però mi ha interessato quanto Jacques Lacan, letto nella maturità: in precedenza, un certo pregiudizio me ne schermava l'interesse e la grandezza.

*Possiamo chiederle se ha avuto un percorso psicoanalitico, e se esercita come psicoanalista? In ogni caso, come vede quel che accade nella pratica clinica analitica? Ovvero, che cosa veramente accade in una cura?*

Chi ha affrontato un percorso analitico in qualche modo

"classico" avvicina le grandi questioni della psicoanalisi in modo certamente diverso da chi le affronta dal punto di vista teorico. La spinta a entrare in analisi è tutt'altra da quella che induce a studiarne nodi e aspetti. Ancor più soggettive sono le motivazioni che inducono poi a proseguirla, spesso per anni. Nella mia esperienza, fare l'analisi ha significato innanzitutto instaurare una rete di relazioni: con l'analista, con sé e con gli altri, alla luce (e nelle ombre) di un itinerario che, quando lo si compia per il tempo richiesto, comporta cambiamenti, e a volte una o più riconversioni di sé. La psicoanalisi è davvero un'esperienza, in senso proprio. In altri termini, implica una trasformazione, costante o per strappi. Nel corso dell'esperienza analitica si può apprezzare il mondo da angolature diverse, inconsuete, a volte traumatiche. Se di un aspetto ho acquisito maggior consapevolezza, è che se non c'è trauma c'è da chiedersi se l'analisi stia funzionando davvero.

*A partire da Popper, si è sviluppata nel corso dei decenni una corrente di critica radicale della psicoanalisi, che ne nega la plausibilità scientifica assimilandola a una mitologia, e contesta la validità della pratica analitica. Come si pone in questo dibattito, se in qualche modo vi si pone?*

Se le scienze "dure" sono principalmente focalizzate sul funzionamento delle cose, degli eventi e degli organismi, la psicoanalisi pone al centro della propria attenzione soprattutto ciò che non funziona. Questo segna una differenza, ma non necessariamente una distanza. Inoltre, in un'epoca in cui non si esita a contestare la validità di vaccini e cure oncologiche "tradizionali", non stupisce di certo la riottosità ad avvicinare la pratica psicoanalitica alle scienze che un tempo si dicevano empiriche.

Ma se per Freud, dati i tempi, costituiva una legittima fonte di preoccupazione che la psicoanalisi non fosse accettata tra le scienze, oggi non è più necessario sia così: impossibile ora confondere la non scientificità con l'irrilevanza. È del tutto evidente l'inutilità di un approccio alla psicoanalisi che intenda misurarne la scientificità sulla base della sua falsificabilità. Peter Fonagy, che in quel dibattito si è speso, rilevava che finché lo stesso termine e concetto verrà usato con significati profondamente differenti dalle diverse scuole e tendenze della psicoanalisi, con totale noncuranza dell'uso che ne fanno le altre, la tendenza alla frammentazione permarrà, e ciò potrebbe non costituire solo una ricchezza del movimento psicoanalitico. Ma proprio le differenze tra le varie scuole nell'interpretazione e, soprattutto, nella clinica testimoniano al dunque l'impossibilità di una fondazione teorica ultima della psicoanalisi, disciplina che appartiene sostanzialmente al dominio dell'esperienza.

*Trova importante che la psicoanalisi oggi dialoghi con il sapere biologico (scienze dell'evoluzione, neuroscienze) e con le scienze in generale?*

Come sappiamo tutti, lo stesso Freud riteneva che alcune acquisizioni della psicoanalisi sarebbero state in futuro convalidate dalla ricerca biologica. Perché, quindi, non prestare attenzione alle nuove acquisizioni in tema di neurofisiologia e di neuroimaging, come alle recenti novità in tema di processi neuronali? Resta viva anche l'attesa di auspicabili progressi nelle indagini sulla natura del sogno, ambito ancora largamente inesplorato, anche dalla neurofisiologia. Benchè, relativamente al sognare, restino piuttosto i classici della letteratura e della filosofia a costituire ancora una miniera inesauribile di suggestioni per la ricerca psicoanalitica. Basti pensare a Shakespeare o ad Agostino, il quale, proprio a proposito dei sogni, è ben più stimolante delle ricerche recenti: come quando nelle *Confessioni* (Libro X, 30, 41) mette a confronto la coscienza delle nostre azioni durante la veglia con quella, incerta, delle azioni che compiamo in sogno durante il sonno, chiedendosi come possano coesistere due stati e due livelli di consapevolezza tanto diversi. Insomma, non è sempre vera la regola di Henry James: «Tell a dream, lose a reader». Tanto per i filosofi quanto per gli psicoanalisti, il sogno resta la via regia per l'impensato.

## **Guy-Félix Duportail** (1952-2018)

*Che cosa, della psicoanalisi, la interessa oggi da una prospettiva filosofica, e perché?*

La tesi lacaniana secondo cui l'inconscio è strutturato come un linguaggio rappresenta un riferimento importante per il filosofo: essa sposta la frontiera tra senso e non-senso. In primo luogo, bisogna supporre che il non-senso del sogno o del sintomo possieda esso stesso una grammatica, altrimenti non si tratterebbe di una performance linguistica. In secondo luogo, sembra che la distruzione del rapporto del linguaggio con la realtà dovuto alla patologia non sia irreversibile. La psicoanalisi può essere considerata come il gioco di linguaggio in cui il reale (fuori dal senso) può essere reintegrato in una struttura simbolica. Essa offre così alla riflessione filosofica il paradigma di un linguaggio riparativo del non-senso. La grammatica analitica mostra che la riparazione psichica è un atto razionale che segue leggi grammaticali precise.

*Quale contributo filosofico alla psicoanalisi considera tra i più significativi, almeno per il suo approccio alla psicoanalisi?*

La nozione di grammatica nel senso del secondo Wittgenstein. Questo implica l'idea secondo cui parlare un linguaggio significa seguire delle regole in contesto ed esclude l'esistenza di ogni metalinguaggio.

*A parte Freud, c'è qualche altro psicoanalista a suo parere capace di stimolare una proficua riflessione filosofica sulla psicoanalisi?*

Jacques Lacan.

*Possiamo chiederle se ha avuto un percorso psicoanalitico, e se esercita come psicoanalista? In ogni caso, come vede quel che accade nella pratica clinica analitica? Ovvero, che cosa veramente accade in una cura?*

L'importanza della parola e del linguaggio è quel che mi è apparso come essenziale nell'esercizio della cura. Il paziente parla, lo psicoanalista ascolta. È semplicissimo.

*Nietzsche e Freud. Quest'ultimo ammise di non aver mai veramente letto l'opera del filosofo, perché temeva di scoprire, tra le sue pagine, intuizioni anticipatrici del proprio lavoro. Come vede il rapporto tra i due?*

È un problema psicologico di Freud, che voleva creare il proprio dominio senza essere disturbato da altri approcci. Ma credo che non sia molto importante.

*Sin dagli inizi della psicoanalisi, con Fenichel, Bernfeld, Reich, Fromm e altri, si è sviluppato un filone freudo-marxista sia tra gli analisti sia tra i filosofi, ancora fiorente. Come va pensato, oggi, il rapporto tra Marx, marxisti e psicoanalisi?*

Non so, spetta agli psicoanalisti e ai marxisti dirlo. Ma la psicoanalisi non è nel fondo un conservatorismo, è una "teoria critica" nel senso della Scuola di Francoforte.

*Crede che la psicoanalisi possa essere uno strumento utile per interpretare i fenomeni politici, sociali e di costume contemporanei? In particolare, le differenze di genere, il processo emancipativo delle donne e di persone con orientamenti sessuali non ortodossi? E se sì, secondo quale chiave?*

Sì, è utilissima. Essa deve permettere di capire l'irrazionale e di contribuire al meglio all'emancipazione degli uomini.

*Una parte della fenomenologia filosofica si è occupata della psicoanalisi. Anche chi procede sulla scia del pensiero di Heidegger e chi coltiva l'ermeneutica spesso ha tematizzato la psicoanalisi. Che cosa pensa di questa "appropriazione" fenomenologica della psicoanalisi?*

È un errore. Nessuna filosofia può appropriarsi della psicoanalisi. La filosofia può solo elucidare il discorso analitico.

*A partire da Popper, si è sviluppata nel corso dei decenni una corrente di critica radicale della psicoanalisi, che ne nega la plausibilità scientifica assimilandola a una mitologia, e contesta la validità della pratica analitica. Come si pone in questo dibattito, se in qualche modo vi si pone?*

È un errore categoriale. I discepoli di Popper si sono sbagliati. La psicoanalisi offre una grammatica del linguaggio inconscio. Quindi non è una scienza, essa non ha leggi dello spirito da falsificare. Non parla di proposizioni vere o false, ma del senso e del non-senso.

*Trova importante che la psicoanalisi oggi dialoghi con il sapere biologico (scienze dell'evoluzione, neuroscienze) e con le scienze in generale?*

Sì, è importante, ma per dire semplicemente che la psicoanalisi non è una scienza.

*Oggi la psicoanalisi si confronta con psicoterapie e teorie rivali – la psicoterapia comportamentale e/o cognitiva, la psicoterapia sistemica-relazionale, e svariati altri tipi di cure. Come situarla in relazione a queste? E in particolare, possiamo dire che la psicoanalisi sia una psicoterapia, e se sì, in che senso?*

La psicoanalisi è una psicoterapia. Ma essa passa attraverso i nodi di linguaggio nei quali il soggetto è catturato. Bisogna imparare a scioglierli [*les dénouer*] attraverso la parola. Questa è la terapia analitica della mente.

*Molti filosofi si sono interessati particolarmente al pensiero di Jacques Lacan. Che valore e che senso attribuisce al contributo* après coup *di Lacan?*

Gli do un grande valore. La temporalità delle formazioni psichiche è particolare. Essa corrisponde all'arte di fare e disfare nodi.

## Alfonso Maurizio Iacono

*Che cosa, della psicoanalisi, la interessa oggi da una prospettiva filosofica, e perché?*

Mi interessa il fatto che la psicoanalisi sia un'indagine nella relazione e nel dialogo; mi interessa il suo essere sospettosa, nel senso attribuito all'aggettivo da Ricoeur e Foucault in riferimento a Marx, Nietzsche e Freud, definiti filosofi del sospetto; l'idea che la conoscenza e l'autoconoscenza possano crescere nel rapporto con l'altro in una relazione di potere che muta, si trasforma e per questo si fa storia. Nella psicoanalisi l'autonomia si conquista nella relazione e nel riconoscimento della dipendenza.

*Quale contributo filosofico alla psicoanalisi considera tra i più significativi, almeno per il suo approccio alla psicoanalisi?*

Saper riconoscere la dipendenza nella relazione significa uscire da una condizione di sudditanza e di schiavitù; è il contrario del delirio narcisistico di onnipotenza; si accompagna al winnicottiano essere soli in mezzo agli altri, che traduce l'idea aristotelica e marxiana dell'uomo come animale sociale. Nel riconoscimento dell'autonomia nella relazione e nella dipendenza, la psicoanalisi di Freud ritrova Hegel e la sua dialettica.

*A parte Freud, c'è qualche altro psicoanalista a suo parere capace di stimolare una proficua riflessione filosofica sulla psicoanalisi?*

Molti, naturalmente. Sicuramente Lacan, ma, in particolare, per quel che mi riguarda, segnalerei Winnicott. Dietro un linguaggio apparentemente non filosofico, emergono temi filosofici decisivi, quali quelli del gioco, della relazione, dell'autonomia nella relazione, dell'oggetto feticcio che sostituisce e rappresenta un'assenza. Inoltre, Jessica Benjamin e il suo richiamo alla dialettica servo-signore di Hegel in rapporto a Winnicott, al femminismo e alla questione del dominio maschile.

*Possiamo chiederle se ha avuto un percorso psicoanalitico, e se esercita come psicoanalista? In ogni caso, come vede quel che accade nella pratica clinica analitica? Ovvero, che cosa veramente accade in una cura?*

Non sono psicoanalista. Penso che quel che accade in una cura sia una storia. La storia è storia in quanto è mutamento. La cura è cura se vi è mutamento in una relazione di potere: chi la cerca può trovarvi se stesso, mentre chi la presta deve trovare se stesso ogni volta. Del resto, come ha osservato Paul Claudel, «l'idea più essenziale inclusa nel termine *Sé* è quella della separazione». Ritrovare se stessi, ricongiungere l'io con il sé è un processo che non li fonde, perché la separazione è una ferita necessaria e di essa, anche quando guarisce, resta la cicatrice.

*Nietzsche e Freud. Quest'ultimo ammise di non aver mai veramente letto l'opera del filosofo, perché temeva di scoprire, tra le sue pagine, intuizioni anticipatrici del proprio lavoro. Come vede il rapporto tra i due?*

Il rapporto tra Freud e Nietzsche mi interessa soprattutto in relazione al concetto di verità, alla sua condizione di metafora. Delle metafore, ha osservato Nietzsche, abbiamo dimenticato l'uso. Ecco, la psicoanalisi, per come la vedo io, esprime la ricerca di ciò che è stato spostato e dimenticato. La verità, tuttavia, non è tanto la metafora, ma il modo in cui da essa riaffiora ciò che era stato trasferito e obliato; è la ricerca della via di questo trasferimento e di questa dimenticanza, piuttosto che il ritrovamento del luogo da cui tutto è partito; è storia.

*Sin dagli inizi della psicoanalisi, con Fenichel, Bernfeld, Reich, Fromm e altri, si è sviluppato un filone freudo-marxista sia tra gli analisti sia tra i filosofi, ancora fiorente. Come va pensato, oggi, il rapporto tra Marx, marxisti e psicoanalisi?*

Del rapporto attuale tra marxisti e psicoanalisi non saprei. Tra Marx e Freud non solo vi è il concetto di feticismo, che entrambi trasmutarono dando a esso un significato particolare e diverso, ma comunque di sostituzione simbolica; vi è anche, come ho ricordato prima, la filosofia del sospetto che li appaia a Nietzsche. Il sospetto che vi sia qualcosa non dietro le apparenze, ma nelle trame non viste del visibile. Parafrasando Paul Klee, si può dire che i filosofi del sospetto *rendono visibile* ciò che non si vede dentro lo stesso visibile.

*Crede che la psicoanalisi possa essere uno strumento utile per interpretare i fenomeni politici, sociali e di costume contemporanei? In particolare, le differenze di genere, il processo emancipativo delle donne e di persone con orientamenti sessuali non ortodossi? E se sì, secondo quale chiave?*

Penso di sì. Penso che la psicoanalisi possa essere uno strumento importante purché non si ponga come assoluta o esclusiva, oppure con il sottinteso che dietro le apparenze vi sia qualcosa di corretto, ortodosso, giusto. Alla psicoanalisi fa bene stare dalla parte del torto.

*Una parte della fenomenologia filosofica si è occupata della psicoanalisi. Anche chi procede sulla scia del pensiero di Heidegger e chi coltiva l'ermeneutica spesso ha tematizzato la psicoanalisi. Che cosa pensa di questa "appropriazione" fenomenologica della psicoanalisi?*

Vi sono stati e vi sono, senza dubbio, contributi molto importanti della fenomenologia alla psicoanalisi. Questo è ben noto e l'elenco sarebbe lungo. Non mi sentirei, però, di parlare di "appropriazione"; direi che vi è stata e continua a esserci una relazione talvolta, forse, di simbiosi positiva, ma non necessariamente esclusiva. Conosco altri casi in cui la fenomenologia si rapporta alla psicologia e considera Freud e la psicoanalisi un caso particolare della psicologia. Comunque ritengo che il rapporto tra fenomenologia e psicoanalisi sia stato e continui a essere interessante.

*A partire da Popper, si è sviluppata nel corso dei decenni una corrente di critica radicale della psicoanalisi, che ne nega la plausibilità scientifica assimilandola a una mitologia, e contesta la validità della pratica analitica. Come si pone in questo dibattito, se in qualche modo vi si pone?*

È una questione di confini, tema di cui mi occupo, e della loro problematicità di senso e di significato. Chi nega la plausibilità della psicoanalisi temo che abbia bisogno di andare da uno psicoanalista per cercare di capire il senso e il significato della negazione, ma paradossalmente non può farlo, perché non concede a se stesso il beneficio del dubbio. Al di là della battuta, non sottovaluterei l'importanza del mito e della mitologia che qui è, con assoluta, sintomatica certezza, contrapposta alla scienza. Tutto dipende, naturalmente, da come si definisce e si delimita la conoscenza scientifica e ciò che è *scientifico*, ma questo aprirebbe decisamente il campo alla necessità di una indagine psicoanalitica e forse di una buona pratica analitica.

*Trova importante che la psicoanalisi oggi dialoghi con il sapere biologico (scienze dell'evoluzione, neuroscienze) e con le scienze in generale?*

Sì, lo trovo importante, può essere ed è un necessario e affascinante confronto e un arricchimento. Naturalmente, ritornando alla questione dei confini, questi devono essere osmotici, non rigidi e impenetrabili, ma nemmeno fragili e deboli. Un'interfaccia che divide e unisce nello stesso tempo. I mondi intermedi, quelli dentro cui si dà senso alle nostre azioni, come quando i bambini giocano alla guerra e le bambine giocano alle mamme, separando e unendo nello stesso tempo il mondo-guerra e il mondo-mamma con il mondo-gioco alla guerra e il mondo-gioco alla mamma, sono fatti di confini che, nel separare, uniscono e mettono in relazione. L'importante comunque è che la psicoanalisi non cada in depressione di fronte al successo delle neuroscienze fino a introiettare l'idea che queste la ingloberanno e la supereranno. Sarebbe intrigante vedere la psicoanalisi sdraiarsi sul lettino, ma diverrebbe comico se a fare da terapeuta fossero le neuroscienze.

*Oggi la psicoanalisi si confronta con psicoterapie e teorie rivali – la psicoterapia comportamentale e/o cognitiva, la psicoterapia sistemica-relazionale, e svariati altri tipi di cure. Come situarla in relazione a queste? E in particolare, possiamo dire che la psicoanalisi sia una psicoterapia, e se sì, in che senso?*

Se dovessi dire in una parola ciò che distingue la psicoanalisi dalla psicologia comportamentale, userei il termine *lentezza*. Ma la lentezza oggi va controcorrente, e la psicoanalisi deve andare controcorrente. Non per partito preso o per conservatorismo o aristocratismo, ma perché non deve svendersi alla visione quantitativa e aziendalista oggi egemone e che, tra l'altro, sta producendo vecchie e nuove psicopatologie. Non sto dicendo che la psicologia comportamentale e quella cognitiva siano questo. Anch'esse dovrebbero sforzarsi di andare controcorrente, benché tendano, invece, a prestarsi di più a cure veloci. Ben vengano anche le terapie veloci, purché ogni terapia non si riduca a tempo aziendale come se questo fosse il paradigma terapeutico assoluto. Bisogna saper differenziare e rifiutarsi di pagare il biglietto per il bus che segue la corrente dominante e il senso comune. Come osservava Vico, il senso comune senza riflessione diventa pregiudizio, e ciò vale anche per il senso comune dei saperi psicologici e psicoanalitici. Un sapere non deve abbassarsi al senso comune e ai suoi pregiudizi – al contrario, dovrebbe sforzarsi di elevare il senso comune e rendere democratico ciò che è aristocratico, non confondere la democrazia con il servilismo.

*Molti filosofi si sono interessati particolarmente al pensiero di Jacques Lacan. Che valore e che senso attribuisce al contributo* après coup *di Lacan?*

Lacan è filosofo e usa più esplicitamente di altri un linguaggio e un pensiero filosofico, ma nel far questo afferma di essere un freudiano ortodosso. In questo vitale, contraddittorio connubio sta, a mio parere, il suo fascino intellettuale. Inoltre l'idea che l'inconscio è strutturato come un linguaggio dà alla sua teoria un sapore fortemente razionalista nel pieno dell'epoca del postmoderno. Non sempre, tuttavia, i suoi seguaci colgono il difficile e sottile confine (quel confine di cui ho parlato in precedenza) che Lacan pone tra pensare filosofico e pensare psicoanalitico.

## Federico Leoni

*Che cosa, della psicoanalisi, la interessa oggi da una prospettiva filosofica, e perché?*

Mi è sembrato che la psicoanalisi, intesa soprattutto come pratica, come evento concreto, come ciò che accade in una certa serie di sedute, magari anche in una singola seduta, fosse una sorta di ontologia sperimentale. Una sorta di scena, di luogo, di dispositivo al cui centro troviamo quello che in filosofia è stato chiamato a lungo soggetto, e che la psicoanalisi mostra essere – in modo molto chiaro, con la chiarezza di un esperimento in vivo, che come diceva Francis Bacon tormenta la natura che indaga, la mette alla prova, la interroga, la inquieta –, qualcosa come un processo, un processo di soggettivazione, un'operazione in corso, dunque anche un'operazione sempre incerta, sempre plastica, anche se sempre insistente intorno a un nocciolo ottuso, ripetitivo, quasi inscalfibile. La psicoanalisi è questo esperimento filosofico a cuore aperto. Non è del resto la sola pratica in cui la filosofia possa trovare in atto qualcosa del genere, e possa imparare qualcosa del genere su una delle sue nozioni chiave. Quando ho letto i libri degli antropologi culturali ho trovato qualcosa di simile, ad esempio nelle descrizioni di tutto l'aspetto rituale, performativo, di una certa cultura. La psicoanalisi ha uno statuto particolare, tuttavia, è appunto un esperimento in vivo, è uno dei luoghi di formazione contemporanea del soggetto, uno dei luoghi in cui, nel nostro mondo occidentale, si scandagliano più a fondo i tragitti, le linee di fuga, le soglie di insistenza, oltre che di resistenza, di una linea di soggettivazione, di una vita.

*Quale contributo filosofico alla psicoanalisi considera tra i più significativi, almeno per il suo approccio alla psicoanalisi?*

Non sono sicuro che la filosofia abbia dato un vero e proprio contributo alla psicoanalisi. Suppongo che i più titolati a farlo siano gli psicoanalisti stessi. Ma mi vengono in mente due risposte possibili alla sua domanda. Da un lato potrei dire che un libro straordinario è quello di Alain Badiou su Lacan, è uno dei migliori contributi che si possano leggere, ma non so se si tratti propriamente di un contributo della filosofia alla psicoanalisi, o piuttosto della filosofia sulla psicoanalisi, e in questo caso non so a chi dobbiamo immaginare sia utile questo contributo, se alla psicoanalisi stessa, o magari anzitutto alla filosofia. Dall'altro lato potrei risponderle che il miglior contributo della filosofia alla psicoanalisi non è detto si trovi nel libro di un filosofo che parla di psicoanalisi, ma magari nel libro di un filosofo che tocca, in maniera filosofica, qualcosa di ciò che anche la psicoanalisi tocca, in maniera psicoanalitica. È una sorta di incontro molto indiretto, ma credo possa comportare un contributo molto più creativo, molto più potente, proprio nella misura in cui è più indiretto. E qui naturalmente le possibilità, i libri a cui fare riferimento si moltiplicano, ma personalmente indicherei *Logica del senso* di Gilles Deleuze, che è un grande capolavoro sul rapporto tra ripetizione e variazione. Questo rapporto tra ripetizione e variazione, o forse questa coincidenza tra ripetizione e variazione, non è appunto il tema della psicoanalisi, anzi la materia stessa di ogni singola seduta, di ogni insieme di sedute, di ogni trattamento preso nel suo complesso?

*A parte Freud, c'è qualche altro psicoanalista a suo parere capace di stimolare una proficua riflessione filosofica sulla psicoanalisi?*

Direi senz'altro Lacan, anche se trovo che tutta la sua rivendicazione "antifilosofica" non giovi particolarmente alla discussione. Ma è chiaro che il rapporto di Lacan con la filosofia è estremamente intenso, che da tanti punti di vista Lacan vuole rifare Freud espungendo ogni traccia di medicalismo, di biologismo, di positivismo, e sostituendo ogni volta in quelle posizioni chiave qualcosa che prende dalla filosofia o da quelle sue dirette propaggini, se così posso dire, e so di dire una cosa molto rétro, che sono le scienze umane. Ma il punto poi non è tanto che Lacan si sia nutrito di filosofia, ma che leggere Lacan spinge la filosofia a misurarsi in modo nuovo con la sua stessa tradizione; la filosofia non può uscire indenne da questa lettura, non può attraversare Lacan senza scoprire una quantità di cose, non solo sulla psicoanalisi, ma anche o soprattutto su se stessa, sulle sue possibilità a venire. È come se la psicoanalisi restituisse alla filosofia qualcosa di sé, qualcosa che la filosofia è sempre stata ma ha sempre rischiato, e ogni volta di nuovo rischia di perdere, cioè se stessa come evento e non come sistema, come pratica concreta e non come teoria che si dimentica di essere una pratica, come esperienza in atto anziché come una storia di fatti, per quanto illustri o interessanti. Questo qualcosa è precisamente l'antifilosofia che la filosofia ha sempre pensato come la quota propriamente filosofica della filosofia stessa.

*Possiamo chiederle se ha avuto un percorso psicoanalitico, e se esercita come psicoanalista? In ogni caso, come vede quel che accade nella pratica clinica analitica? Ovvero, che cosa veramente accade in una cura?*

Sì, ho un'esperienza di prima mano della psicoanalisi, anche se solo dal lato del paziente, nel senso che ho fatto due percorsi analitici, in due diversi momenti, con due analisti molto differenti per stile e per formazione, uno post-freudiano e uno lacaniano. Non ho mai praticato la psicoanalisi per due motivi. Il primo è senz'altro che i miei interessi mi portavano alla filosofia. La cosa forse più vicina alla pratica della psicoanalisi è stata la conduzione di gruppi nati dalla domanda di alcuni analisti che desideravano discutere con me di clinica, capire come il punto di vista della filosofia potesse eventualmente esser loro utile. Il secondo motivo è che non bisogna dimenticare che in Italia, in accordo con la cosiddetta legge "Ossicini", solo chi ha una laurea in psicologia può esercitare come clinico. È una legge molto discutibile, dato che sottomette la pratica della psicoanalisi a una formazione universitaria in psicologia o in medicina, quando la psicoanalisi si è sempre ritenuta, per motivi abbastanza evidenti e condivisibili, sostanzialmente estranea alle discipline psicologiche, almeno per come l'università attuale le promuove; ma è pur sempre la legge che in Italia regola questo ambito. Detto questo, se lei mi chiede come vedo, guardando la questione dal lato della filosofia ma avendo un'esperienza psicoanalitica, ciò che accade in una cura, le risponderei, molto sinteticamente, che ciò che accade è la possibilità di fare della ripetizione una variazione, nella misura, peraltro, in cui in una vita non c'è altro che variazione. Salvo appunto che la variazione talvolta si appiattisce così tanto che la chiamiamo ripetizione e che la viviamo come ripetizione, magari come una ripetizione senza scampo, senza il minimo spazio di gioco. Una cura non fa che allargare leggermente questo spazio di gioco, questo *décalage* della variazione, che non aveva mai smesso di accadere, per quanto magari impercettibilmente e quindi inutilmente, lo dico tra virgolette, agli occhi del soggetto. Una cura non fa che rendere possibile quella variazione che era diventata quasi impossibile, senza peraltro cancellare quello che del resto in una cura diventa sempre più evidente, cioè che la sola materia della variazione è viceversa la ripetizione, che non si può variare se non ripetendo ciò che non possiamo non ripetere, visto che appunto lo siamo, visto che lo siamo da cima a fondo. Filosoficamente, potrei dire che questo è il problema del rapporto tra la sostanza e i modi, per come lo pensa Spinoza. Non c'è altro che sostanza, dice da un lato. Certo, risponde dall'altro lato, nel senso che non ci sono che i modi. Ecco, una vita è forse questo gioco, questi due lati che sono uno stesso foglio o questo foglio che non si dà se non diviso in due lati. Un giorno, durante la tua analisi, vedi improvvisamente che la ripetizione è variazione, e che lo è perché la variazione è ripetizione.

*Nietzsche e Freud. Quest'ultimo ammise di non aver mai veramente letto l'opera del filosofo, perché temeva di scoprire, tra le sue pagine, intuizioni anticipatrici del proprio lavoro. Come vede il rapporto tra i due?*

Ci sono un mucchio di somiglianze, anche perché quando ci si mette a cercare delle somiglianze, il punto di vista che cerca, per il fatto stesso di cercare, isola nel materiale in cui cerca degli oggetti che proprio perciò diventano simili oppure dissimili, degli oggetti che prima non c'erano affatto ma che vengono istituiti da quello sguardo e che vengono *d'emblée* iscritti in un gioco di somiglianze e dissomiglianze. Poi, è ovvio che Nietzsche e Freud sono quasi contemporanei, stanno in uno stesso mondo, condividono una serie di letture decisive, o di letture di letture, e quindi quelle somiglianze sono anche nelle cose, sono nelle premesse del discorso di ciascuno, nelle premesse storiche di quei due diversi discorsi. Insomma, al netto di tutto, credo più nel principio di leggere ogni autore o ogni libro *juxta propria principia*, come una monade che ha in sé tutto il suo universo, e dunque è in questo senso che Nietzsche ha rapporti con Freud o viceversa, li ha per così dire dall'interno e non dall'esterno, sono rapporti di espressione nel senso leibniziano del termine. Detto ciò, la vera grande differenza tra i due autori è forse questa, che in Nietzsche troviamo la figura centrale di Dioniso, ma la questione del sesso resta sempre molto metafisica, una sorta di forza universale, dalle implicazioni piuttosto indirette rispetto al corpo degli esseri umani, ai suoi organi, ai suoi dettagli anatomici. Freud al contrario mette tutto questo, tutto questo che sembra molto concreto, al centro della scena, ma che scena è quella che predispone per tentare di leggere la sua scoperta? È la scena di un sapere scientifico, alla fin fine, o comunque di un sapere intriso di premesse e di ideali scientifici, e proprio per questo perde qualcosa di essenziale, che invece Nietzsche a suo modo, per le sue vie, era riuscito ad afferrare. Nietzsche non avrebbe mai fatto la mossa di Freud, non avrebbe mai potuto credere alla scienza, per dire così, avrebbe potuto credere solo a qualcosa di molto diverso, a qualcosa che infatti chiamava "gaia scienza". Ecco, forse c'è uno psicoanalista che ha cercato di portare la scienza freudiana, la scienza psicoanalitica nella direzione di una gaia scienza, anche se questo psicoanalista non amava Nietzsche, ed è Lacan.

*Sin dagli inizi della psicoanalisi, con Fenichel, Bernfeld, Reich, Fromm e altri, si è sviluppato un filone freudo-marxista sia tra gli analisti sia tra i filosofi, ancora fiorente. Come va pensato, oggi, il rapporto tra Marx, marxisti e psicoanalisi?*

Mi pare che uno dei punti decisivi di quell'incontro tra correnti differenti stia nel registro dell'economico. La psicoanalisi è un'economia psichica, come dice Freud per primo, mettendo il registro dello psicologico fuori di sé, in una rete di rimandi che ne allargano il campo, che lo rovesciano da subito in una specie di esteriorità, di struttura di estensione, di topologia. Ma anche l'economia di cui parla Marx è tutt'altro che una tecnica neutrale e specialistica, è una psicologia politica, una psicologia che anima quel soggetto plurale ed esteso che è la società come sistema di produzione e di scambio. Se si portasse all'estremo questa pista, da un lato si dovrebbe andare a cercare quale sia il posto delle macchine nel freudismo, nella teoria del desiderio psicoanalitica, e in fondo Deleuze ha cercato di fare qualcosa del genere. E dall'altro lato si dovrebbe andare a cercare quale sia il posto del sesso nel marxismo, e qui i tentativi mi paiono più incerti, più bisognosi di sviluppo. Direi senz'altro che in questo senso si dovrebbe andare a indagare la questione della produzione e della riproduzione dei valori attraverso i corpi, attraverso i corpi al lavoro sulle macchine o in una crescente indistinzione rispetto alle macchine, come avveniva nella catena di montaggio che Marx aveva sotto gli occhi, e come avviene oggi ad esempio nell'intreccio tra la nostra vita mentale e i supporti informatici di cui essa ormai non può più fare a meno, al lavoro come nel tempo libero. Ecco, questo intreccio tra corpi e macchine, tra vita e supporti produttivi, non è in generale che una riformulazione della sessualità, uno spostamento non solo metaforico ma metonimico del luogo in cui una certa cultura, nella fattispecie la nostra, fa avvenire l'evento sessuale, l'evento dell'incontro dei corpi sessuati, l'evento del godimento, l'evento della riproduzione della vita, e così via.

*Crede che la psicoanalisi possa essere uno strumento utile per interpretare i fenomeni politici, sociali e di costume di contemporanei? E se sì, secondo quale chiave?*

Sì, credo che la psicoanalisi abbia avuto da subito una vocazione di questo tipo, con Freud, e credo che anche oggi offra strumenti utili a una lettura della sfera politica o sociale o economica. In fondo, ciò che giustifica questo trasferimento è proprio quell'incrocio, quella sovrapposizione, che del resto non è senza scarti, di cui dicevo poco fa, dell'economico in senso freudiano e dell'economico in senso marxiano. Metterei però l'accento, proprio perché penso che in questo trasferimento ci siano degli scarti di cui tener conto, sul fatto che questo passaggio delle categorie psicoanalitiche dall'analisi di una vita individuale a una vita collettiva non è automatico, non è così liscio come può sembrare. Ogni livello ha una sua peculiarità, una sua logica. La logica di un soggetto individuale, per dire così, non è la logica di un soggetto collettivo. E non è sufficiente cavarsela dicendo che il soggetto individuale è sempre plurale e collettivo ed esteso, o che il soggetto collettivo è sempre un certo soggetto collettivo, è sempre una certa unità o una certa singolarità. Non basta, perché singolarità di ordini differenti si comportano in modi differenti, e tutto ciò che conta si gioca a livello di quei differenti ordini di grandezza. Mi pare invece che questa precauzione di metodo sia spesso ignorata o considerata solo in parte. Ne viene un discorso ideologico, che è esattamente il contrario di ciò che speravamo di costruire.

*Una parte della fenomenologia filosofica si è occupata della psicoanalisi. Anche chi procede sulla scia del pensiero di Heidegger e chi coltiva l'ermeneutica spesso ha tematizzato la psicoanalisi. Che cosa pensa di questa "appropriazione" fenomenologica della psicoanalisi?*

Mi risulta difficile rispondere, perché vedo categorie troppo ampie, per esempio: Heidegger e l'ermeneutica si sovrappongono ma anche non si sovrappongono, si può avvicinare la psicoanalisi con una sensibilità ermeneutica oppure con una sensibilità di tutt'altro genere, persino antiermeneutica, che personalmente troverei più adeguata, e che qua e là però nutrirei proprio con certi aspetti del discorso di Heidegger… Lo stesso vale per Husserl: ci si può avvicinare alla psicoanalisi venendo da una prospettiva husserliana, ma di quale aspetto di Husserl stiamo parlando, di quale fenomenologia? C'è una fenomenologia che punta tutto sull'empatia e che si allea con una certa psicoanalisi e, di nuovo, io personalmente non prenderei una via di questo tipo. C'è una fenomenologia che nasce dalle riflessioni dell'ultimo Husserl, quelle sulla *Crisi delle scienze europee*, e che è di fatto una teoria generalizzata delle tracce, dei segni, delle scritture, e che mi sembrerebbe possibile far dialogare in modo proficuo con una certa psicoanalisi, per esempio quella di Lacan, che troviamo nel *Seminario IX* su "L'identificazione". È quanto sto cercando di fare al momento, per inciso. Un altro esempio interessante potrebbe essere quello di Sartre. *L'essere e il nulla* contiene passaggi molto vicini alla prima fenomenologia husserliana, ma anche passaggi sulla natura del desiderio e dei suoi oggetti, sulla natura di scarto di questi oggetti, che sono molto lontani da Husserl e molto vicini a Lacan. Ma è chiaro che è Lacan ad aver letto Sartre e non viceversa. Allora c'è stata appropriazione della fenomenologia da parte della psicoanalisi? La questione storica, del come sono andate le cose, è sempre una questione di piccineria, una questione da schiavi, direbbe Nietzsche. L'importante è fare delle cose con quello che sappiamo maneggiare, al di là dei nomi con cui sappiamo chiamare quello che abbiamo o quello che facciamo...

*A partire da Popper, si è sviluppata nel corso dei decenni una corrente di critica radicale della psicoanalisi, che ne nega la plausibilità scientifica assimilandola a una mitologia, e contesta la validità della pratica analitica. Come si pone in questo dibattito, se in qualche modo vi si pone?*

Non mi sono mai particolarmente appassionato a questo tipo di problema. Questo perché la domanda di Popper, sulla scientificità della psicoanalisi, mi è sempre sembrata molto sospetta dal punto di vista filosofico. Bergson ha detto una volta che è segno di dilettantismo filosofico assumere un problema nei termini del senso comune o di un certo discorso già costituito. La filosofia non dovrebbe scegliere tra le diverse soluzioni di un certo problema, perché è chiaro che le soluzioni vanno insieme al problema e sono in qualche modo inscritte nel problema o prescritte dal problema. La filosofia fa qualcosa di molto diverso, inventa problemi che non c'erano, organizza certi dati importandoli all'interno di un problema inedito, e con quel problema mette al mondo tutto il set delle soluzioni possibili a quel problema. Se così stanno le cose, mi pare che il grande assente, in una domanda come quella di Popper, sia una domanda sulla sua domanda, una domanda che si interroghi sul senso di quell'interrogativo. Che cosa vuole sapere chi fa quel tipo di domanda? Che cosa vuole, chi vuole sapere se la psicoanalisi è scientifica o meno, se la cartomanzia è scientifica o meno, se l'architettura è scientifica o meno? Ma il mio punto non è solo che, delle tante pratiche umane, non si vede perché debbano valere solo quelle che sono "scientifiche", lo dico non a caso tra molte virgolette. Il punto è che la domanda di Popper suppone una grande omogeneità di procedure, di metodi, di scopi, mentre quella che chiamiamo a spanne l'impresa scientifica è variegatissima, è un enorme arcipelago attraversato da niente di più che somiglianze di famiglia. Ogni isolotto scientifico produce una sua idea di verità, un suo insieme di procedure, un suo sistema di effetti di senso. Tutta la questione andrebbe reimpostata in questa prospettiva. Col risultato che caso mai bisognerebbe indagare su un certo gruppo di psicoanalisti nel tentativo di capire che cosa, per loro, ha valore di verità, come questo valore si è andato costruendo, come lo usano e come lo scambiano nei loro convegni, nelle loro sedute, nelle loro supervisioni. E lo stesso andrebbe fatto con i biologi, anzi con un certo gruppo di biologi, dato che non esistono i biologi in generale. E così coi fisici, eccetera eccetera. Non serve una filosofia della scienza, servono delle etnografie dei saperi, tante etnografie dei saperi quanti sono i saperi che incontriamo nel mondo.

*Trova importante che la psicoanalisi oggi dialoghi con il sapere biologico (scienze dell'evoluzione, neuroscienze) e con le scienze in generale?*

Posso rispondere solo da filosofo, naturalmente, e non da psicoanalista, dunque è con qualche imbarazzo che mi esprimo su ciò che un'altra disciplina dovrebbe o non dovrebbe fare. Ma da filosofo direi che senz'altro è importantissimo che la psicoanalisi si confronti con la biologia, ma esattamente come è importante che si confronti con l'antropologia culturale, o con la storia del diritto. Voglio dire che non credo si debba vedere nelle neuroscienze la verità della psicoanalisi, una verità magari lontana, che solo tra qualche decennio raggiungeremo, ma che appunto raggiungeremo, in una convergenza fondamentale – una convergenza in cui è la psicoanalisi a convergere sulle neuroscienze e non viceversa. Spesso si ricorda che Freud ha detto qualcosa del genere, e lo si ricorda per dargli una patente di modernità, cosa che mi pare una grande ingenuità. Userei invece un'immagine non di convergenza, ma di divergenza. Direi che ogni sapere è un poligono, una figura cioè che dice a suo modo, col suo numero di lati, con la sua lingua particolare, quel cerchio che anche gli altri diversi poligoni stanno mimando a loro modo, col loro specifico numero di lati, con il loro idioma peculiare. Così, non si tratta di chiedersi se un giorno il pentagono si risolverà nell'ottagono, si tratta piuttosto di vedere che il pentagono è già a suo modo il cerchio, ma lo è appunto a suo modo, e in quel modo ha in sé anche i problemi dell'ottagono, del quadrato, dell'ennagono, e così via. La cosa più interessante che un sapere o una pratica possano fare è andare a fondo della propria singolarità, è convocare le altre singolarità nel solco della propria singolarità e sfruttarne le ricchezze nel proprio segno, nella propria direzione.

## Romano Madera

*Che cosa, della psicoanalisi, la interessa oggi da una prospettiva filosofica, e perché?*

Non mi sembra che la psicoanalisi sia d'interesse vitale per le mode filosofiche contemporanee. Sì, ho scritto "mode": anche i filosofi seguono le mode. Si pensi alla fortuna di Marx come oggetto di ricerca nel ventennio '60-'80 del secolo scorso, comparandola con il trentennio successivo, oppure, al contrario, a quella di Heidegger, adesso anch'essa sulla via del tramonto.

Dunque la psicoanalisi è in generale uscita dal campo di attrazione dei filosofi. Peraltro non gode di buona salute neppure tra gli psichiatri – basta guardare alla vertiginosa perdita di posti e di prestigio nelle istituzioni ospedaliere e universitarie statunitensi – e il suo fascino comincia a declinare anche tra gli psicoterapeuti. Una doppia tenaglia ne riduce la diffusione: la tendenza a farmacologizzare ogni accenno di disagio, da un lato, e le terapie brevi di ogni tipo, magari anche di stampo psicoanalitico, dall'altro.

Non ho nessuna pretesa di parlare a nome della filosofia, posto che si riesca a dire che cosa è. Con uno sforzo ecumenico, nel tentativo di comprendere il più largamente possibile tutto quanto si vuole nominare come "filosofico", direi che potremmo chiamare dimensione filosofica la tensione a chiedere ragione di ogni significato e definizione, quindi anche a chiedere ragione della stessa possibile definizione di filosofia. In questo campo sterminato bisogna dunque precisare il proprio modo di professarla: il mio è quello di una filosofia concepita e praticata come modo di vivere. Un modo di vivere che è domanda di senso, che lo ricerca, che si esercita a metterlo alla prova dell'esperienza. Una filosofia fatta di esercizi, di pratiche che lavorando sul dato biografico lo assumono come "metodo", cioè lo usano per "andare oltre", per riconsiderarlo nel contesto che da ogni lato e in ogni dimensione lo trascende. È questo un orientamento che consapevolmente si richiama a Pierre Hadot, e che prova e ripensare la sua proposta di lettura della filosofia greco-romana come modo di vivere. La mia prospettiva è quella di un riesame critico del lascito storico, per innovare nel discernimento della storia del nostro tempo, ponendo il metodo biografico in un campo unitario dei saperi sull'umano – e in particolare nel campo analitico – per mirare pur sempre allo stesso scopo degli antichi esercizi spirituali filosofici: trascendere, andare oltre l'incentramento egoico, nella tensione alla verità come apertura al cosmo e alla inter-intra-dipendenza di ognuno da tutti e da tutto. Queste erano le trascendenze fondamentali per gli antichi, alle quali noi – intendo il gruppo di praticanti della filosofia come stile di vita con i quali condivido questa ricerca in Philo e in Sabof (società di analisi biografica a orientamento filosofico) – abbiamo aggiunto la dimensione mitobiografica, cioè la propria esperienza rivista alla luce di un racconto di senso, guida, più o meno consapevole, della vita di ciascuno; il magistero interiore; la trasformazione del negativo e il desiderio di desiderio. In questa direzione, la pratica analitica diventa essa stessa un esercizio filosofico fondamentale perché insegna, sul vivo, proprio che l'io non è padrone in casa sua.

*Quale contributo filosofico alla psicoanalisi considera tra i più significativi, almeno per il suo approccio alla psicoanalisi?*

Innanzitutto Pierre Hadot. Non si è mai interessato direttamente di psicoanalisi, ma la sua ricostruzione della filosofia greco-romana come modo di vivere consente di guardare alla psicoanalisi come a una delle modalità – o la modalità per eccellenza, oggi – che connettono le esperienze più intime e segrete dell'individuo alla ricerca di senso. Secondo me può essere pensata nel solco delle pratiche psicagogiche antiche, dove tuttavia è il sistema dei compagni di analisi al lavoro a prendere la guida, e non il maestro di una scuola. In questo sguardo, il campo analitico sarebbe l'erede moderno e contemporaneo – oltre, cioè, la critica del soggetto – della tradizione antica.

Dopo Hadot menzionerei Ricoeur, prima di tutto perché mi pare uno dei pochissimi filosofi che ha lavorato seriamente a un testa a testa con gli scritti di Freud, poi per il suo contributo critico alla teoria del simbolo e della narrazione, infine perché ha ripreso, dopo Honneth, il grande tema hegeliano del riconoscimento e del misconoscimento. Credo che le due spinte centrali nella richiesta di analisi siano le esigenze di espressione e riconoscimento.

Naturalmente non sto a ricordare Schopenauer e Nietzsche, perché erano già presenti nei riferimenti di Freud e Jung.

A me poi sembra decisivo Marx, per certi aspetti ripreso da Reich e da Fachinelli. A Hillman va dato atto di aver introdotto l'attenzione per la "linea" Plotino, Ficino, Vico. Sono convinto che una ripresa di Dionigi l'Aeropagita, Giovanni Damasceno, Meister Eckhart e Nicolò Cusano (questi ultimi due sono riferimenti importanti in diversi passi delle *Opere* di Jung) e quindi della teologia apofatica, sarebbe un compito di decisiva importanza. E ci offrirebbe anche il modo di riconnetterci a un pensatore di straordinaria portata della tradizione buddhista Mahayana, come Nagarjuna.

Infine menzionerei due giganti della filosofia e della teologia: Martin Buber e Paul Tillich. Il contatto con la loro opera è decisivo per una definizione del rapporto tra psicoanalisi e religione.

*A parte Freud, c'è qualche altro psicoanalista a suo parere capace di stimolare una proficua riflessione filosofica sulla psicoanalisi?*

Jung, innanzitutto. Le sue 1300 pagine di commento allo *Zarathustra* di Nietzsche sono – fenomeno tra l'incredibile e il grottesco – sconosciute alla maggior parte degli analisti. Ma non solo Nietzsche è uno snodo cruciale nel formarsi e nel precisarsi della teoria junghiana; bisogna almeno citare Kant e la fenomenologia (talvolta Jung si dichiara "fenomenologo"). Poi direi Bion, Lacan e Matte Blanco, centrali quanto all'esplorazione delle forme del linguaggio e del pensiero in relazione con la dimensione pulsionale, emozionale e desiderante.

*Possiamo chiederle se ha avuto un percorso psicoanalitico, e se esercita come psicoanalista? In ogni caso, come vede quel che accade nella pratica clinica analitica? Ovvero, che cosa veramente accade in una cura?*

Sì, sono anche un analista di formazione junghiana. Istituzionalmente appartengo alle associazioni, italiana e internazionale, di psicologia analitica, l'AIPA e la IAAP. Faccio parte della redazione della «Rivista di Psicologia Analitica» e sono membro del LAI (Laboratorio Analitico delle Immagini), un'associazione che studia l'uso del gioco della sabbia nel contesto dell'analisi. Tuttavia, accanto a questo – per sperimentare una differenziazione che non vuole in nessun modo essere un'opposizione, ma un'integrazione e il tentativo di un percorso su una nuova strada –, ho chiamato "analisi biografica a orientamento filosofico" la mia proposta nel campo della cura e della formazione, e quindi della ricerca di senso. Abbiamo così creato SABOF, la società che raccoglie questi nuovi "analisti-filosofi", che possono provenire da formazioni analitiche diverse. Si tratta, per accennarne qualcosa in due righe, della pratica del prendere in esame, nel vivo della relazione, il testo e il contesto biografico – aperto, problematizzato, spezzato dagli inserti delle altre forme del sentire-pensare – per cercare elementi e dinamiche che ci trascinino a ricollocare le funzioni egoiche entro l'orizzonte di ciò che le supera da ogni lato. Questo è l'"orientamento filosofico", cioè la ricerca di senso, in conflitto sempre rinnovato con il controsenso e con il nonsenso che ne risulta. Orientamento filosofico è dunque ricerca di un senso ulteriore (cioè oltre lo scontro di senso e nonsenso, per usare un'espressione di Jung nelle prime pagine del *Libro rosso*) che ci consenta di sopportare e benedire la vita. Ma come può succedere, e come possiamo "servire" questa possibilità di processo? Indicherei così le dimensioni essenziali della cura. Prima di ogni altra cosa il contenitore, la matrice, cioè il campo-sistema di relazioni attive nel rapporto. Transfert voleva anche dire, nel linguaggio medico dell'epoca, "infezione". Si tratta infatti di favorire un'infezione reciproca, uno scambio di fertilizzanti, inevitabilmente commisti a elementi infestanti e contagianti. Quale innesto deciderà la sorte della relazione e della cura è impossibile da prevedere, troppi i fattori in gioco e, soprattutto, ogni volta si tratta di incroci particolarissimi, che portano l'impronta delle due individualità a confronto. Poiché non si tratta di un sistema isolato, bisognerà tener conto del sistema di sistemi che è in gioco. Di qui una psicologia che sappia essere storico-biografica.

Secondo fattore: l'orientamento della cura a raggiungere le fissazioni, le proiezioni e le introiezioni del passato che impediscono di vedere più chiaro nel presente e di disporre energie per il futuro. A questo compito è funzionale la ricreazione di un ambiente-setting che riproponga almeno alcuni aspetti di una coppia che marchi il suo territorio e ritualizzi i suoi tempi di incontro.

Terzo fattore: la possibilità di trasformare il dato, quale concrezione del passato, in energia disponibile, è legata alla capacità di "immaginare altrimenti". Questa dimensione, essenziale a definire l'umano, è fondamentale in analisi, anzi l'analisi è uno degli strumenti più sofisticati per poter sbloccare l'imprigionamento e la fossilizzazione patologica. Che vuol dire tutto ciò concretamente? Che il pensare ha diverse dimensioni, come già scriveva Jung nel 1912, che io chiamerei, per semplificare, quella logico-argomentativa, o concettuale; quella narrativo-figurale, o simbolica; quella del linguaggio condiviso di senso comune. Come si sviluppa questa capacità di cambiare registro e di "farsi l'orecchio" per i rimandi di tonalità e di costruzione contrappuntistica tra le diverse forme del sentire-pensare? Rimane qui decisivo il lavoro sui sogni, meglio se accompagnato dalle potenzialità che il gioco, mettendo in campo la corporeità diretta nel nesso mano-occhio-cervello, può offrire. Ci sono tanti modi per far questo, io prediligo e uso il "gioco della sabbia", seguendo la sua applicazione nel setting analitico proposta da Paolo Aite. Proprio queste modalità – quelle del sogno e del gioco – sono la "via regia" per scoprire le regioni e i continenti inesplorati che ci abitano e che, già nel loro proporsi, destituiscono la centralità dell'io. L'io è infatti un contenuto, un personaggio del sogno, dunque chi sarà il regista? Ciò non significa, per la mia impostazione, trascurare la spiegazione concettuale. Per correggere la tendenza a farsi portare *solo* dall'emotivo-pulsionale, dalle immagini e dai simboli, dagli affetti del campo e dalle "carambole" linguistiche delle associazioni, ho coniato il neologismo della *simbologica*, una parola per dire la coinerenza dei diversi modi di sentire-pensare.

Quarto fattore. Relazione, transfert e cotransfert, commistione di linguaggio condiviso, simbolico e concettuale, rendono possibile l'espressione. Se si intende l'espressione per ciò che preme per manifestarsi ed è impedito dalle convenzioni comportamentali della coscienza collettiva propria di una cultura, di una storia, di una classe, di uno status o di una famiglia. Rendere possibile l'espressione di queste forze rimosse, represse e contratte, è uno dei compiti più importanti della cura. La compressione, oltre certi livelli, differenti per ogni circostanza individuale, è fonte primaria del malessere di vivere, declinato in varie forme patologiche. L'analisi per me è il rapporto tra maschere sociali e doppi impresentabili.

Quinto fattore. Dall'espressione delle parti nascoste si passa inevitabilmente al lavoro sull'"ombra" come parte negata o misconosciuta di sé perché incompatibile con i propri criteri di comportamento, o anche come parte "sottosviluppata", rimasta infantile nelle sue possibilità espressive. Lavoro delicato e infinito, perché di ombre proiettate è fin troppo satura la nostra vita di relazione, fino al suo dispiegarsi nella vita sociale e politica. Dall'ombra infatti si passa, quasi senza soluzione di continuità, al capro espiatorio.

Sesto fattore. La dimensione d'insieme, che raccoglie i diversi momenti della cura, è quella del riconoscimento, inevitabilmente legato al lavoro sul misconoscimento. Qui è fondamentale, anche quanto al concetto di cura, il riferimento alla linea di pensiero sul tema che va da Hegel a Honneth e a Ricoeur, come ho già detto. Naturalmente non si dà riconoscimento senza indagine e rivisitazione delle zone di misconoscimento, legate alla negazione dell'autonomia della persona, in varie forme di abusi e di traumi, alla negazione del suo diritto di essere titolare della propria storia, alla negazione della stima per i valori che professa.

Settimo fattore. Lo scopo di tutta la cura è la ricerca di senso: l'assenza o la trascuratezza di questa ricerca comporta il rimanere nella "patologia unica", comprensiva di vecchie e nuove patologie che cambiano in dipendenza del mutare degli assetti socio-culturali. Già l'antica filosofia non voleva curare solo i "malati", perché malati sono anche – con tutte le decisive differenze del caso, senza nessuna compiacenza che riduca nevrosi e psicosi alla condizione di "normale condizione di salute" – i molti che non si volgono al filosofare. Tutti siamo malati perché tutti dobbiamo, tra infinite difficoltà, cercare un senso possibile, capace di aiutarci a sopportare, spesso, e ogni tanto a benedire, la vita. Si è normalmente malati di nonsenso, devoti a idoli fragilissimi, variazioni dei tre antichi nemici dei filosofi: le passioni erette a scopi finali del vivere – ricchezza, potere e fama – oggi inglobati in un'ansiosa dedizione alla "prestazione-piacere". Quel che ho chiamato "licitazionismo", cioè l'elevazione del desiderio privato a legge – «che libito fè licito in sua legge», come scrive Dante nel Canto V dell'*Inferno*.

*Nietzsche e Freud. Quest'ultimo ammise di non aver mai veramente letto l'opera del filosofo, perché temeva di scoprire, tra le sue pagine, intuizioni anticipatrici del proprio lavoro. Come vede il rapporto tra i due?*

Freud, come si sa, era molto preoccupato della "politica della scienza", geloso della nuova creatura, la psicoanalisi, e quindi attento a non farsi catalogare tra i filosofi o, peggio ancora, tra i pensatori "religioso-misticheggianti". Storicamente lo si può capire. D'altra parte qualsiasi nostra "rivoluzione creativa" è in realtà frutto di un lento accumulo di decenni, quando non di secoli. Quindi è ovvio che da qualche parte – per esempio Schopenhauer e Nietzsche, ma non sono che i più noti tra una folla di comprimari – ci siano molte anticipazioni che riguardano pulsioni, rimozione, meccanismi del linguaggio onirico, inconscio. Quanto a Nietzsche, però, il confronto parola per parola con lo *Zarathustra* è la gigantesca, se non altro per la mole, opera di interpretazione di Jung.

*Sin dagli inizi della psicoanalisi, con Fenichel, Bernfeld, Reich, Fromm e altri, si è sviluppato un filone freudo-marxista sia tra gli analisti sia tra i filosofi, ancora fiorente. Come va pensato, oggi, il rapporto tra Marx, marxisti e psicoanalisi?*

A me non sembra proprio, purtroppo, che il filone freudo-marxista sia fiorente. Mi pare invece moribondo. Però quel che di Marx potrebbe contribuire a uno sviluppo della psicoanalisi, capace di studiare la psiche come interfaccia fra la fisiopsicologia e il suo modellamento socioculturale, mi pare sia rimasto un continente poco esplorato. E ancora di più: non è mai stata colta la genealogia della coscienza – e dunque il deposito inconscio – che si può ricavare dalla teoria del feticismo della merce, del denaro e del capitale. In Marx si possono trovare risorse geniali per capire cosa possano voler dire coscienza e incoscienza collettive come trasformatori dell'atteggiamento psicologico – e, quindi, pratico e "politico".

Ma è vero anche l'opposto: a Marx e ai marxismi sono sempre mancate idee e metodi per investigare l'altro lato della trasformazione nei nodi della psiche individuale e delle forme del sentire-pensare per immagini e simboli. Con ciò rimangono fuori portata i rivolgimenti culturali profondi. Così non si possono comprendere le dimensioni simboliche della dinamica sociale e delle propensioni politiche. Il movimento di contraccolpo alle spinte progressiste e rivoluzionarie dei decenni '60 e '70 del secolo scorso ha stravinto: la classe operaia e le "vaste masse popolari" sono diventate in gran parte il bacino di raccolta delle proiezioni collettive reattive del nazionalismo, del fondamentalismo, del razzismo, del sessismo e dell'autoritarismo.

*Crede che la psicoanalisi possa essere uno strumento utile per interpretare i fenomeni politici, sociali e di costume contemporanei? In particolare, le differenze di genere, il processo emancipativo delle donne e di persone con orientamenti sessuali non ortodossi? E se sì, secondo quale chiave?*

Segue da quanto ho detto che senza un contributo analitico non è possibile confrontarsi seriamente con le proiezioni collettive d'ombra che costituiscono gran parte delle rappresentazioni della coppia amico-nemico. E senza questo confronto la dimensione politica continuerà a essere dominata dalla caccia, sempre rinnovabile, ai capri espiatori della storia. A tutti i livelli, micro e macro. Con questa premessa nessuna politica può essere liberatoria, al contrario. Se poi si vuole ben conservare l'esistente e "distrarre le masse", ingaggiandole in scontri che le illudono sulle loro condizioni reali, allora l'assenza della dimensione analitica sarà del tutto funzionale.

Da questo punto di vista Erich Neumann è stato un grande precursore dell'analisi della figura psicologica e politica del capro espiatorio.

*Una parte della fenomenologia filosofica si è occupata della psicoanalisi. Anche chi procede sulla scia del pensiero di Heidegger e chi coltiva l'ermeneutica spesso ha tematizzato la psicoanalisi. Che cosa pensa di questa "appropriazione" fenomenologica della psicoanalisi?*

A me pare che fenomenologia e psicoanalisi – soprattutto se si guarda a Binswanger e a Jaspers – siano parenti stretti, benché, ovviamente, affrontino in modi assai diversi la dimensione propriamente inconscia. Ma spesso le diversità nell'impianto concettuale e nella terminologia fanno ombra alle possibilità di reciproca traducibilità (anch'io ho molte riserve sull'uso del termine "inconscio" e preferisco parlare di differenti stati del sentire-pensare, che vanno dalla sensazione all'emozione, alla percezione, all'affetto, alla rappresentazione, all'intuizione, al sentimento, al concetto, alla spiegazione e alla comprensione). In ogni caso, non sarà mai troppo presto per pensare a costruire un campo unificato delle cosiddette "scienze umane", che preferirei più modestamente, e più accortamente, chiamare "saperi dell'umano".

*A partire da Popper, si è sviluppata nel corso dei decenni una corrente di critica radicale della psicoanalisi, che ne nega la plausibilità scientifica assimilandola a una mitologia, e contesta la validità della pratica analitica. Come si pone in questo dibattito, se in qualche modo vi si pone?*

Né con Popper, né contro Popper. Ritengo abbia ragione, almeno in relazione al tentativo di delimitare alcune caratteristiche essenziali al metodo scientifico, per come è praticato soprattutto in fisica. E certo la psicoanalisi non può esibire i suoi procedimenti come protocollabili secondo procedure di questo genere. Ma già la confusione terminologica fra le scuole – la storia del movimento si presenta più come concorrenza tra parasette che come confronto regolato dalle precondizioni metodologiche delle scienze sperimentali – se unita alla difficoltà, o meglio alla quasi impossibilità, di rendere pubblico ciò che realmente accade nella stanza analitica, mette la psicoanalisi fuori gioco, se questo è il gioco. Mi sembra evidente che da questo punto di vista le neuroscienze siano ben più attrezzate – se si tralascia, però, quanto siano ancora "primitive" le implicazioni per via delle quali, raccogliendo dati con le tecniche oggi a disposizione, cercano di trarre ipotesi sulle funzioni più complesse della mente. Per quanto mi riguarda, non ho alcuna difficoltà a rinunciare alle pretese di statuto scientifico della psicoanalisi, e non mi servirebbe, perciò, evidenziare come già in biologia e nell'etologia umana, in paleoantropologia, in geologia, nello studio della tettonica a placche – discipline che si ritengono "scientifiche" – i metodi di ricerca si discostino non poco da quelli che si possono applicare in fisica. Non mi interessa granché perché "non di sola scienza vive l'uomo", anzi, se così fosse, l'uomo alla scienza non sarebbe mai arrivato e neppure potrebbe decidere scientificamente cosa fare e come e quanto investire nelle imprese scientifiche. Considero la psicoanalisi una pratica artigianale, fondamentalmente "etica", un esercizio del corpo e dello spirito che cerca di rispondere, con mezzi e saperi specifici, alla necessità di "cercare un senso", di capire quale senso si assume inconsapevolmente, di usare l'esperienza della relazione e dell'espressione di diverse dimensioni dell'umano per "essere quel che è possibile diventare", facendo pace con la vita, anche nella sua inaccettabilità.

*Trova importante che la psicoanalisi oggi dialoghi con il sapere biologico (scienze dell'evoluzione, neuroscienze) e con le scienze in generale?*

Vedi sopra: è un confronto assolutamente necessario.

*Oggi la psicoanalisi si confronta con psicoterapie e teorie rivali – la psicoterapia comportamentale e/o cognitiva, la psicoterapia sistemica-relazionale, e svariati altri tipi di cure. Come situarla in relazione a queste? E in particolare, possiamo dire che la psicoanalisi sia una psicoterapia, e se sì, in che senso?*

Ogni risorsa di sapere, con spirito francamente ecumenico, deve essere sondata e, dove possibile, utilizzata per venire a capo dei nodi nevrotici o esistenziali. Un grande analista, psichiatra e psicoterapeuta, come Ervin Yalom, imposta la sua pratica come modo per affrontare i cinque "esistenziali", come li chiama lui: morte, dolore, solitudine, assenza di senso e libertà. Se questo è lo scopo, ogni campo è aperto e ogni strumento utile è benvenuto. Jung diceva che il metodo è l'analista stesso. E l'analista è, anche e soprattutto, l'umano nella forma che gli è propria, non il solo "professionista".

*Molti filosofi si sono interessati particolarmente al pensiero di Jacques Lacan. Che valore e che senso attribuisce al contributo* après coup *di Lacan?*

Confesso una conoscenza superficiale di Lacan. Mi sembra che il suo contributo stia in una radicalizzazione estrema della critica del soggetto cosciente e, dall'altra parte, in una coraggiosa e spregiudicata lotta agli inevitabili "veleni istituzionali" del cosiddetto sapere analitico. Ogni volta bisogna ricominciare da capo, sapendo che non si comincia mai da capo.

## Bruno Moroncini

*Che cosa, della psicoanalisi, la interessa oggi da una prospettiva filosofica, e perché?*

Da quando ho incominciato a occuparmi di psicoanalisi e in particolare di Lacan, cioè tra la fine degli anni sessanta e l'inizio dei settanta, lo scopo che mi guida è sempre lo stesso: usare il discorso psicoanalitico come leva per la decostruzione della filosofia, più propriamente della metafisica. Sono invece mutate, e molto, le coordinate a partire dalle quali quell'operazione può essere condotta: allora era dal cuore stesso della storia della filosofia che emergeva prepotente la domanda di decostruzione, era il discorso filosofico che sotto la spinta congiunta delle scienze umane e delle trasformazioni storico-politiche susseguenti alla seconda guerra mondiale metteva in discussione il suo primato teoretico e morale, la sua pretesa di sussumere tutta l'esperienza sotto la griglia del sapere metafisico, ossia della scienza delle misure assolute. Rispetto a questo programma la psicoanalisi era un metodo ausiliario e un compagno di strada che, depurato anch'esso dalla tentazione di una «rilegatura filosofica» (così Derrida a proposito di Lacan), poteva aiutare la filosofia nella sua opera di smantellamento della certezza del sapere. Oggi, invece, in un momento storico in cui la filosofia è in fase di ripiegamento, e in cui si cercano certezze se non verità assolute, sembra che sia rimasta solo la psicoanalisi, soprattutto nella sua versione lacaniana, a continuare la destituzione del primato del sapere e del suo corrispettivo soggettivo, la certezza.

A guidarmi, infatti, in questa congiuntura storico-culturale è il concetto, elaborato da Lacan nella fase più tarda del suo lungo insegnamento, di antifilosofia. Alain Badiou ne ha ricostruito la storia, individuando le due triplette di autori che la scandiscono – quella moderna formata da Pascal, Rousseau e Kierkegaard e quella contemporanea costituita da Nietzsche, Wittgenstein e appunto Lacan. Badiou ha anche formalizzato la tesi principale del concetto, quella per cui la verità di cui si fa questione in filosofia è in realtà una verità slegata dal sapere, soprattutto è una verità che non passa più per la rappresentazione ma si rovescia in atto e che perciò stesso implica una superiorità dell'etica sulla conoscenza. L'antifilosofia in Lacan nasce dal fatto che per lui l'atto psicoanalitico, più che a interpretare il sintomo con il sapere di cui lo psicoanalista si è dotato, è rivolto in realtà proprio a destituire quest'ultimo dalla posizione di soggetto-supposto-sapere in cui lo colloca l'analizzante. Non c'è sapere preventivo in grado di disinnescare gli effetti sconvolgenti che la verità produce sul soggetto, e se ciò è vero per la psicoanalisi, ancor di più deve esserlo per la filosofia. Oggi si è filosofi solo se si abbraccia l'antifilosofia.

*Quale contributo filosofico alla psicoanalisi considera tra i più significativi, almeno per il suo approccio alla psicoanalisi?*

Nonostante tutte le riserve che oggi potrei avere nei suoi confronti, senza alcun dubbio quello di Jacques Derrida, il cui merito indiscusso sta nel fatto che nemmeno per un attimo egli ha ceduto alla tipica tentazione della filosofia di raddrizzare l'edificio epistemologico della psicoanalisi, ritenuto traballante, con le solide fondamenta del trascendentalismo. Anzi, se con acribia, forse in certi casi eccessiva, Derrida ha fatto vedere la sudditanza inconsapevole e irriflessa della psicoanalisi, sia freudiana che lacaniana, alle lusinghe filosofiche, denunciando il suo uso acritico delle categorie fondamentali della metafisica – primato della semplice-presenza, superiorità della voce sulla scrittura, iterabilità dell'origine senza perdita e resti – ciò aveva di mira non il ristabilimento della superiorità epistemologica e ontologica della filosofia, ma al contrario l'accelerazione della sua decostruzione. Mostrare quanto le categorie della filosofia avessero colonizzato con modalità alle volte esplicite, ma il più delle volte silenziose e subdole, campi di sapere che per la loro genealogia e per la loro assiomatica concettuale ne avrebbero dovuto essere la contestazione più accesa e sistematica – l'intera famiglia delle scienze umane, comprese l'antropologia strutturale di Lévi-Strauss e la psicoanalisi lacaniana – significava per Derrida ripetere, invertendola, la caccia implacabile di Platone nei confronti del sofista per riuscire a stanarlo dai nascondigli sempre più reconditi in cui andava a rifugiarsi e a svelarne i travestimenti con cui cercava di ingannare i suoi inseguitori: con la differenza che a essere braccato non era più il sofista, ma il filosofo stesso.

Meglio dunque la decostruzione del discorso di Lacan da parte di Derrida – che del primo era forse, come ho cercato di dimostrare in altra sede, l'inverso chiasmatico – che le critiche di Ricoeur, il cui intento dichiarato era di fare della psicoanalisi solo la *pars destruens* di un'ermeneutica filosofica resa proprio per questo ancora più potente; meglio la decostruzione che le prese di distanza dalla psicoanalisi e in particolare da Lacan da parte di Lyotard, di Deleuze o di Foucault. E ovviamente meglio la decostruzione di tutte le stroncature della psicoanalisi sia che provenissero dagli ambienti scientifici e epistemologici (Popper su tutti) sia che provenissero da quelli fenomenologici (penso a Michel Henry) ed esistenziali.

*A parte Freud, c'è qualche altro psicoanalista a suo parere capace di stimolare una proficua riflessione filosofica sulla psicoanalisi?*

Ovviamente Lacan, l'unico psicoanalista che abbia avuto un rapporto costante e nello stesso tempo indipendente con la filosofia. Lacan ha compreso, sulla scia di Freud, che la psicoanalisi non si regge se si isola rispetto al campo complessivo dei saperi e che la sua autonomia scientifica è possibile alla sola condizione di sapersi riconoscere come parte integrante, ancorché conflittuale, di una tradizione scientifica e concettuale che comprende in sé anche la filosofia. In primo luogo Lacan ha situato la psicoanalisi, d'accordo con Freud, sul solido terreno della scienza moderna, prendendo posizione contro ogni tentazione ermeneutica, narratologica e genericamente antropologica. Se Lacan ha potuto individuare fra gli effetti del discorso della scienza quello della saturazione del soggetto, ciò non è del resto avvenuto per disprezzo verso la scienza, per una preferenza nei confronti delle scienze cosiddette dello spirito, cioè ermeneutico-letterarie, o peggio per un ammiccamento verso le sfere emotive e passionali, ma proprio attraverso una forzatura interna al progetto galileiano-cartesiano. Lacan ha reintrodotto la dimensione soggettiva senza abbandonare il terreno scientifico moderno, e l'affermazione – a prima vista sorprendente – secondo la quale il soggetto di cui si fa questione in psicoanalisi non sia altro che il cogito cartesiano, ossia il soggetto della scienza, ne è la prova.

Se, oltre che alla scienza moderna, Lacan ha dato spazio alla filosofia nella ricostruzione della genealogia della psicoanalisi, ciò è stato dovuto, ci sembra, al fatto che la filosofia è stata fin dalle origini quella pratica discorsiva nella quale è stato elaborato il concetto generale di episteme, in netta contrapposizione rispetto a una concezione del sapere di provenienza religiosa e mitica. Decisivo da questo punto di vista è il ruolo strategico che nella riflessione di Lacan gioca il nome di Socrate, che ad esempio nel seminario dedicato al transfert, in cui largo spazio è dato a una lettura del *Simposio* di Platone, è indicato come l'operatore di quella rottura epistemica da cui ha preso abbrivio il discorso scientifico. È per aver sottratto il sapere ai racconti mitico-poietici e averlo ricondotto al dominio del significante linguistico – eros non è una potenza divina, ma l'indicatore linguistico di una mancanza – che Socrate per Lacan è il padre fondatore dell'episteme occidentale. La controprova di quanto sto sostenendo si trova, a mio parere, nel seminario del 1969-70, *Il rovescio della psicoanalisi*, in cui Lacan elabora la teoria dei quattro discorsi. Ancora una volta, per Lacan il discorso analitico si spiega e si legittima solo all'interno di una spirale discorsiva complessiva, se cioè viene posto in relazione con altri tipi di discorso specifici della tradizione culturale occidentale, primo fra tutti il discorso del *Maître*, il cui conio antico (quello moderno è l'*Herrschaft* hegeliana) è offerto dalla posizione assunta da Socrate nel *Menone* platonico, in cui s'installa come soggetto della scienza estraendo, rubando, sapere dal servo – benchè Lacan faccia notare quanto anche questo sapere servile sia in realtà lacunoso e inconsistente; e poi in seconda battuta il discorso universitario, il discorso che mette nella posizione *Maître*, vale a dire padronale, il sapere stesso e il cui modello di riferimento è il sapere assoluto hegeliano inteso come sapere insegnato *ex cathedra*. Ma a chiarimento del fatto che per quanto essi appartengano alla stessa spirale discorsiva non esiste nessuna emanazione diretta del discorso analitico da quello universitario, perché radicalmente opposte sono le strategie cui i due discorsi sottopongono il sapere, di destituzione il primo e di esaltazione il secondo, Lacan affida il compito di delegittimare le pretese del sapere non direttamente al discorso analitico ma a quello isterico, ossia a quella femminilizzazione del discorso in generale che per prima ha messo in discussione la posizione *Maître* e dal cui ascolto d'altronde la psicoanalisi storicamente si è formata.

Per riallacciarmi alla risposta alla prima domanda, non è stato un caso se ho creduto che si potesse utilizzare la teoria dei quattro discorsi come uno strumento concettuale per il lavoro di decostruzione della metafisica occidentale, caratterizzata dal primato accordato al sapere contro il desiderio e il godimento – esperienze, queste ultime, accettabili dalla filosofia solo se preventivamente svuotate di tutta la loro carica sconvolgente e destabilizzante, ma che appunto per questo costituiscono l'asse portante della psicoanalisi.

*Possiamo chiederle se ha avuto un percorso psicoanalitico, e se esercita come psicoanalista? In ogni caso, come vede quel che accade nella pratica clinica analitica? Ovvero, che cosa veramente accade in una cura?*

A questa domanda non posso rispondere. Non sono un clinico e non sono mai stato nemmeno un analizzante, anche se non credo che il solo fatto di aver assunto questa posizione autorizzi qualcuno, a meno che non sia diventato a propria volta un analista, a esprimere pareri sulla direzione della cura e sulla fine dell'analisi. Leggo e ascolto ovviamente gli psicoanalisti, lacaniani e non, quando parlano della propria esperienza clinica – purtroppo sempre meno rispetto al passato, se pensiamo a Freud e ai suoi casi clinici –, e cerco di capire e imparare, ma ciò non mi autorizza a prendere posizione e a esprimere opinioni. Se cerco di seguire le poche affermazioni che gli psicoanalisti fanno in riferimento alla loro clinica è solo nella misura in cui esse possono rinviare, come illustrazioni e come rinforzo, a spostamenti nel campo della teoria analitica, l'unico ambito in cui mi sento legittimato a intervenire, anche se sempre in modi estremamente limitati e imbarazzati.

*Nietzsche e Freud. Quest'ultimo ammise di non aver mai veramente letto l'opera del filosofo, perché temeva di scoprire, tra le sue pagine, intuizioni anticipatrici del proprio lavoro. Come vede il rapporto tra i due?*

A parte il fatto che Freud, come qualunque uomo colto vissuto a cavallo fra la fine dell'Ottocento e i primi decenni del Novecento, avesse il suo cospicuo bagaglio culturale formato soprattutto da una forte componente classica, da un'ampia conoscenza della letteratura tedesca e da qualche lettura sparsa di filosofi più o meno contemporanei come Schelling, Schopenhauer, Hartmann e forse Nietzsche, non ho mai condiviso l'idea, che risale anzitutto a Thomas Mann, di una filiazione della psicoanalisi dalla filosofia irrazionalistica della seconda metà dell'Ottocento (posto che Nietzsche vi appartenga), dall'ambiente decadente della Grande Vienna, dalla riscoperta del valore degli istinti contro l'aridità della ragione illuminista, dalla presa di posizione a favore dell'anima contro lo spirito, insomma. Ritengo del tutto falsa la tesi che equipara il concetto di pulsione di Freud alla volontà di vivere di Schopenhauer. Intanto, Freud non ha mai screditato o delegittimato il cosiddetto mondo della rappresentazione, che poi non è altro che il mondo della cultura, delle istituzioni, delle forme e delle organizzazioni societarie. Basta pensare alla centralità che nel suo pensiero riveste il dispositivo della sublimazione, che è appunto un modo non nevrotico di regolare la pulsione.

D'accordo con Lacan, come ho già detto, penso che la vera genealogia della psicoanalisi freudiana vada ricercata nella tradizione scientifica moderna: Freud appartiene proprio a quello scientismo, tanto deprecato e bistrattato, segnato dai nomi e dagli ideali di Brücke, di Helmholtz e di Du Bois-Reymond e dalle acquisizioni della termodinamica. Freud si colloca all'interno di una tradizione illuministica: non tanto quella che sfocia nella kantiana ragione arida e secca (definizione di Benjamin), ma quella caratterizzata da una razionalità aperta, duttile, curiosa del diverso, pronta a confrontarsi con l'alterità in tutte le sue forme. Ancora una volta d'accordo con Lacan penso piuttosto che il problema per noi sia di interrogarci su *che cosa diviene* la ragione dopo Freud, ossia sulla sua trasformazione e non sulla sua scomparsa.

Sebbene Nietzsche non sia Schopenhauer e ne sia anzi, dopo una prima infatuazione, critico feroce e implacabile, penso che anche nel suo caso sia opportuno andarci piano con i raffronti e i paragoni. È vero che in Nietzsche troviamo una analisi ricca e capillare delle "ragioni" del corpo, una ricostruzione oltremodo precisa della mappa pulsionale cui segue la tesi della moltiplicazione degli io e quindi, di fatto, quella della volatizzazione del soggetto fin quando sia identificato con la coscienza e col controllo razionale. È vero che troviamo analisi della struttura del sogno molto profonde e illuminanti, e soprattutto è vero che Nietzsche rappresenta la massima espressione, prima della decostruzione, della messa in liquidazione di tutta la tradizione filosofica occidentale. E tuttavia la psicoanalisi resta qualcosa di diverso: intanto, e non bisognerebbe dimenticarlo mai, è una cura; e poi il suo impianto teorico non è di natura filosofica. E paradossalmente è proprio questo a renderla ai miei occhi utilizzabile ai fini della decostruzione della metafisica.

*Sin dagli inizi della psicoanalisi, con Fenichel, Bernfeld, Reich, Fromm e altri, si è sviluppato un filone freudo-marxista sia tra gli analisti sia tra i filosofi, ancora fiorente. Come va pensato, oggi, il rapporto tra Marx, marxisti e psicoanalisi?*

Per nostra fortuna il freudo-marxismo è qualcosa di morto e seppellito. Nulla ha fatto più male sia al marxismo che alla psicoanalisi di questo, anche nei casi migliori, fumoso e teoreticamente inconsistente tentativo di coniugare due dispositivi discorsivi il cui legame era forse da ricercare più sul piano dello statuto della scienza che su quello, generico e astratto, delle prassi di liberazione. Nessun dubbio che gli autori citati nella domanda, cui aggiungerei perlomeno Marcuse, siano tutti importanti e significativi, meritevoli di studio e approfondimento, ma appunto del tutto al di fuori di questa traballante categoria politico-storiografica che è il freudo-marxismo. Ed è altrettanto chiaro che essa fosse il tentativo, da parte del pensiero marxista e della politica comunista a quest'ultimo ispirata, di sdoganare la psicoanalisi generalmente considerata un'ideologia borghese, individualista e decadente (si veda la risposta alla quinta domanda); ciò, tuttavia, non l'ha mai fatta diventare qualcosa di significativo sul piano concettuale.

È l'assunto di partenza a essere sbagliato: come il marxismo è la leva teorica e pratica per la liberazione della classe operaia, e in prospettiva dell'umanità intera, dallo sfruttamento capitalistico e dalla coazione al lavoro servile, così la psicoanalisi è la stessa cosa, ma sul terreno della liberazione sessuale dalle morali sessuofobiche e vittoriane, in una parola borghesi (tesi clamorosamente smentita dal capitalismo consumista degli ultimi sessanta, settanta anni). Tralascio la questione del marxismo, impossibile da trattare qui; ma quel che è certo è che nel freudo-marxismo è presente una visione euforica, e perciò falsa, della psicoanalisi. Non è un caso che alcuni degli autori ricordati nella domanda (Reich ad esempio) rifiutino la svolta "pessimistica" di Freud dopo la prima guerra mondiale, l'introduzione della pulsione di morte e la tematizzazione della seconda topica. Il problema non è quello di liberare il sesso dalle forme di repressione-rimozione indotte dalla morale sessuale civile, ossia borghese (su questo aveva ragione Foucault: il sesso non è mai stato represso dalla borghesia, è stato semmai messo in discorso come mai prima), ma di trovare il modo con cui l'uomo, senza dover necessariamente cadere nella nevrosi, se non addirittura nella psicosi, sia in grado di cavarsela con la realtà da un lato del desiderio e dall'altro del godimento sessuale una volta che questo dato biologico-naturale abbia subito l'interferenza della cultura costringendo gli uomini ad assumere la postura civile (ciò che Lacan tradurrà nella sussunzione della vita della specie umana sotto la sfera del linguaggio, facendo dei soggetti umani non degli animali razionali, né degli esserci, bensì dei parlessere). La cultura o il linguaggio rendono il desiderio una mina vagante per la società umana e il godimento una grandezza incommensurabile non solo rispetto alle forme di vita, ma anche alla relazione fra i sessi: quando Lacan enuncia che non c'è rapporto sessuale vuol dire appunto che il godimento spezza l'unione fra i sessi, che li rende incomparabili e complica fino all'inverosimile la vita dei soggetti. È con questa sessualità resa invivibile dal linguaggio che la psicoanalisi fa costantemente i conti, e il paradosso con cui essa si confronta consiste propriamente in questo: è da quando esiste il linguaggio, ossia da sempre, che la sessualità è "liberata" – liberata dalla natura, dall'istinto, dalle leggi della biologia, dalla finalità riproduttiva, dalla differenza dei sessi – e appunto per questo è l'inciampo strutturale della vita soggettiva e di quella sociale. Il fatto è che nell'uomo – è l'ultima parola di Freud – la sessualità non sta dalla parte della vita, ma da quella della morte.

Detto questo, esiste invece certamente una possibilità di collegare marxismo e psicoanalisi nella misura in cui essi rappresentano due procedure che, insieme ad altre, vanno a costituire quello che Badiou chiamerebbe un campo integrato della verità. Come ha fatto vedere Lacan, quello che può accomunare marxismo e psicoanalisi è il modo con cui, pur essendo e rimanendo dei saperi scientifici, essi pongono un limite a ciò che dei loro rispettivi campi di ricerca può essere formalizzato, ossia conosciuto scientificamente (il che vuol dire anche trasmesso e insegnato), distillando quel che Lacan ha definito «lembi di reale», cioè grandezze che non sono più spiegabili facendo ricorso ai principi su cui si fonda quel discorso scientifico pur essendone il risultato necessario. Nel caso della teoria marxista del capitale, la formalizzazione dello scambio di merci come scambio equivalente, senza resti o con resti equamente distribuiti alle parti in causa – capitale e lavoro – espressa nelle equazioni M-D-M e D-M-D, perfettamente elaborabili da una scienza economica, non spiega affatto la produzione del plus-valore come resto eccedente, pur essendo quest'ultimo reso possibile solo a partire dalla effettualità dello scambio. Allo stesso modo, in psicoanalisi la formalizzazione del rapporto del soggetto al suo godimento che si fonda scientificamente sulla alternanza simbolica, cioè sulla presenza-assenza, della funzione fallica, lascia un resto, il più-di-godimento, che non trova posto nelle pratiche discorsive che regolano l'incontro dei sessi, e per questo le incrina e le mette in bilico complicando fino all'inverosimile la vita soggettiva.

*Crede che la psicoanalisi possa essere uno strumento utile per interpretare i fenomeni politici, sociali e di costume contemporanei? In particolare, le differenze di genere, il processo emancipativo delle donne e di persone con orientamenti sessuali non ortodossi? E se sì, secondo quale chiave?*

Riguardo a questo punto va detto in prima istanza che c'è un uso della psicoanalisi (come della psichiatria e della psicopatologia) nella sfera politica che definire immondo è ancora troppo poco: mi riferisco alla pratica, molto in voga durante la stagione stalinista, di distruzione dell'avversario politico attraverso una presunta diagnosi di malattia mentale. Questa pratica, che ha riempito i manicomi sovietici di innumerevole oppositori di Stalin, viene adottata ancora adesso: ricorderò la diagnosi di Mauro Mancia su Berlusconi e quelle recentissime di ignoti psichiatri statunitensi su Trump. Questo non vuol dire che i capi politici non possano essere o non siano effettivamente nevrotici, perversi e addirittura psicotici (quanti paranoici ben compensati sono stati al potere nella storia antica e recente!), e il caso analizzato da Freud del presidente americano Wilson sta lì a dimostrarlo. Ma questo non ha nulla a che vedere con il problema della legittimità a occupare una carica pubblica; il che è ancora più evidente nel caso delle nostre società democratiche, in cui l'elezione alla posizione di governo è a suffragio universale (e poco importa qui se diretta o indiretta). Sembra che valga sempre, nonostante tutte le roboanti affermazioni contrarie, il principio secondo il quale in ogni caso ci sono degli esseri umani che per qualche caratteristica lo sono un po' meno degli altri, e che di conseguenza non possono godere degli stessi diritti politici e civili. Guarda caso sono sempre gli stessi: le donne, gli omosessuali e i folli.

Detto questo, penso che a spiegare la longevità di alcune carriere politiche, e anche la buona salute o perlomeno la disinvoltura con cui si affrontano e si superano malattie anche gravi, vi sia un invidiabile serbatoio narcisistico, che sia collocato nell'io o nell'es, anche se ciò non riguarda esclusivamente la vita politica.

Al di là di queste considerazioni, e per tornare seri, il contributo della psicoanalisi alla comprensione dei fenomeni politici e sociali è ancora quello dato da Freud in testi come *Totem e tabù*, *Psicologia delle masse e analisi dell'io*, *Il disagio nella civiltà* e *Mosé e il monoteismo*. Un tipo di analisi che Lacan ha ripreso nella teoria dei quattro discorsi cui ho già accennato, tenendo conto che i discorsi in Lacan indicano anche e soprattutto forme e tipi del legame sociale: basterebbe pensare all'importanza della tematizzazione all'inizio degli anni Settanta del discorso del capitalista per non avere più dubbi in proposito. Quanto a Freud, il suo contributo alla comprensione del fenomeno sociale mi sembra consistere fondamentalmente in questo: la società umana si fonda sulla rimozione del godimento pulsionale, ma contemporaneamente sui legami libidici verticali e orizzontali che vengono a formarsi fra i suoi componenti, per cui se si vuole capire il funzionamento di certe forme di organizzazione societaria e le loro trasformazioni bisognerebbe sempre partire dalla natura dei legami libidici in gioco. Da qui alcune conseguenze molto importanti: la prima è che se la società contemporanea è una società di massa questo non vuol dire che non sia organizzata; il fatto che, contro Le Bon, Freud parlasse di masse organizzate e gli esempi fossero l'esercito e la chiesa, organizzazioni dove i legami libidici sono estremamente forti e stabili, fa fuori tutti i discorsi contro la massificazione, che mostrano così il loro carattere reazionario; la seconda è che quando per qualsiasi ragione si sfaldano le masse organizzate le società umane ricorrono a un solo espediente per ricostituire l'ordine e la compattezza necessarie alla loro sopravvivenza: regrediscono alla massa primaria, cioè al modello dell'orda primitiva dove il legame sociale è assicurato dall'identificazione al capo. Questa tesi non spiega tanto la formazione di modelli autoritari del potere (tesi classica ma sbagliata), quanto quella di ogni forma di potere, anche di quello "democratico". C'è una necessità legata alla formazione della civiltà di produrre una forte identificazione al capo, ciò che in *Psicologia delle masse e analisi dell'io* Freud definisce attraverso il concetto dell'identificazione al tratto (che Lacan chiamerà unario), cioè al tratto-di-padre senza il quale nessuna società umana può sopravvivere a lungo. I rischi legati all'identificazione al capo si evitano ricordando che il padre in questione è, in base all'assunto di *Totem e tabù*, un padre morto, ucciso, cotto e mangiato e poi riverito, ma nel senso appunto che nessuno mai ne prenderà il posto nell'effettualità storica e sociale. Per quanto mi riguarda ho sempre pensato che, per avere qualche *chance* di influire sul funzionamento sociale, una politica di sinistra dovrebbe partire da queste considerazioni.

*Una parte della fenomenologia filosofica si è occupata della psicoanalisi. Anche chi procede sulla scia del pensiero di Heidegger e chi coltiva l'ermeneutica spesso ha tematizzato la psicoanalisi. Che cosa pensa di questa "appropriazione" fenomenologica della psicoanalisi?*

In gran parte a questa domanda ho già risposto quando ho chiarito quale sia per me il rapporto fra la filosofia e la psicoanalisi. Ribadito ciò, l'unico grande esempio di uso del metodo fenomenologico e di quello dell'analisi esistenziale che sul primo si basa, nel campo psicopatologico, resta quello di Ludwig Binswanger – di cui mi limito a ricordare le *Tre forme di esistenza mancata*. Se si aggiunge Minkovski non mi pare che vi sia molto altro. In realtà, l'uso della fenomenologia e dell'analisi esistenziale è servito a modificare essenzialmente il campo della psichiatria (si veda Jaspers), liberandolo dall'ipoteca organicista e raffinando le capacità descrittive della sintomatologia identificata adesso col vissuto soggettivo del malato. Ma tra la fenomenologia e la psicoanalisi non c'è, né può esservi, alcun rapporto: basterebbe per questo l'osservazione che la fenomenologia resta saldamente sul terreno della coscienza intenzionale e si muove all'interno del polo egologico anche quando tematizza le sintesi passive e il mondo della vita come mondo percettivo. Senza inconscio non c'è psicoanalisi.

*A partire da Popper, si è sviluppata nel corso dei decenni una corrente di critica radicale della psicoanalisi, che ne nega la plausibilità scientifica assimilandola a una mitologia, e contesta la validità della pratica analitica. Come si pone in questo dibattito, se in qualche modo vi si pone?*

Dal momento che, come si sarà capito, io sostengo l'appartenenza della psicoanalisi al campo della scienza moderna, alla tradizione galileiana, mi riesce difficile condividere la posizione di Popper. Che ritengo viziata da pregiudizi la cui banalità e genericità colpisce tanto di più proprio per il fatto di ritrovarla là dove non la si aspetterebbe, in un intellettuale della statura dell'epistemologo austriaco.

In genere le critiche alla psicoanalisi lanciate da ambienti scientifici sono di due tipi: la prima mette in discussione la sua efficacia terapeutica. Ma, come chiarisco meglio nella penultima risposta, la psicoanalisi non è una terapia, è una cura del desiderio attraverso la parola. Non c'è guarigione in psicoanalisi come c'è in medicina. Da che cosa poi l'analizzante dovrebbe essere guarito? Dal sintomo? Ma se, a differenza della semeiotica medica, il sintomo in psicoanalisi è la stampella che, certo in modo sbilenco, permette però al soggetto di tenersi in piedi, se c'è, come avrebbe detto Freud, un tornaconto nella "malattia psichica", cancellarlo vorrebbe dire colpire al cuore la sua stessa esistenza. Forse, per dirla con l'ultimo Lacan, si tratta piuttosto di trasformare il sintomo in *sinthome*, l'incidenza patologica in una forma di vita sostenibile.

La seconda rimanda invece all'esempio ossessivamente portato come prova della non scientificità della psicoanalisi (si veda anche Sebastiano Timpanaro: quello, contenuto nello scritto freudiano sulla negazione, del signore che, mentre sta raccontando un sogno in cui compare una figura femminile, si affretta a precisare all'analista, ossia a Freud, che non ci pensasse proprio, quella non è sua madre; una precisazione alla quale Freud, implacabile, replica che, proprio perché si è affannato a negarlo, allora è esattamente della madre che si tratta. Apriti cielo! Moralmente, Freud è un arrogante e un prevaricatore, scientificamente un ciarlatano: l'interpretazione non varia, qualunque cosa dica il paziente, di conseguenza è una asserzione non verificabile. Non falsificabile, nel linguaggio di Popper.

Forse lo sbaglio di Popper consiste nel prendere le frasi degli analizzanti come se fossero delle proposizioni osservative o constative la cui funzione è quella di affermare o negare qualcosa, un attributo, di qualcos'altro, il soggetto, e alle quali soltanto, come si ripete da Aristotele in poi, si può applicare il criterio vero-falso. Le proposizioni scientifiche sono, per tutta questa tradizione epistemologica, enunciati che attestano e protocollano stati di fatti, situazioni verificabili empiricamente. Vera è la proposizione che corrisponde allo stato di fatto, falsa quella che non vi corrisponde, vera è la frase "Teeteto siede", falsa quella "Teeteto vola" (almeno fino a quando non hanno inventato l'aeroplano).

Ma gli enunciati di cui si occupa la psicoanalisi tutto sono meno che dei constativi: sono appelli, invettive, preghiere, insulti, parade sessuali, deliri e allucinazioni, camuffati quasi sempre da semplici affermazioni o negazioni. E soprattutto sono sempre rivolti, indirizzati a qualcuno, mossi da un'intenzione e uno scopo, sono domande che attendono risposte. Fu ciò che Freud capì, per sua fortuna e nostra, molto presto quando, posto di fronte alle esibizioni delle sue isteriche, si chiese non cosa significassero le loro affermazioni, ma perché erano rivolte proprio a lui; non di quale malattia fossero segno i sintomi, ma perché lui ne dovesse essere lo spettatore privilegiato. Non si può dare scienza di questo tipo di enunciati il cui rimando empirico è traballante, se non del tutto assente? Che sembrano sfuggire al criterio della verifica empirica, unica strategia capace di dirci se siano veri o falsi? Se ciò fosse vero non ci sarebbero mai state le scienze cosiddette umane, quelle scienze, rigorose come tutte, che tuttavia non sono fatte di enunciati constativi, ma di frasi costitutivamente oscillanti fra verità e finzione, fra simbolico e immaginario, e per le quali il reale non è oggetto di un'esperienza sensibile, perché in realtà la buca. Scienze che sfuggono in linea di diritto al paradigma "naturalistico" in cui è più facile, ma altrettanto errato, sussumere le cosiddette scienze della natura.

E la controprova è proprio il costante tentativo da parte dell'ideologia del discorso scientifico (non del metodo della scienza) di trovare il modo per ridurre le scienze umane, ivi compresa la psicoanalisi, a qualche scienza cosiddetta "dura", in modo da togliere di mezzo questa strana presenza di scienze irriducibili al paradigma naturalistico: si pensi come esempio attuale all'uso delle genetica e delle neuroscienze, in cui tutti i comportamenti soggettivi sono ricondotti o a variazioni del genoma o a modificazioni cerebrali verificabili empiricamente.

Il metodo scientifico, in realtà, non si basa sull'osservazione empirica se questa è confusa con la percezione: come hanno dimostrato gli studi di Koyré (tra i maestri di Lacan, d'altronde), anche per accorgersi del fatto che dei dati empirici apparentemente nuovi non collimano con le teorie vigenti c'è comunque bisogno, benchè in forma ancora embrionale, di una nuova teoria. Quei dati empici infatti già c'erano, ma erano resi invisibili dalla teoria ufficialmente accettata. Le rivoluzioni scientifiche sono rivoluzioni teoriche che solo in seguito ricevono il loro attestato empirico, senza contare che l'esperimento in senso galileiano non è il confronto della teoria con i dati empirici accertabili con la percezione, ma la costruzione artificiale delle condizioni su cui si basa la teoria (per esempio il vuoto) per verificare se esse producono gli effetti che la stessa teoria prevede.

La scienza moderna consiste nella capacità di applicare a tutti i campi del sapere, a partire dalla fisica (e quindi non solo alle matematiche e all'astronomia come nell'antichità) i criteri della *mathesis* universale e della sostituzione sistematica della categoria della sostanza con quella di funzione. Un sapere diventa scientifico quando è in grado di ottemperare a queste due condizioni: nulla vieta dunque che questi criteri non siano applicabili alla vita psichica, con la differenza che mentre la psicologia in senso stretto o si è fatta risucchiare dal paradigma naturalistico o, per resistere a quest'ultimo, si è confusa con i saperi ermeneutici e narratologici, la psicoanalisi si è mossa dentro il solco della scienza moderna. Se può sembrare che Freud, ancora debitore dell'atmosfera positivistica, ammicchi al paradigma naturalistico, con Lacan la cosa è del tutto risolta: la psicoanalisi, nella misura in cui è un sapere legittimato scientificamente, ha le sue equazioni e i suoi algoritmi, i suoi enunciati che, come quelli della fisica, si scrivono con le piccole lettere; del funzionamento dell'apparato psichico, insomma, si può dare una rappresentazione geometrica anche se la branca della geometria da utilizzare è la topologia.

Per concludere, è la posizione di Popper a essere arretrata, non la psicoanalisi a non essere scientifica.

*Trova importante che la psicoanalisi oggi dialoghi con il sapere biologico (scienze dell'evoluzione, neuroscienze) e con le scienze in generale?*

A parte il fatto che una scuola analitica deve essere aperta all'intero campo dei saperi e alle sue trasformazioni, non mi sembra però che vi sia una necessità specifica da parte della psicoanalisi a doversi confrontare, non con il sapere biologico in quanto tale, ma con le neuroscienze in particolare. Mi permetto di sostenere questa tesi perché nella mia sicuramente piccola ed estremamente lacunosa conoscenza della letteratura neuroscientifica mi è tuttavia capitato di leggere i contributi di Edelman e Tononi e di scoprire che, alla fine, i due ricercatori per offrire una teoria complessiva che desse ragione dei dati empirici a disposizione ricorrevano a degli apparati concettuali rappresentati dai *Principi di psicologia* di William James e dal *Progetto per una psicologia* di Freud. Allora sarebbe piuttosto la psicoanalisi a poter dare un contributo alle neuroscienze, anche per combattere quella tentazione, nemmeno tanto nascosta, che si annida sempre in operazioni di questo genere: ridurre la vita psichica a un sapere di tipo naturalistico e di conseguenza normalizzante.

Mi astengo dal dire qualcosa sui famigerati neuroni specchio (la cui esistenza darebbe infine ragione a Lacan e alle sue tesi sullo stadio dello specchio), che si avviano a diventare una barzelletta scientifica per la quantità degli effetti positivi che gli sono stati attribuiti in tutti i campi possibili e immaginabili, tanto che più che a dei concetti scientifici assomigliano ormai a delle sostanze miracolose come il sangue di San Gennaro.

*Oggi la psicoanalisi si confronta con psicoterapie e teorie rivali – la psicoterapia comportamentale e/o cognitiva, la psicoterapia sistemica-relazionale, e svariati altri tipi di cure. Come situarla in relazione a queste? E in particolare, possiamo dire che la psicoanalisi sia una psicoterapia, e se sì, in che senso?*

Confesso di non aver molto approfondito le psicoterapie che sarebbero rivali della psicoanalisi, tuttavia ho l'impressione che esse partecipino tutte, quale più quale meno, a quel fenomeno complessivo che Foucault ha chiamato biopolitica. Esse hanno da un lato una mira adattativa e dall'altro contribuiscono a formare quella maglia di saperi preventivi di stampo psicologico deputati a introdurre in modo capillare norme comportamentali in tutta la complessità e ricchezza della vita soggettiva. Basterebbe pensare all'utilizzo della psicologia nella criminologia per averne la prova. È vero che per Foucault anche la psicoanalisi era parte integrante delle nuove forme del potere interessate a mettere in discorso la sessualità proprio per governarla meglio e sottometterla agli interessi del neoliberismo, e se si pensa alle posizioni teoriche, cliniche, politiche e morali della Società internazionale di psicoanalisi, e a quelle di molti psicoanalisti, è difficile non dargli ragione. Il campo "psi" è nell'età contemporanea un oceano sterminato e la psicoanalisi una piccola barca sempre sull'orlo del naufragio: può accadere perciò che per sopravvivere ci si spacci per ciò che non si è. Ed è per questo che è stato necessario un "ritorno a Freud".

Per quanto riguarda la questione se la psicoanalisi sia una psicoterapia per me la risposta è no. Fare tre sedute a settimana non è come prendere una compressa due volte al giorno lontano dai pasti. La psicoanalisi è una cura in cui ci si prende cura del desiderio dell'analizzante e allo stesso tempo del suo godimento incriptato nel sintomo allo scopo non di guarirli, cioè di raddrizzarli perché siano ripuliti e presentabili, ma di riorientarli in una direzione non patologica, ossia che non produca sofferenza. La cura analitica ha una direzione ed è per questo che guarda più che al campo del sapere medico a quello dell'etica; ma ciò non vuol dire che non abbia una tecnica e non poggi su un sapere.

*Molti filosofi si sono interessati particolarmente al pensiero di Jacques Lacan. Che valore e che senso attribuisce al contributo* après coup *di Lacan?*

A questa domanda rispondo così: si leggano le undici risposte precedenti!

## Jean-Luc Nancy

*Che cosa, della psicoanalisi, la interessa oggi da una prospettiva filosofica, e perché?*

Per me Freud è il filosofo della metapsicologia e il successore magnifico della *pulsione*, la quale si è manifestata con Kant e non ha mai cessato, da allora, di spostare l'essere...

*Quale contributo filosofico alla psicoanalisi considera tra i più significativi, almeno per il suo approccio alla psicoanalisi?*

Con Philippe Lacoue-Labarthe, ho esaminato le ascendenze e le implicazioni filosofiche della psicoanalisi di Lacan – egli stesso filosofo, profondamente impregnato di tutto il pensiero che da Heidegger arriva a Derrida.

*A parte Freud, c'è qualche altro psicoanalista a suo parere capace di stimolare una proficua riflessione filosofica sulla psicoanalisi?*

Fatta eccezione per Lacan, conosco troppo poco gli autori psicoanalisti.

*Nietzsche e Freud. Quest'ultimo ammise di non aver mai veramente letto l'opera del filosofo, perché temeva di scoprire, tra le sue pagine, intuizioni anticipatrici del proprio lavoro. Come vede il rapporto tra i due?*

La pulsione – il *Trieb* – svolge un ruolo importantissimo in Nietzsche, il quale è un anello importante nella catena che va da Kant a Freud; se studiassimo bene questo motivo nella sua opera, troveremmo certo qualcosa come delle anticipazioni di idee di Freud. Ma non vi troveremmo quel che finisce col fare della pulsione «il nostro mito», come dice Freud: vale a dire, la finzione di una realtà né fisica né psichica e che dà realtà piena all'*al di qua* e all'*al di là* di ogni divisione tra corpo e mente – proprio ciò che Freud ha saputo toccare.

*Sin dagli inizi della psicoanalisi, con Fenichel, Bernfeld, Reich, Fromm e altri, si è sviluppato un filone freudo-marxista sia tra gli analisti sia tra i filosofi, ancora fiorente. Come va pensato, oggi, il rapporto tra Marx, marxisti e psicoanalisi?*

È un argomento che conosco troppo poco. Mi sembra che queste relazioni (tra Marx e Freud) siano per lo più presentate in maniera molto superficiale o artificiale. Marx è completamente dentro l'elemento coscienza. In alcuni punti sembra sfiorare l'inconscio, ma la sua idea di «alienazione» non basta a raggiungerlo, perché questa idea suppone l'alienazione di qualcosa di proprio o di una autenticità. Al contrario, l'inconscio implica una essenziale non-proprietà o inautenticità, nel senso che non c'è nulla di proprio e di autentico da attendersi o da ricercare. È quel che indubbiamente Lacan ha colto in modo ancor più penetrante di Freud.

*Crede che la psicoanalisi possa essere uno strumento utile per interpretare i fenomeni politici, sociali e di costume contemporanei? In particolare, le differenze di genere, il processo emancipativo delle donne e di persone con orientamenti sessuali non ortodossi? E se sì, secondo quale chiave?*

Direi poco, e in modo metaforico. Per lo meno, lo schema della cura analitica è impotente a questo proposito. Ma certamente la filosofia delle pulsioni, della loro rimozione [*refoulement*] o scarica [*défoulement*], deve essere sfruttata, eccome. In particolare la pulsione di potere o di dominio – e anche il libertarismo, che vorrebbe abolire ogni rimozione... Ma bisognerebbe riconsiderare completamente il processo della "rimozione culturale" e del suo senso. Esso ri-gioca in maniera inversa il processo – rousseauiano – dello snaturamento da parte della cultura: ora, bisognerebbe respingere [*renvoyer*] entrambe le cose e ripensare l'"umanità" nella "natura" e "contro" di essa...

*A partire da Popper, si è sviluppata nel corso dei decenni una corrente di critica radicale della psicoanalisi, che ne nega la plausibilità scientifica assimilandola a una mitologia, e contesta la validità della pratica analitica. Come si pone in questo dibattito, se in qualche modo vi si pone?*

Coloro che oppongono scienza a mito sono ormai in grande ritardo sulle scienze stesse, le quali sono sempre più consapevoli di produrre delle finzioni!

Freud non ha mai smesso di cercare e di affermare un superamento della scienza d'oggetto tanto quanto un superamento della finzione di un soggetto.

*Trova importante che la psicoanalisi oggi dialoghi con il sapere biologico (scienze dell'evoluzione, neuroscienze) e con le scienze in generale?*

Penso che la metapsicologia – la quale è una metafisica nel senso non-heideggeriano del termine – sia anche necessariamente una metabiologia. La "vita" non è più l'oggetto della biologia. La vita sarebbe piuttosto la pulsione stessa, se così si può dire. La pulsione creatrice e distruttiva...

*Oggi la psicoanalisi si confronta con psicoterapie e teorie rivali – la psicoterapia comportamentale e/o cognitiva, la psicoterapia sistemica-relazionale, e svariati altri tipi di cure. Come situa lei la psicoanalisi in relazione a queste? E in particolare, possiamo dire che la psicoanalisi sia una psicoterapia, e se sì, in che senso?*

Nel profondo – e questo Lacan l'ha ripetuto incessantemente – la psicoanalisi non è affatto una terapia. Come terapia, essa si liquefa nel campo "psicoterapeutico" prima che questo scompaia in una mutazione di civiltà. Nel profondo, la psicoanalisi disfa l'idea stessa di terapia, di malattia, ecc. Già Freud sospettava – in parte in modo ironico – che la nevrosi cominciasse con l'interrogarsi sul senso della vita. Oggi questa interrogazione è un fatto di civiltà [*civilisation*], tanto quanto le varie forme di psichiatria comportamentale o biochimiche: malattie e medicine di uno stesso *Unbehagen in der Kultur*. Quanto alle psicosi, ci si sforza di tentare di curarle, ma esse appartengono alla sfera del mistico, che sia essa divina, poetica, sciamanica, a seconda delle preferenze: solo un'altra mistica e una specie del tutto diversa di trasporto le assorbirà.

Di certo le psicoterapie sono importanti e necessarie. Che sia per delle perturbazioni ordinarie o per quelle oggi provocate da conflitti, migrazioni, povertà, ecc., esse sono necessarie, mentre la psicoanalisi "propriamente detta" non lo è.

La psicoanalisi si dividerà in due: da un lato psicoterapia e clinica, dall'altro metafisica dove la "psiche" sarà metamorfosata in un rapporto inedito con l'impossibile o l'infinito. Nel fondo, resterà solo il "meta" – fisico e psichico saranno dimenticati. Oppure, altra ipotesi, tutto sarà dimenticato e cancellato – ma allora davvero tutto.

*Molti filosofi si sono interessati particolarmente al pensiero di Jacques Lacan. Che valore e che senso attribuisce al contributo* après coup *di Lacan?*

Ho già risposto a questo nelle righe precedenti. Aggiungo solo che Lacan è rimasto diviso, dilatato, tra pratica e pensiero. È per sfuggire a questa scissione che ha insistito sul rapporto tra clinica e teoria. Ma nel fondo lui non vi credeva: sapeva che questa distinzione e la sua risoluzione sono fittizie. Solo una "clinica" inerente al pensiero, alla spiritualità di una società, potrà uscire da questo bricolage: come le grandi religioni, le grandi etiche, le saggezze, comunque le si chiami, hanno fatto o fanno ancora in certe culture. Potrei formulare la cosa in questi termini: solo gli stregoni possono agire in un mondo stregato; ma in un mondo "disincantato" tutte le operazioni tecniche o tecnoidi possono portare solo degli aiuti limitati...

## Dany Nobus

*Quale contributo filosofico alla psicoanalisi considera tra i più significativi, almeno per il suo approccio alla psicoanalisi?*

Per me, ci può essere una sola risposta a questa domanda. La filosofia ha offerto alla psicoanalisi l'idea dell'inconscio, vale a dire l'idea secondo cui gli esseri umani non sono solo agenti pensanti auto-trasparenti, ma molte facoltà mentali caratteristiche della forma di vita umana (percezione, memoria, affetto) vanno situate almeno parzialmente al di fuori delle sfere della coscienza e della auto-consapevolezza individuali. Anche se si è tentati di far risalire questa visione unicamente a Freud – dopo tutto, fu lui a dire che «l'io non è padrone in casa propria» – esso affonda le sue radici nella filosofia idealista tedesca, e appare in varie guise nei lavori di Fichte, Schelling ed Hegel. Freud non ha dunque inventato né scoperto l'inconscio, ma ne ha preso in prestito la nozione dalla tradizione filosofica della sua formazione. Il fatto che l'inconscio sia uno dei pilastri principali, per non dire il fondamento senza il quale la psicoanalisi non potrebbe operare – con buona pace di quei tentativi esistenzialisti di sviluppare un paradigma psicoanalitico senza l'inconscio –, fa di questo contributo filosofico qualcosa di ancor più significativo. Naturalmente, quando Freud adotta l'idea dell'inconscio e la integra nella propria teoria, ne cambia il significato e la portata. Benché il senso classico, descrittivo dell'inconscio, come una qualità di certe esperienze, resti al suo posto, Freud attribuisce all'inconscio un potere nuovo, dinamico, con il risultato che esso diventa un deposito di pensieri rimossi, attivi e talvolta dirompenti, un demone indomabile che infesta la mente umana e che trae anche soddisfazione da questo.

*A parte Freud, c'è qualche altro psicoanalista a suo parere capace di stimolare una proficua riflessione filosofica sulla psicoanalisi?*

Forse qui nutro dei pregiudizi, da mettere sul conto della mia formazione, e non voglio affermare che io abbia familiarità con l'intero campo della psicoanalisi così come si è sviluppato e si è espanso dopo Freud. Tuttavia, penso che sia Lacan ad aver riaperto la porta, più di ogni altro psicoanalista del ventesimo secolo, alla considerazione di questioni filosofiche suscitate dalla psicoanalisi. La filosofia è un riferimento costante nel lavoro di Lacan, fino al punto che alcuni suoi avversari hanno sostenuto che nella psicoanalisi lacaniana l'eredità di Freud, e in particolare le sue dimensioni cliniche, siano schiacciate dal peso della filosofia. Tuttavia per Lacan la nozione freudiana di inconscio, come un serbatoio dinamico di pensieri (rappresentazioni) senza pensatore (un'agenzia che si rappresenta), dovrebbe essere rivalutata in tutte le sue risonanze filosofiche, al di là e al di sopra della qualità linguistica di questi pensieri. E così, molto tempo prima che egli cominciasse a promuovere il suo famoso "ritorno a Freud", Lacan aveva già concepito un necessario "ritorno a Descartes". Si può trovare questo programma già articolato, quasi letteralmente, nella *Presentazione della causalità psichica* di Lacan del 1946, circa dieci anni prima che il suo ritorno a Freud diventasse la bandiera sotto la quale dispensare il proprio insegnamento. Per Lacan, la psicoanalisi costituisce una critica radicale del cogito cartesiano, ed è nei termini di questo peso filosofico che si dovrebbe riflettere sulla relazione tra pensare ed essere in psicoanalisi, e questo sia sul piano teorico che clinico. Tuttavia, oltre al suo impegno con Descartes, Lacan ha situato anche la psicoanalisi di fronte a un intero dominio di altre figure maggiori nella storia della filosofia – non per fare della psicoanalisi una nuova dottrina filosofica, ma per dimostrare come la concezione psicoanalitica dell'essere umano e della soggettività non possa essere proposta senza tener conto, come sua chiave, di linee di pensiero filosofiche.

*Possiamo chiederle se ha avuto un percorso psicoanalitico, e se esercita come psicoanalista? In ogni caso, come vede quel che accade nella pratica clinica analitica? Ovvero, che cosa veramente accade in una cura?*

È impossibile formulare una risposta netta e univoca a questa domanda, perché ogni processo di cura psicoanalitica è diverso. Per questa ragione Freud non poté mai risolversi a scrivere un manuale psicoanalitico e, per questa stessa ragione, nel suo saggio tecnico *Sull'inizio del trattamento*, paragona la psicoanalisi a una partita a scacchi. Sebbene sia possibile calcolare e descrivere le mosse di apertura e la fine del gioco, l'infinita varietà di possibilità tra questi due momenti, condizionata dalla variabilità dei processi psichici e dal fatto che ogni paziente è diverso, esclude del tutto che si possa sperimentare e cogliere esaustivamente quel che accade. Non c'è bisogno di dire che è comunque possibile affermare quello che si suppone accada: l'analizzante è invitato ad associare liberamente e ci si aspetta che l'analista interpreti, gestisca il transfert e mantenga la sua posizione analitica, ovvero, che eviti di educare e di dirigere il paziente. Come queste attività da parte dell'analista debbano svolgersi è stato oggetto di molti dibattiti, e Freud stesso chiaramente cambiò idea su alcune di queste cose man mano che acquisiva maggiore esperienza. La stessa cosa può essere detta per le finalità cui queste attività servono. Si è molto discusso su quale dovrebbe essere l'obiettivo di un processo psicoanalitico, e anche a questo riguardo Freud cambiò idea in alcune occasioni. Lacan notoriamente criticava l'idea che la psicoanalisi dovesse essere al servizio del rafforzamento dell'io dei pazienti in modo da adattarli meglio al mondo esterno, e avversava egualmente l'ideale umanistico di un'auto-realizzazione autentica, tuttavia è più facile derivare principi dal lavoro di Lacan su cosa *non* debba essere l'obiettivo della psicoanalisi che giungere a una chiara comprensione di ciò che dovrebbe essere. Molti lacaniani affermano che il trattamento dovrebbe essere indirizzato in modo che il paziente attraversi le proprie fantasie, tuttavia

Lacan enunciò questo principio una volta sola (in quanto tale, è un hapax nella sua opera) senza elaborarlo. Secondo me, il trattamento analitico ha raggiunto la sua finalità quando il paziente è arrivato ad accettare che non ci sia alcuna certezza assoluta e che il sapere sarà sempre un'isoletta in un oceano di ignoranza. In altre parole, ciò accade quando il paziente arriva a capire che il sapere stesso è la fonte principale di sofferenza e che il soffrire può essere alleviato in una certa misura accettando il fatto che l'ignoranza e l'incertezza non possano essere escluse e che anzi potrebbero anche essere abbracciate come un nuovo insieme di virtù. In un certo senso, si tratta di un punto in cui la psicoanalisi rientra nel campo della filosofia e dell'etica.

*Nietzsche e Freud. Quest'ultimo ammise di non aver mai veramente letto l'opera del filosofo, perché temeva di scoprire, tra le sue pagine, intuizioni anticipatrici del proprio lavoro. Come vede il rapporto tra i due?*

Questa domanda invita a una risposta ampia. Se Freud abbia mai letto Nietzsche e quali dei suoi libri si sia preoccupato di studiare approfonditamente, resta materiale di speculazione, e molto probabilmente la questione non sarà mai risolta. In una lettera ad Arnold Zweig dell'11 maggio 1934, Freud scrisse: «Nella mia gioventù egli [Nietzsche] era una figura remota e nobile per me. Un mio amico, il dottor Paneth, aveva cominciato a conoscerlo in Engadina, e mi aveva scritto tanto su di lui». Oggigiorno, la figura di Josef Paneth è quasi del tutto dimenticata, sebbene egli sia immortalato nel nome di una cellula intestinale antimicrobica. Paneth morì prematuramente di tubercolosi all'età di 32 anni e successivamente avrebbe perseguitato Freud in uno dei suoi sogni. È il famoso sogno *Non vixit*, analizzato nel sesto capitolo dell'*Interpretazione dei sogni*: Freud siede a tavola con Wilhelm Fließ e con (un deceduto) Josef Paneth, quando Fließ improvvisamente gli chiede quante sue relazioni abbia condiviso con Paneth. Freud risponde con la frase latina *non vixit* (non visse), realizzando (nel sogno) di aver compiuto un lapsus freudiano, perché lui voleva dire *non vivit* (non è più vivo). Quel che segue, tuttavia, è anche più eloquente dello stesso lapsus onirico: «Allora gettai a P. uno sguardo penetrante. Sotto il mio sguardo impallidì; la sua forma divenne indistinta e i suoi occhi di un blu malato – e infine si sciolse completamente». Ancora come parte del contenuto del sogno, Freud allora realizza che Paneth era stato «niente di più che una apparizione, un *revenant*». Nell'analisi straordinariamente dettagliata che segue la narrazione di questo sogno, Freud ne valuta ogni aspetto, tuttavia senza identificare i due temi nietzschiani che possono aver animato i suoi pensieri onirici inconsci tanto quanto ognuno degli altri filoni. Sotto lo sguardo penetrante di Freud, la figura spettrale di Paneth, che aveva scritto lungamente a Freud su Nietzsche, in un'epoca in cui questi aveva già pubblicato le prime due parti di *Così parlò Zarathustra* e stava lavorando alla terza parte, impallidisce (*bleich*) e viene successivamente riconosciuto come un *revenant* (letteralmente "qualcuno che è tornato" o "chi è ritornato").

Il secondo mistero che riguarda il Nietzsche di Freud può essere derivato da un passaggio in una lettera mandata da Freud a Wilhelm Fließ il 1 febbraio 1900, un paio di mesi dopo la pubblicazione dell'*Interpretazione dei sogni*. In apparenza fuori dal contesto, o per lo meno senza alcuna ragione chiara e diretta, Freud scrisse: «Ho appena comprato Nietzsche, in lui spero di trovare parole per le molte cose che restano mute in me, ma non lo ho ancora aperto. Troppo pigro per il momento». Se, prima del febbraio 1900, Freud non aveva ancora acquistato Nietzsche, dove aveva allora trovato le parole di Nietzsche citate nell'*Interpretazione dei sogni*, sia quelle a lui attribuite che quelle non attribuite? Inoltre, a causa del trasferimento, non è affatto chiaro quali testi di Nietzsche Freud avesse effettivamente acquistato. Nel 1900 non esisteva un'edizione collettanea degli scritti di Nietzsche, quindi dobbiamo presumere che Freud avesse acquistato solo dei volumi isolati.

Che cosa lo spinse a fare così, e in quali dei libri pubblicati di Nietzsche sperava di vedere il proprio mutismo trasformato in parole? Non c'è una sola traccia di un libro di Nietzsche pubblicato prima del 1900 nella libreria personale di Freud, né tra i libri che decise di portare con sé a Londra, e nemmeno negli *Archives and Special Collections* della Columbia University e nella *Library of Congress.*

Nel corso della primavera del 1908, la Società Psicoanalitica di Vienna, che si riuniva di mercoledì a casa di Freud, discusse il terzo saggio, sul significato degli ideali ascetici, nel libro di Nietzsche del 1887 *La genealogia della morale.* Nel corso dello scambio di opinioni che seguì la presentazione di Hitschmann, alcuni partecipanti (Alfred Adler, Paul Federn) sottolinearono in modo penetrante come Nietzsche avesse anticipato certe intuizioni psicoanalitiche chiave, tuttavia Freud stesso rispose al testo con un'affermazione rimasta molto famosa e che sarebbe diventata materia da leggenda. Otto Rank, che fungeva da segretario delle riunioni, trascrisse quel che segue: *Auch Nietzsche kenne er [Freud] nicht; ein gelegentlicher Versuch, ihn zu lesen, sei an einem Übermaß von Interesse erstickt. Trotz der von vielen Seiten hervorgehobenen Ähnlichkeiten, könne er versichern, daß Nietzsches Gedanken auf seine eigenen Arbeiten gar keinen Einfluß gehabt hätten.* La traduzione italiana della versione ufficiale in inglese di queste frasi recita: «Lui [Freud] non conosce l'opera di Nietzsche; alcuni tentativi occasionali di conoscerla furono soffocati da un eccesso di interesse. A dispetto delle similarità che molte persone hanno sottolineato, lui può garantire che le idee di Nietzsche non hanno avuto alcuna influenza sul proprio lavoro».

Se prendiamo queste frasi come un'accurata trascrizione dell'intervento di Freud quel giorno, molte nuove domande sorgono, le quali ancora una volta ruotano attorno a una serie di spostamenti e negazioni. Sebbene fosse stato regolarmente informato sulle idee di Nietzsche da Josef Paneth del corso dei primi anni 1880, Freud affermava di non conoscerlo. Sebbene affermasse di non conoscerlo, ammetteva di aver cercato occasionalmente di leggerlo. Sebbene non lo conoscesse, malgrado le lettere di Paneth e i suoi stessi tentativi occasionali di leggerlo, sapeva che i suoi pensieri non avevano avuto alcuna influenza su di lui. Mentre avrebbe senso sostenere che un'influenza diretta poteva essere avvenuta solo sulla base di qualche sapere profondo (consapevolezza e comprensione), perché per gli intellettuali viennesi della fine dell'Ottocento Nietzsche era ben più di un libro.

C'è poi un passaggio, dal suo "studio autobiografico" del 1925, nel quale Freud rifletteva brevemente sul suo impegno critico con il pensiero filosofico. Dopo aver ammesso che la teoria della psicoanalisi trova un'eco nei lavori di Schopenhauer, a dispetto di una dichiarata non familiarità con i suoi insegnamenti e del suo averlo letto solo tardi nella vita, Freud dice di Nietzsche: «un altro filosofo le cui supposizioni e intuizioni spesso concordano nel modo più stupefacente con le scoperte laboriose della psicoanalisi, [e che] per lungo tempo venne evitato da me proprio per questa ragione; non ero tanto preoccupato da questioni di priorità quanto dal voler tenere la mia mente sgombra». Dobbiamo interpretare queste affermazioni come indicative del fatto che Freud a un certo punto fosse riuscito a superare l'ostacolo dell'"eccesso di interesse" e avesse aperto finalmente il suo Nietzsche, accettando così di ingombrare la propria mente con le sue supposizioni e intuizioni? Se questa è (e indubbiamente lo rimarrà per sempre) una domanda retorica, allora l'altra domanda – la questione della priorità – fornisce un altro esempio di negazione freudiana. Freud confidò in un'occasione a Richard Sterba, che era diventato membro della Società Psicoanalitica di Vienna nello stesso anno in cui egli componeva il suo studio autobiografico, che «chi vuole essere originale non dovrebbe leggere Nietzsche». Freud non può essere scusato, qui, per il fatto di non conoscere molto sul meccanismo della negazione, e quindi della negazione di negazione, perché il suo saggio su questo tema era stato pubblicato due anni prima dello studio autobiografico.

Se il Nietzsche di Freud è misteriosamente scomparso dal 1900, senza nemmeno lasciare una scheda bibliografica che simbolizzi la sua assenza nella biblioteca, eccolo riapparire in maniera sorprendente, spettacolare e massiccia nel 1926, in occasione del settantesimo compleanno di Freud. In effetti, nel maggio del 1926 Nietzsche tornò da Freud in un modo completamente inaspettato e irruento. Le circostanze del ritorno di Nietzsche da Freud sono ancora una volta avvolte nel mistero, nella misura in cui rimane poco chiaro come e quando esso si verificò. Tuttavia, dal giorno della sua riapparizione, e diversamente dalle sue incarnazioni precedenti, alla fine Nietzsche non lasciò più Freud, diventando una presenza costante e visibile nel suo ambiente di lavoro. Per il settantesimo compleanno, il 6 maggio 1926, Otto Rank mandò a Freud un regalo davvero straordinario, l'edizione Musarion delle opere complete di Nietzsche, della quale erano state stampate solo 1600 copie. Il 23 settembre 1926, Jones sentì il bisogno di scrivere a Freud da Londra proprio su questo, probabilmente in risposta a un commento che Freud stesso aveva fatto in precedenza, sebbene non per iscritto, dato che nessuna delle lettere precedenti contiene alcuna menzione di questo. «I Laforgues [lo psicoanalista parigino René Laforgue, fondatore della Società psicoanalitica di Parigi, e sua moglie Delia] questa settimana sono a Londra. Laforgue mi ha riferito che Rank gli ha detto nel giugno di questo anno che il suo rapporto con lei era dei più amichevoli (*im besten Einvernehmung*), e come prova di questo ha evocato il fatto di averle dato di recente un regalo che costa $300. La sua interpretazione dello *Symptomhandlung* di Nietzsche era così confermata». Dove e quando Freud interpretò il dono di Rank come un *Symptomhandlung*, ovvero come un atto sintomatico, non ci è noto, e resta ignoto se condivise semplicemente la sua interpretazione con Jones, o se la menzionò anche negli scambi con altri amici leali. Nel corso degli anni, gli storici della psicoanalisi hanno avanzato le loro interpretazioni del regalo di Rank. Molti di loro hanno messo in evidenza come Rank, che si era immerso profondamente e a lungo nelle opere di Nietzsche, e avrebbe sviluppato il primo approccio psicoanalitico esplicitamente nietzschiano attorno alla nozione di volontà, probabilmente volesse ricordare a Freud quanto egli fosse in debito con le idee del filosofo, a dispetto dei suoi reiterati dinieghi.

Per quanto questo Nietzsche del 1926 possa essere stato un calice avvelenato per Freud, quando nel giugno 1938 venne l'ora di impacchettare i suoi averi e di andare in esilio a Londra, il Nietzsche viaggiò con lui, e divenne una delle sezioni più cospicue, se non la singola sezione più rilevante della sua biblioteca, se non altro per i ventitré volumi che occupavano uno spazio centrale negli scaffali principali, e il loro color bianco faceva sì che risaltassero rispetto a tutti gli altri libri in quella sezione. Non c'è alcuna annotazione in nessuno dei ventitré volumi, cosa che però non prova che il nuovo Nietzsche di Freud rimanesse un libro chiuso.

A questo punto, dovrei citare un regalo leggermente meno sintomatico, che quasi non ha ricevuto alcuna attenzione. Molto meno cospicuo dell'edizione completa di Rank del Musarionausgabe, molto più piccolo di dimensioni e molto più difficile da localizzare nella libreria di Freud, c'è un brevissimo e ignoto saggio di Freud su Nietzsche, pubblicato nel 1932 in una collezione intitolata "Unter falscher Flagge: Ein Lesebuch der deutschen Sprache für Fortgeschrittene". Se il titolo – *Nietzsches Verdauungsbeschwerden als Symbol einer praeembryonalen Tantenliebe* (I problemi digestivi di Nietzsche come un simbolo del suo amore pre-embrionico per sua zia) – suona comico, il contenuto del testo è anche più farsesco di quanto non suggerisca il titolo. Prima che qualcuno si ecciti troppo, o forse possa essere amaramente deluso dal fatto che Freud si sia abbandonato a questo futile modo di applicare la psicoanalisi, devo subito aggiungere che il saggio in questione non fu realmente scritto da Freud. Si tratta di una gioviale satira della psicoanalisi vergata dallo scrittore austriaco Robert Neumann, che si era guadagnato una grande notorietà nel corso degli anni 1920 per aver elevato questo genere di parodia a forma d'arte letteraria. Nel novembre del 1932, Neumann mandò a Freud, come regalo, una copia firmata del suo libro *Unter falscher Flagge*, convinto senza ombra di dubbio che il fondatore della psicoanalisi avrebbe apprezzato il fatto di vedere le sue idee usate ai fini dell'humour letterario.

Qui, naturalmente, abbiamo un altro esempio, forse il più significativo, del Nietzsche di Freud – una chiara illustrazione di come Freud avesse recuperato Nietzsche oltre la tomba come un paziente spettrale i cui sintomi avrebbero potuto essere spiegati con gli strumenti della psicoanalisi. Nietzsche ritorna da Freud, qui, non come il filosofo ai cui lavori non è possibile accostarsi a causa di un "eccesso di interesse", ma come una figura comica – umana, troppo umana – che con i suoi persistenti malanni fornisce alla psicoanalisi un suolo fertile per interpretazioni giocose. Si potrebbe respingere facilmente la parodia di Neumann come un attacco fuori luogo alla psicoanalisi: penso, invece, che essa riesca a cogliere meglio di altre letture l'ispirazione nietzschiana della psicoanalisi, perché cattura la teoria di Freud come una gaia scienza, permeata di humour e giocosità pur nella serietà delle sue ispirazioni dottrinali e nei suoi tentativi di padroneggiare i segreti dell'anima umana.

Nel corso di tutta la sua vita, Freud agì verso Nietzsche come il bambino che cerca di venire a patti con l'assenza traumatica del suo progenitore rifacendo ripetitivamente un gioco di *Fort/Da* (assenza e presenza). E tuttavia, al di sopra del meccanismo della coazione a ripetere che Freud riconosceva nelle pagine iniziali di *Al di là del principio di piacere*, non si deve dimenticare che l'attività di *Fort/Da* era messa in scena come un gioco, e che era quindi dotata delle qualità affettive della gioia, del divertimento e del riso. Per quanto molti studiosi abbiano qualificato come tragica e sintomatica la negazione di Freud quanto all'influenza di Nietzsche sulla sua opera, non si dovrebbe ignorare il fatto che Freud ha giocato anche con Nietzsche. Se il Nietzsche di Freud fu una presenza persistente e ossessiva, le sue riapparizioni – spettrali come un pallido *revenant* – erano anche parte della gaia scienza di Freud, e in modo molto più simile alla nozione nietzschiana dell'eterno ritorno essa si collocava sullo sfondo di una critica in corso del pensiero stantio e dogmatico. Se Nietzsche non fosse crollato a Torino, avrebbe potuto riconoscere in Freud un anti-filosofico alleato, data la profonda cautela dello psicoanalista nei confronti delle visioni del mondo onnicomprensive. Il destino decise diversamente, ma ciò non ci dovrebbe impedire di pensare la psicoanalisi, e il Nietzsche di Freud, come l'ultima epitome della gaia scienza.

*Sin dagli inizi della psicoanalisi, con Fenichel, Bernfeld, Reich, Fromm e altri, si è sviluppato un filone freudo-marxista sia tra gli analisti sia tra i filosofi, ancora fiorente. Come va pensato, oggi, il rapporto tra Marx, marxisti e psicoanalisi?*

Il legame tra Marx e Freud precede lo sviluppo del freudo-marxismo di Reich, Fenichel e altri, perché appare già in un volume del 1926 su Marx e Lenin dello scrittore americano Max Eastman. In una lettera a Eastman, Freud espresse apprezzamento per il libro, sebbene egli ammettesse allo stesso tempo di essere poco interessato alla politica così come lo era alla filosofia. Il tentativo di Eastman di combinare la psicoanalisi con il materialismo storico e dialettico si attirò molte critiche da parte di coloro che consideravano la psicoanalisi una scienza borghese, e che sarebbe continuata a essere tale. E quando Stalin cambiò la nuova politica economica di Lenin in una dura ideologia comunista, la psicoanalisi fu ufficialmente proibita in Unione Sovietica. Naturalmente, lontani dal regime totalitario di Stalin, in Europa e negli Stati Uniti gli studiosi continuarono a forgiare legami teorici tra Marx e Freud, e oggi la combinazione della psicoanalisi freudiana e delle idee marxiste sulle difficoltà e tribolazioni del processo di produzione capitalistico si dimostra ancora straordinariamente fruttuosa come strumento critico per dissezionare le fallacie del neo-liberalismo. Il filosofo sloveno Slavoj Žižek, più di qualsiasi altro, ha riattivato questo paradigma, sebbene egli tenda a basarsi molto più su Lacan che su Freud quando viene alla psicoanalisi. La sua tendenza all'osservazione contro-intuitiva, per non parlare del suo saporoso cocktail di teoria intellettualista e di esempi presi dalla cultura popolare, ha dato alla psicoanalisi marxista o al marxismo psicoanalitico una nuova boccata di vita, anche se si tratta più di una dottrina teoretica che di una costellazione politica concreta. Sono sicuro che Freud avrebbe preso le distanze da queste configurazioni contemporanee, nonostante il loro potere critico tagliente, perché non avrebbe voluto che la sua disciplina fosse amalgamata con qualsiasi tipo di politica utopica.

*Crede che la psicoanalisi possa essere uno strumento utile per interpretare i fenomeni politici, sociali e di costume contemporanei? In particolare, le differenze di genere, il processo emancipativo delle donne e di persone con orientamenti sessuali non ortodossi? E se sì, secondo quale chiave?*

Per Freud, la psicoanalisi incapsula tre cose: una teoria della mente umana, una pratica clinica per curare pazienti nevrotici, una metodologia per interpretare i fenomeni socio-culturali. Proprio grazie alla sua franchezza sul "disagio nella civiltà", Freud aveva molto poco da dire sulla politica, e quello che diceva tendeva a essere profondamente ambiguo. Quando Eastman gli chiese, nel 1927, dove si situasse politicamente, rispose: «Politicamente, non sono niente»; ma allo stesso tempo espresse la sua viscerale avversione contro la cultura americana e un interesse distaccato, critico, nei confronti del «grande esperimento comunista». Tuttavia, la posizione equivoca di Freud nei confronti della politica non riappare a livello della sua teoria. Correndo il rischio di una sopravvalutazione, si può dire che la psicoanalisi è una metodologia che può tanto essere applicata alla politica quanto può essere usata per interpretare altri fenomeni socio-culturali, e ha in se stessa e da se stessa una dimensione politica, grazie alla sua concezione dell'essere umano. Eli Zaretsky lo ha colto in modo molto accurato nel suo recente libro, *Political Freud* (Freud politico), in cui afferma: «La psicoanalisi ha postulato una nuova concezione, essenzialmente post-assiale, dell'individuo. Secondo questa concezione, gli stimoli che vengono all'individuo dalla società o dalla cultura non sono direttamente registrati, ma sono innanzitutto dissolti e ricostituiti internamente in modo tale da dare loro significati personali, anche idiosincratici. Il risultato è che non c'è alcuna connessione diretta o necessaria tra la soggettività di un individuo e l'ordine sociale. Il fine dell'analisi, allora, non è l'interiorizzazione di ogni valore particolare, ma quella dell'atteggiamento analitico stesso: la capacità di esaminare i propri pensieri, desideri, conflitti senza giudicarli, almeno in prima battuta». Se questo suona come un punto di vista morale più che politico, è solo a causa del linguaggio in cui viene espresso. Il concetto psicoanalitico dell'individuo (il soggetto, direbbe Lacan) è politico nella misura in cui ha ripercussioni su come gli esseri umani si relazionano a se stessi e agli altri, e sebbene non detenga le chiavi per una nuova utopia, esso offre la prospettiva sulla politica dell'identità e sui meccanismi dell'integrazione sociale, che Freud stesso si impegnò ad analizzare in *Psicologia delle masse e analisi dell'Io*.

*Una parte della fenomenologia filosofica si è occupata della psicoanalisi. Anche chi procede sulla scia del pensiero di Heidegger e chi coltiva l'ermeneutica spesso ha tematizzato la psicoanalisi. Che cosa pensa di questa "appropriazione" fenomenologica della psicoanalisi?*

Il fatto che alcuni filosofi fenomenologi abbiano accolto nelle loro riflessioni, e in certi casi anche abbracciato, la psicoanalisi, mostra ancora una volta che il regno della psicoanalisi è ricco di domande filosofiche, a dispetto del fatto che Freud fosse visceralmente contrario a mostrare il proprio lato filosofico. Penso che la tradizione fenomenologica possa offrire agli psicoanalisti delle valide intuizioni sulla qualità dell'esperienza umana vissuta, purché riconosca l'irriducibilità dell'inconscio. Detto questo, gli psicoanalisti probabilmente sono stati più pronti a integrare le idee fenomenologiche nel loro lavoro, a partire da Minkowski, di quanto non siano stati preparati i filosofi fenomenologi a recuperare la psicoanalisi.

*A partire da Popper, si è sviluppata nel corso dei decenni una corrente di critica radicale della psicoanalisi, che ne nega la plausibilità scientifica assimilandola a una mitologia, e contesta la validità della pratica analitica. Come si pone in questo dibattito, se in qualche modo vi si pone?*

Su questo, la mia posizione è strettamente lacaniana. Se c'è una conclusione da trarre dal suo *La scienza e la verità*, non è che la psicoanalisi soffra di una carenza di scientificità e che dovrebbe cercare di essere più scientifica, per esempio unendo le forze con le neuroscienze cognitive, ma che la scienza non è abbastanza psicoanalitica, nella misura in cui continua a vivere sotto l'incantesimo dell'individuo auto-trasparente e sotto l'illusione del criterio della verità come corrispondenza, ovvero la famosa *adaequatio rei et intellectus*, che si basa sulla possibilità che il sapere possa essere inequivocabilmente vero. Se le cose stanno così, il problema non è della psicoanalisi; il problema è della scienza. Ovviamente, Freud aspirava a essere riconosciuto dalla comunità scientifica come un vero e proprio scienziato, ed era disposto a considerare la *Weltanschauung* scientifica come una struttura possibile per la psicoanalisi, tuttavia allo stesso tempo dubito che la sua concezione della scienza avesse molto a che fare con l'identificazione delle metodologie appropriate per sviluppare un "sapere assoluto". Insomma, la critica secondo cui la psicoanalisi non è scientifica non mi disturba, dato che gli stessi scienziati continuano a credere di sapere esattamente che cosa sia o cosa dovrebbe essere la scienza – e dunque nella ricerca empirica di verità inattaccabili –, e questa non è né più né meno che una credenza "non-scientifica" nell'idea che si possa raggiungere una certezza assoluta, la quale ci porterebbe l'illuminazione, una nuova speranza e la felicità psico-sociale.

*Trova importante che la psicoanalisi oggi dialoghi con il sapere biologico (scienze dell'evoluzione, neuroscienze) e con le scienze in generale?*

Credo che sia importante che la psicoanalisi colga i segni dello sviluppo di ogni disciplina, dalla neurobiologia alla fisica quantistica, dalla storia dell'arte alla teoria letteraria. Il che non significa che essa dovrebbe adottare le metodologie e i protocolli di ricerca di tali discipline, ma che dovrebbe cercare sempre di apprendere quel che le altre discipline possono avere da offrirle circa la storia, il luogo, la funzione e la natura della condizione umana.

*Oggi la psicoanalisi si confronta con psicoterapie e teorie rivali – la psicoterapia comportamentale e/o cognitiva, la psicoterapia sistemica-relazionale, e svariati altri tipi di cure. Come situarla in relazione a queste? E in particolare, possiamo dire che la psicoanalisi sia una psicoterapia, e se sì, in che senso?*

Secondo me la psicoanalisi è uno fra i molti "approcci terapeutici" attualmente a disposizione, e non si dovrebbe considerare superiore (più efficace, più vera, in tutto migliore) di un qualunque altro approccio. Non c'è dubbio che alcune persone traggano beneficio da un counseling umanistico, dalla terapia cognitivo-comportamentale, dalla terapia della famiglia, ecc., e non c'è dubbio che alcuni troveranno che la psicoanalisi non sia particolarmente efficace con loro. Considero un bene il fatto che le persone che soffrono abbiano a disposizione tutta una gamma di possibilità, e così la psicoanalisi dovrebbe essere una delle tante terapie che sono a disposizione. Inoltre, non credo che sia cosa impropria pensare alla psicoanalisi come a una forma di psicoterapia, se non altro perché è stata ideata per alleviare la sofferenza psichica. Ma allo stesso tempo la psicoanalisi è più di una terapia come tante altre, perché non si concentra sulla sofferenza di per sé e perché riconosce che un certo grado di sofferenza è allo stesso tempo inevitabile e parte essenziale della condizione umana. Come è noto, Freud disse che il meglio che si possa sperare di ottenere dalla psicoanalisi è che le nostre grandi tragedie si trasformino nella comune infelicità della vita quotidiana. Naturalmente il problema è, come sempre, che in tempi di neoliberalismo i criteri del rapporto costi-benefici, qualità-prezzo, di pratiche basate sull'evidenza empirica, hanno danneggiato il riconoscimento della psicoanalisi come un valido intervento terapeutico, allo stesso modo in cui hanno interferito con altri approcci terapeutici "alternativi", ritenuti scientifici oppure insufficientemente fondati su dati affidabili riguardanti i risultati. Se si considera che, sulla base di simili criteri, l'efficacia è spesso sinonimo del ritorno del paziente al lavoro, a questo punto capace di dare il suo contributo al processo economico produttivo, la psicoanalisi non potrà che avere difficoltà a recuperare il suo statuto di un tempo, perché gli psicoanalisti sono in genere riluttanti a diventare complici di questo tipo di ideologia.

*Molti filosofi si sono interessati particolarmente al pensiero di Jacques Lacan. Che valore e che senso attribuisce al contributo* après coup *di Lacan?*

Coerentemente con lo spirito dell'*après coup*, direi qui che sarà il tempo a dire se Lacan sia stato in effetti il più grande psicoanalista dopo Freud. Quel che è già abbastanza chiaro, tuttavia, è che la vasta portata dei contributi teorici di Lacan, e il suo apparato concettuale, si sono dimostrati estremamente versatili nell'ispirare una profusione di pensatori nelle scienze sociali, nelle arti e nelle discipline umanistiche e persino in alcune delle cosiddette "scienze naturali". È chiaro che le sue idee sono state talvolta usate ed espanse da persone convinte che una nuova saggezza possa essere raggiunta solo se uno è più lacaniano di Lacan stesso. Intendo dire che il pensiero di Lacan ha attratto l'interesse non solo di studiosi critici seri, ma anche di opportunisti acritici non così seri... Questi ultimi hanno visto nel suo pensiero un modo facile e talvolta lucrativo di accrescere la propria reputazione intellettuale e clinica e di attingere a un desiderio comune tra i giovani intellettuali per idee non-dominanti, anti-establishment e "progressiste". Dietro queste si può intravvedere – per usare il titolo della dissezione critica della surrettizia infatuazione del postmodernismo con, tra tutti i sistemi, i dogmi ideologici del fascismo da parte di Richard Wolin – la perenne seduzione dell'irrazionale.

Come Francis Wheen ha detto nel suo libro, molto divertente, *How Mumbo-Jumbo Conquered the World* (Come le chiacchiere insensate hanno conquistato il mondo), in particolare riferendosi alla nota affermazione di Lacan, in *Sovversione del soggetto e dialettica del desiderio*, che «l'organo erettile può essere eguagliato con la $\sqrt{-1}$»: «Che importanza può avere, Barbara Ehrenreich chiese una volta, il fatto che un uomo francese voglia pensare al proprio pene come alla radice quadrata di meno uno? "Non molto, salvo che nei campus americani, specialmente in quelli più elitari, espressioni simili erano abitualmente lasciate cadere come esempi di un pensiero di sinistra arditamente *trasgressivo*". Pochi progressisti osarono sfidare questa tirannia della chiacchiera, per paura di essere vituperati come reazionari politici e culturali – oppure, cosa non meno vergognosa, di filistei ignoranti». Sokal e Bricmont sono stati molto meno indifferenti di Ehrenreich nei confronti dell'affermazione di Lacan, nella misura in cui hanno ammesso nel libro *Imposture intellettuali* di trovare molto penoso vedere i loro peni eguagliati con $\sqrt{-1}$. In risposta a Sokal e

Bricmont, Bruce Fink ha cercato di dimostrare che l'affermazione di Lacan è meno insensata di quanto non appaia a prima vista; tuttavia, non sono affatto persuaso che la sua accurata disamina del testo di Lacan alteri in qualche modo la lettura di Sokal e Bricmont, al di là della pena per i loro peni, o per il fallo che dir si voglia. Perché anche se la ragione può essere ritrovata dietro la superficie della sragione, quest'ultima sarà ancora considerata come la principale realizzazione di Lacan, e quella più cospicua, con in più la complicazione, che può essere stata benissimo uno schema coscientemente artefatto allo scopo di incidere nelle menti vulnerabili della generazione più giovane e di assicurarsi un vasto gruppo di entusiastici seguaci.

Il dibattito attorno alla significazione di Lacan verosimilmente continuerà per molti anni a venire; tuttavia, nel frattempo, è chiaro che Lacan è una figura centrale del paesaggio intellettuale del XXI secolo, e che la sua influenza non sembra affatto tramontare oggi.

## ALEX PAGLIARDINI

*Che cosa, della psicoanalisi, la interessa oggi da una prospettiva filosofica, e perché?*

Credo che alla filosofia interessi, oggi, quel che Lacan chiama il *non-nato*, il pre-ontologico, il *c'è dell'Uno* – cioè il farsi del godimento. Qualche anno fa alla filosofia interessava quel che Lacan chiama Altro, cioè l'azione incessante del linguaggio sul vivente. Ipotizzo, e confido, che a breve alla filosofia interesserà l'omologia tra *farsi del godimento* e *incidenza del linguaggio* – mi riferisco qui a una parte della filosofia decisamente minoritaria; in questa e solo in questa confido, almeno un pò.

*Quale contributo filosofico alla psicoanalisi considera tra i più significativi, almeno per il suo approccio alla psicoanalisi?*

La filosofia – ma in questa direzione potrei dire anche la matematica, l'architettura, il cinema ecc... – può svolgere una preziosa funzione di *aiuto contro* (funzione tematizzata da Lacan nel suo *Seminario XXIII*) la psicoanalisi. Sintetizzerei questa funzione nei termini di *tenerla sveglia.* Oggi mi sembra che la filosofia che meglio di altre può svolgere questa funzione sia quella che va da Nietzsche a Bergson, da Spinoza a Deleuze, cioè quella capace di dire qualcosa dell'atto e della sostanza vivente (cioè di quello di cui, soprattutto negli ultimi anni, la psicoanalisi ha fatto molta fatica a occuparsi). In Italia abbiamo diversi autori che portano avanti, in modi diversi, questa "linea" – mi riferisco a Rocco Ronchi, Federico Leoni, Felice Cimatti, Paolo Godani e altri... Allo stesso tempo, nel maneggiare la pressione, decisiva, che la filosofia, certa filosofia, esercita sulla psicoanalisi, non bisogna mai perdere di vista una frase rivolta da Freud a Groddeck in una lettera del giugno 1917: «Temo che Lei sia anche un filosofo».

*A parte Freud, c'è qualche altro psicoanalista a suo parere capace di stimolare una proficua riflessione filosofica sulla psicoanalisi?*

Sicuramente Lacan ha suscitato e suscita il desiderio, dunque il disagio, di molti filosofi.

*Possiamo chiederle se ha avuto un percorso psicoanalitico, e se esercita come psicoanalista? In ogni caso, come vede quel che accade nella pratica clinica analitica? Ovvero, che cosa veramente accade in una cura?*

In analisi ci va qualcuno che patisce il reale, cioè (con Lacan) l'urto del linguaggio e l'urto del godimento – *si è sempre più o meno colpevoli del reale* (afferma Lacan nel *Seminario XXIV*). Dunque in un'analisi si tratta di fare l'esperienza ripetuta dell'incontro con il reale (cioè con l'urto del linguaggio e con l'urto del godimento). Questo ovviamente non in modo selvaggio, ma attraverso la parola e il sapere inconscio, attraverso l'associazione libera e il transfert. Si tratta di fare questa esperienza per instaurare un altro rapporto con il reale, affermativo e non negativo. Questo altro rapporto non permette di non patire il reale – la psicoanalisi ha i suoi limiti – ma di inventare un punto, un lembo, di affermazione (dunque non di patimento) del reale.

*Nietzsche e Freud. Quest'ultimo ammise di non aver mai veramente letto l'opera del filosofo, perché temeva di scoprire, tra le sue pagine, intuizioni anticipatrici del proprio lavoro. Come vede il rapporto tra i due?*

Deleuze sintetizza l'eterno ritorno di Nietzsche in questo modo: *volere soltanto ciò di cui si vuole anche l'eterno ritorno*. Si tratta di una formula che a mio avviso fotografa l'etica della psicoanalisi, cioè quello a cui mira un'analisi.

*Sin dagli inizi della psicoanalisi, con Fenichel, Bernfeld, Reich, Fromm e altri, si è sviluppato un filone freudo-marxista sia tra gli analisti sia tra i filosofi, ancora fiorente. Come va pensato, oggi, il rapporto tra Marx, marxisti e psicoanalisi?*

In uno dei suoi *Scritti*, per essere più precisi in *Del soggetto finalmente in questione*, Lacan riconosce a Marx il merito di avere inventato il sintomo come manifestazione di una verità. Allo stesso tempo precisa subito che il sintomo di Freud è un'altra cosa rispetto al sintomo di Marx, che c'è *un salto* nell'operazione freudiana, il quale fa sì che in Freud il sintomo diventi significante, mentre in Marx resti un segno. Nel *Seminario XVI* e nel *Seminario XVII*, Lacan riconosce a Marx molti meriti, tra i quali quello di avere estratto il fondo del capitalismo, il plusvalore, ma gli rimprovera di non averne colto il dispiegamento, di non aver fatto questo salto – cioè che non si tratta della riproduzione della dialettica servo-padrone ma della ripetizione della contabilizzazione del godimento. Il salto freudiano sta nell'intendere la sottrazione come un *plus* – la sottrazione di godimento è un *plus* di godimento, mentre per Marx, la sottrazione di godimento diventa un plus di godimento solo altrove. Questo fa sì che per Marx il sintomo sia fondamentalmente il ritorno di una verità rimossa, mentre per Freud sia sostanzialmente la ripetizione di una fissazione.

Potremmo fare altri esempi su come Lacan approccia Marx, ma, al di là di questi, credo sia importante tenere conto di questo *salto*, del salto dell'operazione freudiana, per intendere senza troppi fraintendimenti il rapporto tra Marx e la psicoanalisi. Il filone freudo-marxista non coglie affatto, almeno secondo Lacan, questo "salto". Allo stesso tempo, questo filone ha l'indubbio merito di non intendere la psicoanalisi come un'esperienza di bonifica dell'inconscio – di non intenderla in modo poliziesco, per dirla con Deleuze (cioè nel modo della psicoanalisi dell'Io). Questo filone intende infatti la psicoanalisi come un'esperienza di affermazione dell'inconscio. Non avere colto il "salto" fa però commettere a questo filone molte ingenuità teoriche e pratiche. Ad esempio, sovrapporre il concetto di rimozione con quello di repressione, sovrapposizione che è al centro delle tesi del freudo-marxismo, è un errore che vizia profondamente, e per certi versi irrimediabilmente, la portata e il valore di questo orientamento.

*Crede che la psicoanalisi possa essere uno strumento utile per interpretare i fenomeni politici, sociali e di costume contemporanei? In particolare, le differenze di genere, il processo emancipativo delle donne e di persone con orientamenti sessuali non ortodossi? E se sì, secondo quale chiave?*

La domanda è molto ampia, la trovo difficile. Cito un passo di Lacan che amo molto, è tratto da un breve testo dal titolo *Pour Vincennes!*: «Ci sono quattro discorsi. Ognuno si prende per la verità. Solo il discorso analitico fa eccezione. Sarebbe meglio se fosse lui a dominare, si dirà allora. Ma, appunto, questo discorso esclude la dominazione, detto in altre parole: non insegna niente. Non ha niente di universale: proprio per questo non è materia di insegnamento. Come fare a insegnare quello che non si insegna? Ecco dove Freud ha mosso i suoi passi. Ha considerato che tutto è sogno e che tutti (se è consentita una tale espressione), tutti sono folli, ossia deliranti». Mi limito a questa citazione.

*Una parte della fenomenologia filosofica si è occupata della psicoanalisi. Anche chi procede sulla scia del pensiero di Heidegger e chi coltiva l'ermeneutica spesso ha tematizzato la psicoanalisi. Che cosa pensa di questa "appropriazione" fenomenologica della psicoanalisi?*

Anche questa la trovo troppo ampia – dunque restringerò

molto la risposta. I contributi della fenomenologia, sia sul versante clinico (in particolare per la clinica della psicosi – per esempio la *perdita dell'evidenza naturale* di cui parla Blankenburg), sia sul versante filosofico (si pensi alla questione dell'evento di Heidegger – ma siamo sicuri di poterlo considerare parte della fenomenologia?), sono stati, e possono ancora esserlo, preziosi per la psicoanalisi.

Allo stesso tempo, a proposito dell'osso della psicoanalisi – e di un'analisi – cioè la causa, il trauma, il reale, non è andando a scuola dalla fenomenologia che la psicoanalisi potrà imparare qualcosa di decisivo.

Per quanto riguarda l'ermeneutica bisogna essere chiari. Per Lacan la psicoanalisi non è una pratica del senso, ma del significante e del reale, dunque di svezzamento dal senso e di frequentazione del fuori senso. Qui mi premono due precisazioni. La prima. C'è più differenza tra la psicoanalisi lacaniana e altre declinazioni della stessa psicoanalisi, che tra queste stesse declinazioni e la maggior parte delle forme di psicoterapia. Pertanto, il taglio netto tra psicoanalisi ed ermeneutica vale per la psicoanalisi di Lacan, non per altre versioni della psicoanalisi.

Per fare un esempio, se si legge il testo curato da Antonino Ferro *La clinica psicoanalitica oggi* (che per inciso è ricco di spunti di grande interesse), testo che fotografa con nitidezza una fetta importante della psicoanalisi non lacaniana, si nota che la psicoanalisi è sostanzialmente una declinazione dell'ermeneutica. Con una distinzione, però, e vengo così alla seconda precisazione. Gran parte del movimento psicoanalitico (e non solo, tra l'altro) afferma un al di là o al di qua del senso, dunque che la psicoanalisi non è riducibile a una pratica del senso (a un'ermeneutica). Dove individua questo fuori senso? Nelle sensazioni, nelle emozioni, nell'autenticità, nella realtà materiale del corpo – sostenendo così la necessità di introdurre tutto ciò nella pratica psicoanalitica e facendo del transfert/controtransfert il luogo deputato a farlo.

Questo modo di trattare il fuori senso si chiama per Lacan

*immaginario*. Sta qui il punto decisivo – il modo in cui viene trattato il fuori senso. Ci sono delle declinazioni della psicoanalisi che neanche lo concepiscono, il fuori senso. Altre declinazioni della psicoanalisi lo concepiscono – la fenomenologia aiuta molto in questo, dunque aiuta a cogliere un al di qua dell'ermeneutica – e lo trattano come immaginario e con l'immaginario, cioè con le sensazioni. Lacan pensa che il fuori senso sia dell'ordine del reale, cioè della ripetizione dell'urto del linguaggio, del farsi corpo di questo urto.

Per concludere. La differenza radicale tra la psicoanalisi lacaniana e le altre declinazioni della psicoanalisi non sta tanto nel fatto che queste sono riassorbite nell'alveo dell'ermeneutica, ma sta nel come si intende e maneggia quel che sta al di fuori di questo alveo.

*A partire da Popper, si è sviluppata nel corso dei decenni una corrente di critica radicale della psicoanalisi, che ne nega la plausibilità scientifica assimilandola a una mitologia, e contesta la validità della pratica analitica. Come si pone in questo dibattito, se in qualche modo vi si pone?*

Credo che il rapporto tra psicoanalisi e scienza venga fotografato da Lacan in questo passaggio del *Seminario XIX*: «Il discorso analitico non è un discorso scientifico, ma un discorso al quale la scienza fornisce il materiale». Lo terrei ben presente.

*Trova importante che la psicoanalisi oggi dialoghi con il sapere biologico (scienze dell'evoluzione, neuroscienze) e con le scienze in generale?*

La psicoanalisi deve stare in movimento, possibilmente come un felino. In questo modo può fare dei buoni incontri – anche con il sapere biologico. Per fare dei buoni incontri è necessario non correre dietro a nessuno.

*Oggi la psicoanalisi si confronta con psicoterapie e teorie rivali – la psicoterapia comportamentale e/o cognitiva, la psicoterapia sistemica-relazionale, e svariati altri tipi di cure. Come situarla in relazione a queste? E in particolare, possiamo dire che la psicoanalisi sia una psicoterapia, e se sì, in che senso?*

Fare un'analisi è fare l'esperienza dell'incurabilità del sintomo. Questo viene spesso inteso in termini cupi, pessimisti, si parla di accettazione del sintomo, finanche di rassegnazione. Non credo si tratti di questo, nell'incurabilità di cui parla Lacan. La metterei così: fare l'esperienza dell'*incurabilità* del sintomo è fare l'esperienza della *gioia* del sintomo – certo gioia è un termine problematico, ma vale la pena correre il rischio di qualche equivoco e tenere un po' presente, sullo sfondo, Spinoza.

Possiamo dire che da un lato fare l'esperienza dell'incurabilità del sintomo, cioè nel corso di un'analisi la lunga esperienza che il *non va* del sintomo si ripete *senza sosta*, è propedeutico al compiere una torsione sul sintomo, un'estrazione dal sintomo della sua soddisfazione, della sua gioia.

Dall'altro lato fare l'esperienza dell'incurabilità del sintomo significa fare l'esperienza che anche una volta compiuta questa operazione, estratta la soddisfazione dal sintomo, questa soddisfazione rimane sintomo, cioè qualcosa di fisso e ripetuto.

A mio avviso la psicoanalisi dovrebbe insistere e far valere questa particolarità della sua pratica invece di confrontarsi con le psicoterapie in termini di efficacia.

Tuttavia credo abbia da dire qualche cosa anche su questo terreno. L'efficacia terapeutica cioè la capacità di togliere il sintomo, che in alcuni casi ha il farmaco e in altri, non così frequenti, la psicoterapia (alcune sue declinazioni) è spesso un ottima cosa. Ci sono dei però. A volte togliere il sintomo produce dei disastri soggettivi – ad esempio a volte togliere il sintomo anoressico può determinare uno scompenso psicotico. Ma non è questo il punto. I punti decisivi sono a mio avviso due.

Il primo. Curare il sintomo senza passare per la sua incurabilità espone il paziente ai ripetuti ritorni di altre declinazioni del sintomo. Il secondo. Curare il sintomo senza passare per la sua incurabilità, cioè per quel che lo causa – il reale che lo causa, diremmo con Lacan – costringe il paziente a passare il resto della vita a controllare questa causa per fare in modo che non torni a manifestarsi con un sintomo, cosa che, oltre a esporre a numerosi fallimenti, costringe a una fatica enorme, fino al punto di dedicare la vita, sacrificare la vita, affinché il reale della vita non si faccia sentire.

La psicoanalisi nel rapporto con le psicoterapie può far sentire questi due punti, oltre che la propria particolarità, di cui abbiamo parlato prima.

*Molti filosofi si sono interessati particolarmente al pensiero di Jacques Lacan. Che valore e che senso attribuisce al contributo* après coup *di Lacan?*

Nel *Seminario XVIII* Lacan si chiede se la psicoanalisi, per come lui la concepisce, dia l'accesso a una donna. Tra le molte cose, adesso, isolerei questa faccenda come lascito di Lacan, il quale dunque ci lascia "una battaglia". La femminilità, cioè il godimento femminile, il godimento di una donna, non tanto come godimento al di là del perimetro fallico, della misura fallica (maschile), ma il godimento femminile, il godimento di una donna, come godimento in sé, come godimento costantemente in atto, dunque sempre soddisfatto, mancante di niente. Come fare con questo godimento? Come accedere a questo godimento? Come frequentarlo nella pratica analitica e dunque nella vita? Questa è la battaglia che ci lascia Lacan!

## RICCARDO PANATTONI

*Che cosa, della psicoanalisi, la interessa oggi da una prospettiva filosofica, e perché?*

Non credo si tratti di un vero e proprio interesse, quanto piuttosto di una necessità. Sebbene la filosofia possa ritrovare all'interno della propria tradizione riferimenti riconducibili ai presupposti inerenti alla psicoanalisi, è con la formalizzazione freudiana che questi hanno preso una loro struttura irreversibile. Se la filosofia non può che parlare il proprio tempo, attraversandolo in tutta la portata della sua inattualità, questo non la può esimere dal confronto con il discorso psicoanalitico. D'altronde la filosofia, dopo la formalizzazione del concetto di inconscio da parte di Freud, non è più stata la stessa, pur avendo mantenuto la sua perfetta continuità.

È sulla necessità di questo scarto costitutivo che dovrebbe poi nascere l'interesse da parte della filosofia verso la psicoanalisi. Al filosofo, infatti, la clinica psicoanalitica offre l'opportunità d'incontrare processi di soggettivazione che riguardano direttamente il suo sapere, attraverso la narrazione di casi presentati nella loro inaggirabile singolarità; al contempo può cogliere il sapere psicoanalitico esattamente sulla soglia in cui è chiamato ad avventurarsi – in termini inevitabilmente filosofici – nella formulazione di un discorso comune, di un sapere condiviso. Diciamo che filosofia e psicoanalisi si trovano nello stesso campo trascendentale in cui la singolarità di una vita si declina nel tratto comune della propria impersonalità.

*Quale contributo filosofico alla psicoanalisi considera tra i più significativi, almeno per il suo approccio alla psicoanalisi?*

Ho sempre trovato difficile fare delle scelte, dichiarare delle priorità, credo siano tutte quante nell'ordine dell'invenzione, portino cioè in sé i segni inevitabili della contingenza. Ritengo tuttavia che il filosofo che maggiormente abbia delineato il rapporto costitutivo tra la singolarità della vita e il suo tratto impersonale, che abbia fatto dell'impersonale il carattere peculiare della singolarità di ogni vita, sia stato Gilles Deleuze. Mi sembra quindi di poter indicare il suo lavoro come l'accostamento più efficace tra filosofia e psicoanalisi. Si tratta tuttavia soltanto di un accostamento, perché ciò che conta effettivamente non sono tanto le dirette convergenze tra la filosofia e la psicoanalisi, quanto il proliferare tra di loro di reali sintesi disgiuntive. È proprio da questa continua tensione tra le pratiche delle loro differenti forme di sapere, dal loro continuo incrociarsi per separarsi, che si viene a determinare un comune campo d'interesse.

Un altro aspetto importante, almeno dal punto di vista filosofico, è cogliere come all'interno di questo campo comune risieda anche la clinica. Nel senso che abbiamo formulazioni filosofiche che potrebbero incidere in ambito clinico, come ad esempio il concetto deleuziano di virtuale o quello di nonvissuto elaborato da Giorgio Agamben, un altro autore il cui pensiero ritengo offra interessanti opportunità per il sapere psicoanalitico.

Rimane comunque essenziale sottolineare come il tratto peculiare tra filosofia e psicoanalisi non siano le possibili convergenze, quanto piuttosto le effettive unità divergenti.

*A parte Freud, c'è qualche altro psicoanalista a suo parere capace di stimolare una proficua riflessione filosofica sulla psicoanalisi?*

Penso che sia superflua, o almeno del tutto inessenziale,

una riflessione filosofica sulla psicoanalisi. Mentre trovo di estremo interesse – per il sapere filosofico – attraversare con continuità letture di ambito psicoanalitico, le più variegate possibile, dai classici agli autori viventi, perché le sollecitazioni incontrate possono rivelarsi determinanti, se non indispensabili.

Non credo tuttavia che sia possibile, per l'esercizio del pensiero, tener conto di tutta la produzione di un autore, e mi fanno paura – come direbbe Gilles Deleuze – coloro che si ritengono in grado di tenere insieme il senso portante, unitario, della produzione complessiva di un autore. Rimangono piuttosto per me d'interesse alcune singole configurazioni che, all'interno della continuità con cui porto avanti le letture, non smettono di sollecitarmi, come ad esempio il "registro del reale" o l'"oggetto piccolo a" in Lacan, la "funzione alfa" in Bion o l'"oggetto transizionale" in Winnicott.

Trovo inoltre molte sollecitazioni nei lavori di Pierre Fédida, anche in questo caso non in tutto – anzi, molte volte la lettura si presenta controversa; tuttavia i riferimenti al visivo che vi si incontrano, magari accostandoli ai lavori di Georges Didi-Huberman, sono pieni di rimandi interessanti. Passaggi che richiedono sempre un approfondimento riflessivo: una linea di fuga verso la particolarità di un'espressione filosofica.

*Possiamo chiederle se ha avuto un percorso psicoanalitico, e se esercita come psicoanalista? In ogni caso, come vede quel che accade nella pratica clinica analitica? Ovvero, che cosa veramente accade in una cura?*

Ho avuto un percorso psicoanalitico soltanto durante la mia giovinezza, non particolarmente lungo, ma per me fondamentale, di grande aiuto. Credo sia rimasto come sfondo della mia ammirazione mitica per la pratica psicoanalitica.

Più che pensare tuttavia a che cosa accada veramente in un ambito di cura, che mi pare si presenti del tutto inenarrabile, è forse più interessante soffermarsi sulla constatazione che la cosa più essenziale che avviene all'interno del setting, il suo evento, sia piuttosto dell'ordine di ciò che "non-accade", di ciò che "non-accade" nonostante tutto. È proprio nel modo del suo "non-avvenire" che ritengo giunga a determinazione l'incontro psicoanalitico. Ciò che quindi mi affascina della pratica clinica a orientamento psicoanalitico è che si è posti di fronte all'ordine della singolarità dell'incontro e non alla continuità della relazione. In fondo tra analista e analizzando o analizzanda si instaura un rapporto incentrato sulla ricerca reciproca di una forma d'amore che permetta a entrambi di potersi lasciare.

*Nietzsche e Freud. Quest'ultimo ammise di non aver mai veramente letto l'opera del filosofo, perché temeva di scoprire, tra le sue pagine, intuizioni anticipatrici del proprio lavoro. Come vede il rapporto tra i due?*

Non vedo alcun rapporto reale. Si tratta di un riferimento emblematico di quello che ho detto precedentemente del campo comune che si istituisce tra filosofia e psicoanalisi. Le evidenti convergenze riscontrabili sono in realtà l'opportunità per attraversare in modo essenziale delle sintesi disgiuntive tra i due autori. La formalizzazione freudiana è infatti del tutto avulsa dalla determinazione filosofica nietzschiana, eppure, proprio grazie a questa consapevolezza data a noi lettori attivi di questo campo trascendentale, diviene possibile cogliere come nel corpo delle loro opere riecheggino inaspettati punti di convergenza destinati a orizzonti del tutto differenti.

*Sin dagli inizi della psicoanalisi, con Fenichel, Bernfeld, Reich, Fromm e altri, si è sviluppato un filone freudo-marxista sia tra gli analisti sia tra i filosofi, ancora fiorente. Come va pensato, oggi, il rapporto tra Marx, marxisti e psicoanalisi?*

Storicamente.

*Crede che la psicoanalisi possa essere uno strumento utile per interpretare i fenomeni politici, sociali e di costume contemporanei? In particolare, le differenze di genere, il processo emancipativo delle donne e di persone con orientamenti sessuali non ortodossi? E se sì, secondo quale chiave?*

È una domanda difficile. Credo che anche in questo caso si instauri una tensione tra filosofia e psicoanalisi. Nel momento in cui la pratica psicoanalitica esce dal setting di cura, che rimane ovviamente a valenza singolare, e si fa discorso, addirittura discorso pubblico, non può che scivolare necessariamente nell'ambito del discorso filosofico, non può che farsi filosofia.

Bisognerebbe tuttavia chiedersi perché oggi, all'interno dell'ambito pubblico, un discorso a matrice psicoanalitica riesca a trovare un particolare ascolto. Credo che in parte ciò si spieghi con il fascino generato dall'idea che la sua parola trovi origine nel segreto, lì dove ognuno, senza saperne nulla, si trova in gioco con il tratto singolare della propria verità. È da questo riferimento alla singolarità che il discorso psicoanalitico trae la forza per un discorso pubblico; da questa sua capacità intrinseca, anche se del tutto filosofica e in un certo senso estranea alla propria specificità, di tenere insieme il singolare con l'impersonale.

Questo deve comunque suonare come un monito per la filosofia, che può invece ancora correre il rischio di scivolare in tentativi di universalizzazione. Errore che non dovrebbe più essere percorribile proprio grazie alla presenza ormai irraggiungibile del sapere psicoanalitico. Il nucleo unitario tra psicoanalisi e filosofia, nelle loro imprescindibili disgiunzioni, risiede infatti proprio qui, nell'accenno di penetrazione del discorso filosofico nell'ambito della cura e di quello psicoanalitico nell'ambito pubblico, lasciando che entrambi i discorsi, nella loro irriducibilità dell'uno all'altro, rimangano reciprocamente fecondati nella struttura simbolica delle loro specifiche declinazioni.

Sarebbe poi importante capire, rispetto alla predisposizione verso la presa di parola nell'ambito pubblico (anche se in questo caso è forse più corretto dire nell'ambito sociale) da parte della psicoanalisi, se questa predisposizione nasca dalla presenza all'interno del proprio discorso di un'istanza impersonale, di stampo filosofico, o non piuttosto dalla formazione ormai quasi esclusivamente psicologica della maggior parte degli psicoanalisti. Ritengo che affrontare questa distinzione potrebbe avere una parte essenziale nel campo comune che filosofia e psicoanalisi creano tra di loro, accettando consapevolmente l'avversione sistematica che il sapere psicologico agisce nei confronti del sapere filosofico.

*Una parte della fenomenologia filosofica si è occupata della psicoanalisi. Anche chi procede sulla scia del pensiero di Heidegger e chi coltiva l'ermeneutica spesso ha tematizzato la psicoanalisi. Che cosa pensa di questa "appropriazione" fenomenologica della psicoanalisi?*

Come ho già avuto modo di dire, ritengo sia del tutto ininfluente che la filosofia, tanto più se di matrice fenomenologica, faccia della psicoanalisi un proprio oggetto di studio. La questione più urgente è piuttosto come il sapere filosofico si lasci "affettare", "contaminare", dal sapere psicoanalitico e da questo trasformare, senza tuttavia alterarne la particolarità, la propria linea di fuga. Ogni tipo di appropriazione filosofica della psicoanalisi non può quindi che risultare un'appropriazione indebita.

Per quanto riguarda invece l'ermeneutica, credo sia un bene per la filosofia, e anche per la psicoanalisi, smettere di coltivarla e al limite orientarsi unicamente a studiarla come processo storico. Questo potrebbe aiutare a farla finita, una volta per tutte, con ogni pretesa di semplice tematizzazione.

La filosofia è in realtà una creazione continua di concetti, sempre gli stessi, rispetto ai quali si mantiene in un continuo movimento rizomatico di intensificazione e regressione. Credo sia proprio questo ciò che può interessare maggiormente la pratica psicoanalitica.

*A partire da Popper, si è sviluppata nel corso dei decenni una corrente di critica radicale della psicoanalisi, che ne nega la plausibilità scientifica assimilandola a una mitologia, e contesta la validità della pratica analitica. Come si pone in questo dibattito, se in qualche modo vi si pone?*

Mi sembra che niente quanto la plausibilità scientifica abbia una matrice di origine mitica. Quindi non mi preoccuperei troppo di questo tipo di critica, anzi direi che può essere accolta come un rinforzo rispetto alla necessità di mantenere attivo il comune campo trascendentale tra filosofia e psicoanalisi. Dovrebbe infatti essere accolta come costitutiva da parte da entrambi i saperi la non necessità, per la validità del proprio discorso, di ogni tipo di statuto di scientificità.

*Trova importante che la psicoanalisi oggi dialoghi con il sapere biologico (scienze dell'evoluzione, neuroscienze) e con le scienze in generale?*

Anche in questo caso non credo si tratti di una vera e propria libera scelta. Mi sembrerebbe strano che la psicoanalisi, così come la filosofia, non si confrontasse con la circolarità dei saperi che il proprio tempo porta maggiormente a focalizzazione. Quanto poi questo interesse imprima la possibilità di creare campi comuni, di dare origine a sintesi disgiuntive dei discorsi, permetta ai saperi di trovare nuove vie di fuga verso le proprie specificità, è carico di una problematicità e di una differenziazione che qui ovviamente non possiamo affrontare.

*Oggi la psicoanalisi si confronta con psicoterapie e teorie rivali – la psicoterapia comportamentale e/o cognitiva, la psicoterapia sistemica-relazionale, e svariati altri tipi di cure. Come situarla in relazione a queste? E in particolare, possiamo dire che la psicoanalisi sia una psicoterapia, e se sì, in che senso?*

Come dicevo prima, la preponderante formazione psicologica, almeno in Italia, della maggior parte degli psicoanalisti (requisito oltretutto destinato, grazie alla legge Ossicini, inevitabilmente ad aumentare), renderà sempre più difficile operare una netta distinzione tra la psicoanalisi e la psicoterapia.

Anche in questo caso, ritengo che il campo comune tra filosofia e psicoanalisi possa avere una parte essenziale all'interno di questo problema. Mi sembra che soltanto mantenendo l'istanza impersonale, filosofica, del proprio discorso, la psicoanalisi possa trovare l'istanza che la mantiene irriducibile alla propria possibile declinazione psicoterapeutica. Allo stesso tempo, l'interesse filosofico non potrà che continuare a rivolgersi proprio a ciò che della clinica psicoanalitica rimane di irriducibile a ogni forma di psicoterapia.

*Molti filosofi si sono interessati particolarmente al pensiero di Jacques Lacan. Che valore e che senso attribuisce al contributo* après coup *di Lacan?*

L'antifilosofia di Jacques Lacan, come ha magistralmente messo in evidenza Alain Badiou, è una continua sollecitazione alla riflessione filosofica. Il contributo straordinario del suo lavoro consiste per me in particolare nel modo in cui il suo percorso, nella continua variabilità intensiva sui tre registri, permette alla riflessione filosofica di giungere a quello che sarei tentato di definire un "neostrutturalismo iconologico". Riferimento che apre alla necessità di un ripensamento dell'esperienza comune, impersonale, del concetto di "virtuale". Tuttavia, rispetto alla questione posta da questa intervista, si aprirebbe qui tutta un'altra storia.

## Rocco Ronchi

*Che cosa, della psicoanalisi, la interessa oggi da una prospettiva filosofica, e perché?*

La psicoanalisi rappresenta un "colpo di sonda" nell'oceano dell'esperienza alla ricerca del suo fondamento. Bergson ha usato, una volta, questa immagine per spiegare che cosa fosse la sua "intuizione". I concetti metapsicologici, primo fra tutti quello di "inconscio", sono allora gli effetti di quel colpo, come le onde concentriche che si tracciano sul mare o i detriti che emergono. Attraverso essi è possibile congetturare sulla natura del fondamento *inconcussum*. Del fondamento sono infatti dei "resti" che vanno interpretati. Sono resti del solo "fatto" che interessa al filosofo speculativo. Un "fatto" che è in realtà un "atto puro". Per me la psicoanalisi prosegue insomma l'operazione condotta da Descartes nella seconda meditazione. La psicoanalisi come teoria sistematica del soggetto, la psicoanalisi come scienza umana, mi sembra invece una costruzione metafisica, insomma, analoga alla teologia razionale elaborata faticosamente da Cartesio nella terza meditazione, dopo aver intuito, grazie a un memorabile colpo di sonda, la "mostruosa" immanenza a sé della coscienza (la *causa sui*), ed essersene ritratto spaventato.

*Quale contributo filosofico alla psicoanalisi considera tra i più significativi, almeno per il suo approccio alla psicoanalisi?*

Indico ovviamente quelli che per me sono stati i più significativi: la riflessione di una certa fenomenologia radicale sullo statuto della auto-affezione; penso a Michel Henry, ad esempio, ma anche al primo Sartre che si interroga sul campo trascendentale impersonale, senza polo-ego; e ancora: le formalizzazioni di Matte Blanco sull'inconscio come infinito in atto; la desostanzializzazione dell'inconscio e la sua assimilazione al processo reale operata da Deleuze e Guattari in *Capitalismo e schizofrenia*. Escludo dalla lista invece Badiou, che pone la psicoanalisi in rotta di collisione con la filosofia speculativa.

*A parte Freud, c'è qualche altro psicoanalista a suo parere capace di stimolare una proficua riflessione filosofica sulla psicoanalisi?*

Non ho particolari competenze, ma ho imparato moltissimo dalla insistenza lacaniana sul "reale" e dalla ostinazione con cui Lacan difende la "causa" dell'inconscio freudiano. Intendo questa espressione, "la causa dell'inconscio", non metaforicamente. Che l'inconscio sia *causa* e che il problema ultimo della psicoanalisi sia il problema della *causa* è quanto rende la psicoanalisi filosoficamente inaggirabile. Poi segnalo ancora Matte Blanco, per le ragioni già dette, e le formidabili ricerche di Abraham e Torok. Quello che dicono sull'anasemia della concettualità metapsicologica e sulla transfenomenicità della analisi mostra, guardando la cosa dal versante psicoanalitico, il carattere speculativo della psicoanalisi. Essa è veramente un colpo di sonda nell'immanenza assoluta, un empirismo radicale.

*Possiamo chiederle se ha avuto un percorso psicoanalitico, e se esercita come psicoanalista? In ogni caso, come vede quel che accade nella pratica clinica analitica? Ovvero, che cosa veramente accade in una cura?*

No. Non posso rispondere alla domanda, perché quel "veramente" implica che nella cura reale accada qualcosa che allo sguardo meramente teoretico rimane inaccessibile.

*Nietzsche e Freud. Quest'ultimo ammise di non aver mai veramente letto l'opera del filosofo, perché temeva di scoprire, tra le sue pagine, intuizioni anticipatrici del proprio lavoro. Come vede il rapporto tra i due?*

Il rapporto Nietzsche-Freud, al di là delle analogie superficiali (che ci sono sempre tra intellettuali che condividono sostanzialmente la stessa temperie culturale: e perché non Freud e Schopenhauer o Freud e Wittgenstein, allora?), concerne sul piano metafisico la questione della potenza. In entrambi si pone un problema modale. Che tipo di potenza è la potenza della "volontà di potenza"? Che potenza è la potenza della pulsione? Cosa significa per un soggetto reale essere attraversato dalla potenza del *Wille zur Macht* o dalla potenza della pulsione? Che cosa resta della libertà quando la potenza è sovrana e come immaginare o come procurare una liberazione, cioè una trasformazione del soggetto che dia piacere? Il rapporto Nietzsche-Freud ha in Spinoza il suo *tertium comparationis* perché queste sono le loro domande. Spinoza infatti risolve definitivamente l'essenza nella potenza, dissolvendo ogni superstizione intorno al potere come facoltà. Freud e Nietzsche assumono intergralmente l'ipotesi spinoziana: la potenza non è predicato ma è soggetto e *non può non* esercitarsi. Non ci sono nel reale vacanze del potere.

*Sin dagli inizi della psicoanalisi, con Fenichel, Bernfeld, Reich, Fromm e altri, si è sviluppato un filone freudo-marxista sia tra gli analisti sia tra i filosofi, ancora fiorente. Come va pensato, oggi, il rapporto tra Marx, marxisti e psicoanalisi?*

Come appare un po' confusamente in Lacan, il nesso Marx-Freud passa oggi attraverso una messa in questione del "dogma centrale" della teoria economica marxista: la teoria ricardiana del valore-lavoro. Lacan – ripeto: in modo confuso e aurorale – ha intravisto che non era più sostenibile. Il plusvalore non si estrae dal lavoro vivo, ma da qualcosa d'altro che Lacan chiama "godimento" (e che ha che fare, in ultima analisi, con la differenza specifica del vivente: il sesso e la morte). Oggi, vale a dire nel tempo dell'automazione, ne abbiamo la conferma empirica: il consumo produce valore, mentre il lavoro umano tende a sparire. Si capisce subito che non hanno più alcun futuro le teorie umanistiche alle quali il giovane Marx come il primo Lacan erano molto affezionati. Si può parlare di alienazione, reificazione, contraddizione capitale-lavoro, finché il lavoro esiste ed è fonte del valore, ma, declinando il lavoro, queste espressioni perdono di significato. Il problema si sposta: ciò che va liberato non è più il lavoro, ma il consumo. La contraddizione è semmai tra l'appropriazione capitalistica e il consumo generalizzato. Questo è stato compreso da Deleuze e Guattari (e, prima di loro, da Bataille), i quali, non a caso, lo hanno scritto in un libro contro la psicoanalisi freudiana e lacaniana (standard).

*Crede che la psicoanalisi possa essere uno strumento utile per interpretare i fenomeni politici, sociali e di costume contemporanei? In particolare, le differenze di genere, il processo emancipativo delle donne e di persone con orientamenti sessuali non ortodossi? E se sì, secondo quale chiave?*

Sì. La chiave, secondo me, è un certo modo di intendere la ragione della presenza della psicoanalisi nella coscienza collettiva. Io credo che la psicoanalisi sia infatti un discorso nel quale un fatto macroscopico, confusamente avvertito, che qualifica il presente e che tocca tutti, ottiene una prima tematizzazione: *la differenza sessuale è un carattere recessivo sul piano evolutivo.* La psicoanalisi è allora lo strumento più adeguato per pensare un "desiderio" non più o non solo legato al sesso biologicamente inteso. Con ciò la psicoanalisi non smarca affatto l'essere umano dal dominio della "natura", come credono ancora gli psicoanalisti "umanisti", ma pensa ancora più radicalmente la "natura", restando fedele al suo reale processo evolutivo. La psicoanalisi sa da sempre che la natura non tende all'"uomo" (maschio, bianco, adulto, eterosessuale) come alla sua più compiuta realizzazione. Non le è stata, del resto, da sempre rimproverata una immorale indifferenza ai "valori" umani, cioè ai valori del maschio, bianco, adulto ecc...? Ma questa sua indifferenza ai valori è il segno della sua fedeltà alla vita (alla sua potenza).

*Una parte della fenomenologia filosofica si è occupata della psicoanalisi. Anche chi procede sulla scia del pensiero di Heidegger e chi coltiva l'ermeneutica spesso ha tematizzato la psicoanalisi. Che cosa pensa di questa "appropriazione" fenomenologica della psicoanalisi?*

La fenomenologia non si è "appropriata" della psicoanalisi. I fenomenologi più coerenti con il progetto della fenomenologia (andare alle "cose stesse") si sono resi semplicemente conto che il problema della fenomenologia, in quanto filosofia prima, era lo stesso della psicoanalisi. Il problema è il soggetto: l'*ego sum, ego existo* di Cartesio. Come è fatto questo soggetto e, soprattutto, "chi" è? Portata al cospetto della psicoanalisi, la fenomenologia si è resa conto che non poteva mantenere la sua idea di soggetto. L'intenzionalità andava infatti in crisi. Portata al cospetto della idea di "fenomeno" della fenomenologia, la psicoanalisi ha scoperto che doveva collocare il proprio soggetto, l'inconscio, in un ambito transfenomenico. La fenomenologia radicale come la psicoanalisi non metafisica si pongono, in definitiva, la stessa domanda: come pensare il soggetto "al di qua" dell'intenzionalità? "Chi" è che pensa e "chi" è che è certo incondizionatamente del suo essere? È evidente che la risposta psicoanalitica a questa domanda, se è presa alla lettera, è ancora una non risposta (o è solo l'indicazione del problema). L'*in*conscio o l'Altro non sono infatti risposte. Queste risposte procedono per *via negationis*, apofaticamente. Dicono ciò che il soggetto non può essere: non può essere autocoscienza, non può essere identità e non può essere relazione. Il problema per fenomenologia e psicoanalisi resta insomma ancora il vecchio problema della "coscienza", ma di una coscienza coestesa ora alla natura, una coscienza che non ha "fuori" alcuno, irrelata, una coscienza-orizzonte entro la quale ha luogo ogni "donazione".

*A partire da Popper, si è sviluppata nel corso dei decenni una corrente di critica radicale della psicoanalisi, che ne nega la plausibilità scientifica assimilandola a una mitologia, e contesta la validità della pratica analitica. Come si pone in questo dibattito, se in qualche modo vi si pone?*

Sul piano del metodo scientifico, Popper ha ragione. Non è scientifico ciò che non è falsificabile. Questo non tocca però la filosofia speculativa, la quale fa della falsificabilità portata fino all'estremo il metodo per raggiungere l'assolutamente non falsificabile. L'ultimo non falsificabile non è sullo stesso piano di quanto è passibile di falsificazione sulla via della conoscenza empirica. Cartesio lo ha mostrato in modo definitivo: *ego sum, ego existo* non è falsificabile perché la sua falsificazione lo attesta. Per la psicoanalisi, che, chissà perché, ama professarsi anticartesiana, quella di Cartesio è un'ovvietà presupposta a tutte le sue operazioni: l'"inconscio" è sempre in atto, non è una potenza che si può esercitare o meno, non è qualcosa di cui un soggetto dispone. L'inconscio è causa e la causa è in atto. Il soggetto ne è un effetto. Non si può falsificare l'inconscio, perché è l'inconscio la "potenza del falso".

*Trova importante che la psicoanalisi oggi dialoghi con il sapere biologico (scienze dell'evoluzione, neuroscienze) e con le scienze in generale?*

Il confronto è inevitabile. È un confronto sterile se la posta in gioco è solo quella della "fondazione" su basi "scientifiche" della psicoanalisi. È invece un confronto fecondo se si intende la psicoanalisi come una risposta allo stesso problema sollevato dai saperi scientifici. Un esempio: Matte Blanco non "mette a confronto" psicoanalisi e teoria degli insiemi. Egli ritrova piuttosto nei paradossi dell'insiemistica la stessa questione che Freud ha posto con l'inconscio-causa. Sono "resti" diversi di un "fatto" comune, che è stato fatto emergere dall'oceano dell'esperienza con differenti colpi di sonda e che è contestualizzato in interpretazioni differenti. Lo stesso può dirsi per l'uso lacaniano della topologia. Il "confronto" non è una opzione, ma una necessità connessa all'unità profonda del sapere (nient'affatto compromessa dagli specialismi, come invece si suole ripetere).

*Oggi la psicoanalisi si confronta con psicoterapie e teorie rivali – la psicoterapia comportamentale e/o cognitiva, la psicoterapia sistemica-relazionale, e svariati altri tipi di cure. Come situarla in relazione a queste? E in particolare, possiamo dire che la psicoanalisi sia una psicoterapia, e se sì, in che senso?*

Vista da un non specialista, la differenza più rilevante sta nel differente rapporto con la "relazione". Le psicoterapie hanno nella relazione il loro habitat naturale. La loro premessa metafisica è che la relazione definisce la condizione umana. Anche la psicoanalisi, quando è in esercizio come cura, non può che muoversi nell'ambito della relazione. Si va dall'analista perché si sta male con gli altri e si vorrebbe stare meglio. La psicoanalisi però nella relazione e nei suoi drammi scorge un effetto. A monte o al fondo della relazione, pone infatti un irrelato, un non rapporto, che funge da causa proprio in quanto non rapporto. È questo, credo, il sapere esoterico di ogni analista, la sua visione notturna, ciò che condivide con il teologo mistico e con il filosofo speculativo, anche se raramente lo confessa. Lacan lo ha cristallizzato in formule celebri. I comportamenti pubblici di Freud, la sua prudenza, i suoi tatticismi, sono i segni di questo "più di sapere" che esorbita il piano della relazione e porta la psicoanalisi fuori dall'orbita della terapia. In ultima istanza, la psicoanalisi non è una psicoterapia, anche se così si deve presentare al mondo e anche se così, entro contesti limitati, può e deve funzionare. L'ultimo scritto di Freud non è forse sull'interminabilità dell'analisi? E se è interminabile, a quale "soluzione" può mai portare?

*Molti filosofi si sono interessati particolarmente al pensiero di Jacques Lacan. Che valore e che senso attribuisce al contributo* après coup *di Lacan?*

Rispondo citando un passo di un mio antico articolo. Chiedo scusa, ma non saprei esprimere le ragioni del mio originario interesse per Lacan meglio di come lo dissi allora, formulando una domanda che rovescia la tesi di Badiou sull'antifilosofia di Lacan: «Tra gli studenti di filosofia circola da qualche tempo una battuta. Per fare filosofia, dicono sconsolati, bisogna "andare dai lacaniani". Da parecchi anni, nei dipartimenti universitari preposti all'insegnamento della filosofia, quando non domina incontrastata la filosofia analitica, prevale, infatti, un orientamento storiografico e filologico. Della filosofia speculativa non v'è traccia. All'estero, tranne qualche rara eccezione, le cose non vanno affatto meglio. Comprensibile è allora lo smarrimento di chi ha scelto d'iscriversi a quella strana facoltà proprio perché è stato malauguratamente preso dall'*amore* per l'*assoluto* che definisce la filosofia in quanto scienza *speculativa*. Ma perché, per ovviare a questa penuria di filosofia speculativa, bisognerebbe andare proprio "dai lacaniani"? Perché, insomma, Jacques Lacan, il quale si professava *antifilosofo*? Perché un autore che ha sempre ribadito con forza la divergenza, se non l'incommensurabilità, tra l'esercizio filosofico e quello psicanalitico?».

## Antonello Sciacchitano

*Che cosa, della psicoanalisi, la interessa oggi da una prospettiva filosofica, e perché?*

Premetto che sono uno psicoanalista prestato alla filosofia. La vita mi ha forzato ad attraversare la filosofia. Avendo incontrato la psicoanalisi nel personaggio di Jacques Lacan, quarantacinque anni fa, da allievo diligente dovetti familiarizzare con il pensiero di Hegel e Heidegger. La pratica filosofica si consolidò poi collaborando con «aut aut», rivista di cultura e filosofia fondata da Enzo Paci.

Allora da psicoanalista lacaniano – con il tempo diventato critico più del lacanismo che di Lacan – provo a rovesciare la domanda, per cogliere il desiderio: "Che cosa della filosofia interessa allo psicoanalista, oggi, e perché?" – e a questa domanda rispondo che il mio interesse per la filosofia si articola almeno a tre livelli. A livello sintattico, il significante che mi prende è "filosofia", letteralmente l'"amore per il sapere". La filosofia è una pratica epistemica come la psicoanalisi, che come lei è destinata al fallimento, amando l'uomo più ignorare che sapere.

Il sapere che la psicoanalisi ospita è difficile da amare, per la semplice ragione che è un sapere inconscio, letteralmente *un-bewusst*, "non saputo", come scriveva Heidegger nei seminari di Zollikon. Non è semplice. Come può un uomo amare una donna che non conosce? Mi dicono che succede regolarmente. Solo che, appena la conosce, smette di amarla; comincia a essergli indifferente e finisce per odiarla, magari la uccide. Per fortuna non si arriva a tanto con l'inconscio, che resta essenzialmente non saputo e lascia spazio all'amore (in psicoanalisi si chiama transfert), solo in seconda battuta all'odio o all'indifferenza verso la fine dell'analisi. A livello semantico, della filosofia mi interessa il tema dell'oggetto infinito. Sì, lo so bene. La filosofia non ama molto parlare dell'oggetto, tanto meno dell'infinito. Il tema metafisico è sempre il soggetto: in presenza, in assenza, in afanisi, in tutte le salse più o meno condite di umanesimo (modo colto per dire antropomorfismo). L'oggetto in generale, il più alto concetto della filosofia secondo Kant, è in realtà un tabù filosofico. I filosofi sembrano inibiti difronte all'oggetto; lo lasciano volentieri in mano all'uomo di scienza. Perciò da psicoanalista, partendo dal desiderio, è proprio l'argomento dell'oggetto infinito il tema che più mi interessa della filosofia.

Poi, naturalmente, per affrontare l'infinito devo tornare alla matematica. Nel retropassaggio pochi mi seguono, i filosofi meno dei colleghi. Invano tento di sedurli con riferimenti estetici: lo sguardo è nel punto all'infinito della prospettiva, là dove il soggetto è già svanito; la voce è nella combinazione infinita di onde sonore di frequenze diverse, che risuonano nella cavità vuota del soggetto; il seno è nella ripetizione imprevedibile delle poppate; la merda nella ripetizione coatta delle cagate. Ma tant'è, da Aristotele in poi per il filosofo l'oggetto infinito rimane indefinito, *apeiron*, come dire impensabile.

Obiezione: ma non sarebbe una terapia delle nevrosi, la psicoanalisi?

Per me il discorso è chiuso. La psicoanalisi *non* è una terapia medica; è una cura filosofica, cioè cura il sapere prima dell'essere. Non convoca Ippocrate con la restituzione dello stato ontologico premorboso; convoca Heidegger con la cura (*Sorge*) dell'essere dell'esserci. E questo è il terzo livello di interesse dello psicoanalista per la filosofia; dopo quello sintattico (il significante) e quello semantico (l'oggetto infinito), ecco il livello etico: la cura del *Dasein*, almeno per quel poco che la "radura" psicoanalitica circoscrive nella selva della vita attraverso un dispositivo molto particolare e pure contestato: la poltrona e il divano.

Nel passare da un livello di interesse filosofico all'altro gioca sempre una quota di impossibilità logica – Lacan direbbe di reale. A livello sintattico è l'impossibilità di esaurire assiomaticamente il campo dell'inconscio, come se in psicoanalisi valesse un analogo dell'aritmetico teorema di incompletezza di Gödel, che afferma l'esistenza di proposizioni vere ma indecidibili, cioè non dimostrabili né confutabili, se l'aritmetica è coerente. A livello semantico è l'impossibilità di rappresentare l'infinito in modo univoco con un preciso modello categorico. Ciò rende problematico individuare la forma che l'oggetto del desiderio assume nel singolo caso. Infine, a livello etico, gioca l'impossibilità generale della cura, che va di volta in volta reinventata. La psicoanalisi è una professione impossibile come educare e governare, sosteneva Freud. Tuttavia, qualcuno deve assumersi la responsabilità morale e civile di professarla. O qualche collega è pronto a dirmi che ha mai curato fino in fondo un'anoressia? Bleuler onestamente ammetteva di non aver mai dimesso dal Burghölzli uno schizofrenico guarito.

*Quale contributo filosofico alla psicoanalisi considera tra i più significativi, almeno per il suo approccio alla psicoanalisi?*

L'apporto più consistente della filosofia alla psicoanalisi, ma tuttora misconosciuto anche dagli stessi psicoanalisti, a cominciare dal primo, è per me il cartesianesimo. Intendo il cartesianesimo, non il Cartesio razionalista interpretato e tramandato dalla tradizione accademica. Cartesio – lo ricordo ai freudiani – fu un illustre sconosciuto per Freud; nella cui biblioteca, del resto, mancavano anche le opere di Galilei, Hegel e di tanti altri autori. Freud non si riteneva un pensatore o un uomo di scienza, ma un *conquistador*: conquistò il territorio inconscio. Se Freud fu cartesiano, lo fu inconsciamente. La sua intuizione cartesiana, a conclusione del suo percorso intellettuale, fu: «La psiche è estesa; di ciò non sa nulla».

Il cartesianesimo che può trovare spazio in psicoanalisi è la forma di pensiero che passa dal primato dell'ontologia, stabilito da Parmenide & Co., a quello dell'epistemologia: dal "sono, quindi so" passa al "so, quindi sono". Freud scoprì il fatto inquietante – *unheimlich* – che il sapere inconscio è saputo in modo incompleto, ma è comunque un sapere, perciò si inscrive nella corrente del pensiero cartesiano.

Grazie alla rimozione primaria, che precede ogni rimozione, il sapere inconscio non è del tutto disponibile; quindi l'essere che ne deriva è incompleto. «Anche a essere si impara», Italo Calvino fa dire a Sofronia nel *Cavaliere inesistente*. Non a caso Lacan parlava di mancanza a essere dell'essere del desiderio. Non è facile accettare questo *desêtre*, un essere più vicino all'essere dell'oggetto che del soggetto. Allora è naturale resistere all'analisi. Resistono anche gli analisti.

In sintesi, le mie pratiche, clinica e teorica, presuppongono «pressoché falso tutto ciò che non sia altro che verosimile», come dice Cartesio nel *Discorso sul metodo*. Per questa via cerco di favorire la transizione della psicoanalisi da tecnica terapeutica, di stampo medico, a pratica scientifica di falsificazione del non vero, i cui connotati per altro non sono ancora né chiari né distinti. Cosa sarà mai una scienza del sapere che non si sa di sapere? Sarà forse, la psicoanalisi, una scienza dell'ignoranza?

Insomma, il rapporto tra filosofia e psicoanalisi è conflittuale come quello tra vero e falso. Il filosofo parresiasta tiene per sé la verità. Se è idealista ritiene che «il falso non si possa opinare», come afferma Socrate nel *Teeteto*. La psicoanalisi si limita più modestamente a elaborare il falso, eventualmente per trasformarlo in meno falso, magari ripescando un po' di verità – ma non tutta – nella rimozione. Il falso è materialmente onnipresente in psicoanalisi; è il falso amore di transfert, la falsa risposta del controtransfert al transfert, i falsi ricordi, le false soddisfazioni di desiderio nel sogno, i falsi atti mancati, gli affetti corporei che sono falsi pensieri già in Spinoza, non perché privi di verità ma perché non chiari né distinti. Si può immaginare di ridurre lo iato tra filosofia e psicoanalisi indebolendo il rigido binarismo tra vero e falso. Ci provò Brouwer con la proposta intuizionista di sospendere in logica il principio del terzo escluso: tra vero e falso c'è un infinito da scavare, per esempio inventando qualche principio di compattezza, che consenta di trattare l'infinito in termini finiti, assumendo che, se una proprietà (per esempio la coerenza logica) vale per *tutti* i suoi sottoinsiemi finiti, vale anche per il loro sovrainsieme infinito.

*A parte Freud, c'è qualche altro psicoanalista a suo parere capace di stimolare una proficua riflessione filosofica sulla psicoanalisi?*

Ce n'è più d'uno, ovviamente. Però, più dei singoli psicoanalisti a me interessa la psicoanalisi, intesa come evento collettivo. I primi psicoanalisti di rilievo sono personaggi meritevoli che, oltre a prendere le distanze dall'insegnamento freudiano, innovandolo, riuscirono a sfuggire alla presa possessiva e autoritaria del patriarca della psicoanalisi.

Il principale esponente è Jung. I contributi teorici di Jung non mi scaldano più di tanto. Gli archetipi e i tipi psicologici sono un mix di filosofia e buon senso, tradotto in termini di alchimia fantastica. Più interessanti sono gli apporti junghiani alla problematica dell'individuazione e dell'inconscio collettivo. Ciò che apprezzo di Jung è, invece, il coraggio morale di aver detto a Freud quel che gli andava detto, nella lettera del 18 dicembre 1912, in merito al suo modo patriarcale di gestire il collettivo psicoanalitico.

Trovo molto vivace e parzialmente fruibile nella pratica clinica la teorizzazione di Ferenczi, tenuto conto che i suoi scritti sono attraversati da una vena di follia, passata indenne e non riconosciuta dall'analisi con Freud, da Freud interrotta per proprie ragioni sintomatiche, sfuggite all'analisi. Ferenczi valorizzò molto più di Freud il rapporto intersoggettivo in psicoanalisi.

Federn anticipò l'approccio topologico teorizzando il narcisismo attraverso le frontiere dell'Io (*Ich-Grenze*) verso l'Es, il

Super-Io e la realtà.

I contributi della Klein, di Winnicott e di Bion restano fondamentali per l'approccio oggettuale, da Freud lasciato in secondo piano. A mio parere la riflessione filosofica sulla psicoanalisi non può prescindere dalla questione dell'oggetto del desiderio. Gli autori citati sono importanti perché rilanciano la questione del controtransfert, affine a quella dell'oggetto, "dimenticata" da Freud dopo la rottura con Jung, benché diventata spinosa proprio in concomitanza con la vicenda Jung-Spielrein.

E vengo al mio maestro. Il merito principale del ritorno di Lacan a Freud è di averne ripulito il pensiero dalla pseudotermodinamica delle cariche libidiche. Certo, a quella dinamica Lacan sostituì la *linguisteria* del «significante che rappresenta il soggetto per un altro significante», formula logocentrica da dimenticare. «L'inconscio è strutturato come un linguaggio» è come dire, in parole povere, che «c'è un sapere nel reale», come Lacan stesso scrisse nella *Lettera agli italiani* del 1974.

Di Lacan restano di valore indiscutibile alcuni contributi alla psicoanalisi che cito in ordine sparso. L'identificazione della natura collettiva del tempo logico, nel saggio omonimo, che porta a riconoscere nel collettivo il soggetto dell'individuale. Il riconoscimento della natura discorsiva del legame sociale, codificata nei matemi dei quattro discorsi. I matemi della sessuazione, che liberano il soggetto dalla predestinazione anatomica e avviano un'originale analisi di genere. L'aver sganciato il transfert dalla ripetizione, interpretandolo in senso epistemico attraverso la finzione del soggetto supposto sapere. Valida soprattutto è la concezione del desiderio dell'uomo come desiderio dell'altro. Lacan è ancora freudiano nella "*a*-oggettualità". L'oggetto-*a*, inventato da Lacan come oggetto pulsionale, è un oggetto paradossale: non esiste ma produce effetti; è la causa del desiderio, che si dimostra tale solo *après coup*, secondo un modello di causalità ricorsiva, alla Simondon, che è una causalità a ritroso, tipo retroazione cibernetica.

*Possiamo chiederle se ha avuto un percorso psicoanalitico, e se esercita come psicoanalista? In ogni caso, come vede quel che accade nella pratica clinica analitica? Ovvero, che cosa veramente accade in una cura?*

Esercito come psicoanalista, senza la *o* alla francese, perché il mio percorso psicoanalitico è avvenuto interamente all'interno della vecchia EFP, l'*Ecole freudienne de Paris*. La mia vicenda psicoanalitica cominciò a Roma con l'analisi personale e si concluse a Parigi con la *passe*. Di analisi didattica non si parla nel lacanismo. Ora la mia analisi continua a Milano nella pratica clinica con gli analizzanti. Nel mio caso, sapevo genericamente delle verità edipiche e della castrazione. Sapevo che i figli maschi desiderano superare i padri e perciò temono che li castrino. Sapevo che si innamorano di figure materne, essendo fissati alla persona che li ha curati da piccoli (è il sintomo degli psicoterapeuti). Con l'analisi personale ho riconosciuto queste banalità sulla mia pelle. È la differenza che fa la differenza, diceva Bateson. Si può dire reale.

E la *passe*? La *passe* fu il rito di passaggio istruito da Lacan per accogliere testimonianze del passaggio dalla posizione di analizzante a quella di analista. Intendiamoci bene, la *passe* fu il sintomo di Lacan che, come tutti i maestri, era assillato dal problema della trasmissione del proprio insegnamento, anche per dimostrare all'IPA, che nel 1964 l'aveva "scomunicato", le proprie qualità di didatta. Sintomo individuale a parte, la *passe* fu un importante tentativo (fallimentare) di formalizzare il passaggio dall'analisi individuale alla collettiva, che preferisco chiamare *meta-analisi* nel senso di analisi *delle* analisi.

Come si svolgeva la procedura? Il *passant* – così era battezzato il giovane analista che si era da poco autorizzato come analista, per lo più ignorando cosa stava facendo – sceglieva a caso due giovani analisti dell'*École*, in transizione come lui, che erano detti *passeur*, letteralmente "battellieri" ma anche "transfrontalieri abusivi" o "spalloni". Raccontava loro come aveva avuto il coraggio di passare all'atto, mettendosi dall'altra parte del divano. Alla fine della storia una giuria stabiliva se il *passant* era passato o no, diventando *analyste d'école*. Nel mio caso non arrivò nessun verdetto; qualcosa nel collettivo di psicoanalisi si inceppò. La giuria non si riunì e dopo qualche tempo, a sedici anni dalla fondazione, l'EFP si sciolse per volontà del fondatore. Stava cominciando a capire qualcosa, Lacan? Anche lui aveva fatto la *passe*? Ci ho messo vent'anni per liquidare il transfert su Lacan e per capire che non c'è nessun analista di scuola, perché l'inconscio non va a scuola da maestri.

Oggi scruto l'orizzonte per vedere se da qualche parte sbuca un temerario cui unirmi per dar vita a un collettivo di *meta-analisi*. Giusto per prolungare la *passe*.

*Nietzsche e Freud. Quest'ultimo ammise di non aver mai veramente letto l'opera del filosofo, perché temeva di scoprire, tra le sue pagine, intuizioni anticipatrici del proprio lavoro. Come vede il rapporto tra i due?*

Nel 2014 pubblicai su «aut aut» un testo su Nietzsche e Freud. Innanzitutto vi dimostravo che, prima di essere un argomento teologico, la prova ontologica dell'esistenza di Dio, riformulata in modo logicamente inoppugnabile ma non pubblicata da K. Gödel, rappresenta il vertice dell'ontologismo. In particolare sottolineavo la dipendenza della prova dal principio del terzo escluso, escluso da L.E.J. Brouwer dalla propria logica intuizionista (1908). La sospensione del terzo escluso decostruisce finalmente il rigido binarismo dei valori di verità vero/falso della logica aristotelica, e indebolisce il connesso ontologismo dell'essere che è e del non essere che non è. La necessità filosofica anti-binaria fu già poeticamente intuita da Nietzsche con le tre metamorfosi che inaugurano il poema di Zarathustra: del cammello (servo) che dice sì, del leone (padrone) che dice no e del fanciullo che gioca per creare.

Poi dimostravo che l'eterno ritorno dell'identico, *topos* comune a Nietzsche e Freud, produce un ulteriore indebolimento ontologico, perché mina il principio di ragion sufficiente, secondo cui ogni effetto psichico deve avere a monte una causa psicologica. Se nella ripetizione dopo l'ultimo evento si torna al primo, è l'ultimo a causare il primo, che in realtà aveva già causato l'ultimo, prima di esserne stato causato. Si ricade nella causalità circolare alla Simondon.

Freud stesso, che si riconosceva come nevrotico ossessivo – il paziente che più lo preoccupava –, definì la propria coazione a pensare in modo deterministico e lineare (un effetto, una causa) un *gebieterisches Kausalbedürfnis*, un'«imperativa esigenza di causalità». Tocca a noi allargare il campo epistemico freudiano, ripartendo da Galilei, Cartesio, Nietzsche e magari qualche matematico, per indebolire il rigido eziologismo del caposcuola. Correlativamente all'indebolimento ontologico si realizza così il rinforzo epistemico dell'assetto psicoanalitico, necessario a prendere le distanze dall'invadenza medica della psicoterapia.

*Sin dagli inizi della psicoanalisi, con Fenichel, Bernfeld, Reich, Fromm e altri, si è sviluppato un filone freudo-marxista sia tra gli analisti sia tra i filosofi, ancora fiorente. Come va pensato, oggi, il rapporto tra Marx, marxisti e psicoanalisi?*

Il freudo-marxismo ha fatto la stessa fine del marxismo. È finito, più per la fine del marxismo che del freudismo, comunque agonizzante nel letto della psicoterapia.

Marx fu un idealista hegeliano che si spacciava per materialista storico, come se la materia potesse avere una storia diversa dalla cosmologia. Non capì molto del fenomeno culturale della tecnica, avvenuto qualche milione di anni fa, molto prima dell'entrata in scena di *Homo sapiens*. Ignorava che la tecnologia non è una caratteristica specifica dell'uomo. Tuttora gli scimpanzé producono e si tramandano manufatti per acquisire cibo. Secondo Simondon, Marx non colse il fatto essenziale dell'innovazione tecnica: le cause dell'invenzione tecnica non provengono dal passato; non sono neppure solo nel presente come condizioni materiali di produzione, ma provengono dal futuro. Un oggetto sarà stato "tecnico" – al futuro anteriore – se l'assemblaggio dei suoi elementi si sarà dimostrato adatto allo scopo, un destino che prescinde sostanzialmente dalla scienza.

C'è poi il riferimento collettivo da considerare, essendo sia la scienza sia la tecnica fenomeni originariamente collettivi. Gli autori citati nella domanda – e in Italia andrebbe aggiunto Elvio Fachinelli, il quale da freudiano sapeva bene che «il modo meglio codificato di appagare il desiderio del gruppo è di incarnarlo nella figura del leader» –, avevano presenti i problemi della collettività del loro tempo, cui Freud diede risposte solo in parte pertinenti e non esaurienti, essendo rimasto fissato alla dimensione individualistica della identificazione al patriarca primordiale.

Il riferimento a Marx – maestro del sospetto con Freud e Nietzsche, secondo Ricoeur – non portò all'atteso superamento dell'individualismo freudiano. Ci volle un secolo dalla rivoluzione d'ottobre per capire che anche il comunismo aveva a che fare con lo stesso soggetto collettivo prodotto dall'identificazione individuale al *Führer*, prevista da Freud nelle chiese e negli eserciti. Nell'ultima lezione, la XXXV, sulla concezione del mondo, Freud si lamentava di non aver studiato a fondo Marx, non più di quel tanto che gli consentiva di riconoscerlo poco materialista e molto hegeliano. E finiva: «Benché il marxismo abbia senza pietà fatto piazza pulita di tutti i sistemi e illusioni idealistici, ha a sua volta sviluppato illusioni non meno discutibili e indimostrabili delle precedenti».

Anche Lacan flirtò con il marxismo. Scarsi i risultati. Rinominò *plusgodere* l'oggetto-*a* sul calco di *plusvalore*. Rovesciando il discorso del padrone, inventò il discorso capitalista, "senza padrone" ma con consumi a gogò. Lacan sfruttò la moda marxiana per far passare la propria dottrina.

*Crede che la psicoanalisi possa essere uno strumento utile per interpretare i fenomeni politici, sociali e di costume contemporanei? E se sì, secondo quale chiave?*

La mia risposta, che amplia e precisa la precedente, è un sì condizionato. La psicoanalisi può essere uno strumento molto utile per capire i fenomeni politici e sociali di oggi a patto di uscire dal freudismo. Cosa intendo dire? Con freudismo intendo la formattazione prescientifica che Freud diede alla teoria della psicoanalisi sotto forma dell'aristotelico *scire per causas*. Questo freudismo è un antropomorfismo. A livello individuale si esprime nella metapsicologia pulsionale, con le connesse topiche, dove ogni effetto psichico è generato da una causa psichica: la pulsione o la contro-pulsione, cioè la rimozione. L'aristotelismo freudiano si esprime nel concepire le cause psichiche come un piccolo uomo dentro l'uomo. Si chiama petizione di principio.

C'è poi la versione collettiva del freudismo: è l'interpretazione delle masse come insiemi di individui identificati allo stesso *Führer* sul modello della chiesa e dell'esercito. Due masse con la stessa identificazione sono per Freud qualitativamente indistinguibili. Tanto basta per dire la povertà della psicologia sociale proposta dal freudismo.

Nel freudismo è sempre all'opera un *homunculus* – nel caso collettivo il *Führer* dell'identificazione – che dirige l'agire dell'uomo; quando gli omuncoli psichici sono più di uno – un *superhomunculus* come il Super-Io, erede delle tradizioni culturali collettive, e un *subhomunculus* come l'Es, erede degli istinti biologici – entrano regolarmente in conflitto tra loro con effetti paralizzanti sul vero *homunculus*, cioè l'Io.

Sono molte le ragioni per dubitare della validità teorica e pratica del freudismo. Una è che a livello clinico individuale la metapsicologia pulsionale è tautologica: c'è l'oralità perché c'è la pulsione orale, l'analità perché c'è la pulsione anale; è come dire che l'oppio fa dormire perché ha la *virtus dormitiva* (vedi il *Malato immaginario* di Molière). Inoltre questa pulsionalità non fa presa sulle inibizioni, che sono mancati effetti psichici, per esempio, sull'anoressia-bulimia. In *Inibizione, sintomo e angoscia* (1925) Freud dedica all'inibizione poche pagine (le prime cinque sulle novantadue totali). Si capisce che non sa come pelarla.

A livello collettivo la situazione non è meno problematica. Come strutturare le associazioni psicoanalitiche? Come chiese o come eserciti? L'opzione religiosa si è di fatto imposta, forse perché Freud si riteneva un generale senza esercito, o più probabilmente perché si riteneva ateo. Dopo Lacan si sa, infatti, che per l'ateo Dio è inconscio, ma lui dice che è morto. A questo proposito rammento una profonda intuizione di Jung. «È la realtà non riconosciuta del tuo stesso corpo» a dar corpo a Dio o a qualsiasi altra costruzione metafisica. Detto in termini più freudiani e meno filosofici, Dio è il ritorno sintomatico del corpo rimosso o, come dice Bataille, «Dio è un effetto del non [voler] sapere». "Dio è morto" significa che è morto il corpo, perché l'abbiamo ucciso come si sacrifica l'animale sull'altare. In metapsicologia Freud non parla molto di corpo. Si limita a dire che la pulsione è un concetto limite tra somatico e psichico.

Cosa resta della dottrina freudiana una volta ripulita dal freudismo? Molto e forse il meglio di Freud. Resta l'inconscio, come sapere che non si sa di sapere, con i corollari della rimozione primaria e della *Nachträglichkeit* o l'acquisizione differita del sapere.

La nozione di rimozione primaria, presentata nel saggio metapsicologico sulla *Rimozione*, fu poco utilizzata da Freud e ancor meno dai freudiani. La differenza tra rimozione primaria e secondaria è semplice. Nella rimozione secondaria la coscienza respinge – rimuove – nell'inconscio le rappresentazioni salite fino a lei e dalla censura dell'Io immaturo rimandate al mittente; la rimozione primaria, invece, è formata dalle rappresentazioni che non sono mai salite e non saliranno mai alla coscienza. La rimozione secondaria si può togliere, la primaria no, perché non è mai avvenuta. Esisteranno sempre rappresentazioni che resteranno definitivamente inconsce; il sistema psichico rimane "essenzialmente" inconscio, anche dopo le analisi più approfondite.

Nella rimozione originaria riconosco il luogo d'elezione del soggetto collettivo. È la sede dove si configurano le interazioni sociali; da lì partono le proiezioni e lì arrivano le introiezioni individuali che, rimanendo inconsce, i soggetti individuali non sanno giustificare meglio che in modo ideologico (mitologico). È il luogo della volontà collettiva d'ignoranza, del "velo di ignoranza" sui vantaggi propri e altrui che, secondo John Rawls, presiede al contratto sociale e dovrebbe proteggerlo da prevaricazioni e manipolazioni individualistiche. È anche il luogo dei primi conflitti sociali; valga per tutti l'incompatibilità tra la differenza sessuale biologica e l'identità di genere, per cui un carattere non vantaggioso dal punto di vista biologico, come l'omosessualità, si mantiene costante da una generazione all'altra. È il luogo dell'Altro simbolico che Lacan contrappone al piccolo altro, immagine speculare di sé, come "altro generalizzato", l'atteggiamento comunitario secondo H.G. Mead.

Freud giustifica anche la *Nachträglichkeit* in modo antropomorfo. Suppone piccoli uomini dentro l'uomo, almeno uno che censura le rappresentazioni inconsce – l'Io infantile – e almeno un altro che, grazie al lavoro di analisi, le recupera – l'Io maturo. Il risultato è che il sapere inconscio si acquisisce *après coup* in un tempo secondo dopo l'opportuno e specifico lavoro analitico. La spiegazione freudiana dei conflitti sociali è ancora antropomorfa. Esisterebbe una pulsione aggressiva che, per essere resa socialmente innocua, il soggetto rivolge a sé stesso. Non si nega questa componente, che genera disagio nella civiltà. È possibile tuttavia inserirla in un quadro più ampio e più rispettoso della complessità della vita psichica individuale e collettiva. Il lavoro di noi freudiani è di ridurre l'antropomorfismo insito nel freudismo.

Una via è quella di ripensare il tempo di sapere che porterebbe anche il principio di causalità ad agire in modo differito.

Ne ho trattato in *Il tempo di sapere. Saggio sull'inconscio freudiano* (2013).

*Una parte della fenomenologia filosofica si è occupata della psicoanalisi. Anche chi procede sulla scia del pensiero di Heidegger spesso ha tematizzato la psicoanalisi. Che cosa pensa di questa "appropriazione" fenomenologica della psicoanalisi?*

Della fenomenologia in versione husserliana penso tutto il male possibile come perfetta versione dell'idealismo platonico. L'*epoché* non sospende il sapere precostituito, o la precomprensione, come Husserl voleva farci credere, ma surrettiziamente reintroduce il mondo delle idee a priori. Le idee vengono prima delle cose, che sono semplici apparenze, cioè fenomeni delle idee. Tutta la filosofia idealistica, nelle varie versioni, si riduce al mito platonico della caverna. E la psicoanalisi non ha bisogno di idealism, ma di scientificità: meno Platone, più Cartesio.

Più morbida è la mia posizione nei confronti della versione esistenzialista della fenomenologia, proposta da Heidegger. Esiste un essere che si dà nel diradarsi del bosco degli enti ma non è mai del tutto in presenza. C'è un essere che viene prima dell'ente. In quel bosco c'è luogo per altro, per l'ascolto di ciò che ancora non è ma è sul punto di darsi all'essere (*es gibt*).

*A partire da Popper, si è sviluppata nel corso dei decenni una corrente di critica radicale della psicoanalisi, che ne nega la plausibilità scientifica, assimilandola a una mitologia, e contesta la validità della pratica analitica. Come si pone in questo dibattito, se in qualche modo vi si pone?*

Il merito di Popper è poca cosa: introdusse nella discussione epistemologica una tautologia. Fu vacua la sua pretesa di tracciare la linea di demarcazione tra scienza e metafisica attraverso una tautologia. Per Popper la logica della metafisica si basa sul principio del *modus ponendo ponens*, secondo cui "se *A* e *A* implica *B*, allora *B*", mentre la logica della ricerca scientifica seguirebbe il *modus tollendo tollens*, secondo cui "se *non B* e *A* implica *B*, allora *non A*". Ma i due *modus* sono logicamente equivalenti. Non ha senso tracciare linee di demarcazione tra scienza e non scienza in base a essi.

Restano contrapposte le due modalità di pensiero: quella che procede per conferme – la metafisica, ma anche la paranoia all'insegna della certezza – e quella che procede per confutazioni di congetture – la scienza e la psicoanalisi, che attraversano l'incertezza.

*Trova importante che la psicoanalisi oggi dialoghi con il sapere biologico (scienze dell'evoluzione, neuroscienze) e con le scienze in generale?*

Sì, il confronto con le altre scienze, soprattutto con la biologia, è importante per la psicoanalisi, ma ci vuole giudizio, perché il confronto è necessario ma non sufficiente a guadagnare in scientificità. La psicoanalisi diventerà scientifica per le proprie attitudini intrinseche. L'eclettismo non ha forza sufficiente a creare una nuova scienza. Non basta frullare gli errori di teorie precedenti per ottenere nuove verità. La scienza si inventa. Il confronto con altre scienze può solo favorire le potenzialità scientifiche interne alla psicoanalisi. Bisogna crederci.

Tutte le scienze moderne hanno una base comune, che le differenzia dalle antiche e le colloca su un fondo di incertezza: lo statuto congetturale. Non c'è scienza che abbia le certezze della religione o della metafisica; ma a differenza della religione e della metafisica, immobili nelle loro certezze, «la scienza stessa non può se non avanzarsi», diceva Galilei nel *Dialogo dei massimi sistemi*. Le scienze – preferisco usare il plurale – avanzano operando con l'incertezza; passano dalla maggiore alla minore incertezza, grazie a «sensate esperienze e dimostrazioni necessarie», come scriveva ancora Galilei a Cristina di Lorena.

Il soggetto della scienza è il soggetto dell'incertezza. Quel soggetto ha prodotto il calcolo delle probabilità che le filosofie antiche ignoravano e che Bruno De Finetti chiamava *logica dell'incerto*. È un calcolo che presuppone la preesistenza di collettivi – gli spazi campionari – dove assegna ai singoli valori di una variabile aleatoria certe probabilità e calcola valori medi e varianze. La psicoanalisi ignora tutto ciò. Perciò, confrontandosi con le altre scienze, la psicoanalisi può imparare a lavorare sulle proprie congetture per corroborarle o confutarle. Sopra ne ho elencate tre: l'inconscio, la rimozione primaria e l'acquisizione differita del sapere. Sono un buon punto di partenza.

*Oggi la psicoanalisi si confronta con psicoterapie e teorie rivali – la psicoterapia comportamentale e/o cognitiva, la psicoterapia sistemica-relazionale, e svariati altri tipi di cure. Come situarla in relazione a queste? E in particolare, possiamo dire che la psicoanalisi sia una psicoterapia, e se sì, in che senso?*

Il confronto psicoanalisi/psicoterapia è artificioso. Non c'è rivalità tra le due pratiche che operano in campi diversi. La psicoanalisi è un'attività di ricerca con ricadute terapeutiche (concezione freudiana); la psicoterapia è un'attività terapeutica con ricadute scientifiche (concezione postfreudiana). Rubricare la psicoanalisi sotto il titolo di "psicoterapia", in nome della legge Ossicini, come in Italia pretendono alcuni giudici, si giustifica semplicemente con la necessità commerciale di alcuni psicoanalisti di farsi la propria clientela. Loro sopravvivono, la psicoanalisi muore. La psicoanalisi parla chiaro: l'ostinata fissazione alla psicoterapia è il residuo non analizzato, ma tuttora attivo, dell'identificazione del terapeuta alla persona che lo curò quando era ancora in fasce. Questa è la forma individuale di accanimento terapeutico. Più grave è la forma collettiva, alimentata dagli interessi della lobby medica, che cura la propria esistenza collettiva non cessando di curare l'individuale. Prima che necessità del malato, la terapia è innanzitutto un sintomo del medico e soprattutto della medicina. La medicina prescrive di curare secondo scienza e coscienza, ma l'accanimento esula dallo scientifico.

Il falso problema della differenza tra psicoanalisi e psicoterapia è sfruttato dalle scuole di psicoanalisi per far passare come prioritario il problema della formazione dell'analista e quindi per giustificare la loro ragione di esistere. Anche questo è un falso problema. Non c'è problema di formazione del fisico e del biologo. Si diventa fisici o biologici bazzicando un laboratorio di fisica o di biologia e interagendo con i collettivi dei fisici e dei biologi. Se la psicoanalisi fosse una scienza e non si vendesse solo come terapia, il problema della formazione dell'analista non si porrebbe come prioritario. Basterebbe l'analisi personale e il confronto meta-analitico con i colleghi.

*Molti filosofi si sono interessati particolarmente al pensiero di Jacques Lacan. Che valore e che senso attribuisce al contributo* après coup *di Lacan?*

Oggi Freud e Lacan figurano negli ultimi capitoli dei manuali di storia della filosofia. Credo che la ragione sia la questione del soggetto, una questione di principale interesse filosofico. In particolare, Lacan ebbe una formazione filosofica hegeliana alla scuola di Kojève, e ciò fu l'esca che attirò l'interesse dei filosofi. Tuttavia credo che il contributo di Lacan alla filosofia propriamente detta si riduca a poco, essenzialmente a tratti della dialettica del riconoscimento, appresa ai seminari di Kojève sulla *Fenomenologia dello Spirito* di Hegel.

Se è vero che molti filosofi si sono interessati particolarmente al pensiero di Lacan la ragione è semplicemente che quello di Lacan è un signor pensiero, anche se non propriamente filosofico. Lacan ha ripensato la psicoanalisi; il suo discutibile "ritorno a Freud" ha prodotto la rinascita della psicoanalisi, dopo l'affievolimento dell'interesse psicoanalitico successivo alla seconda guerra mondiale, quando la psicoanalisi ortodossa, quella dell'IPA, si era ormai ridotta a pratica medica specialistica di dubbia efficacia. Egli ha operato su due fronti. Da una parte ha liberato la psicoanalisi dai vincoli metapsicologici della pseudo-termodinamica libidica, cui nessuno più credeva; dall'altra le ha conferito una parvenza di scientificità coniugandola alla linguistica di De Saussure. La pulsione lacaniana non ha la forza costante della pulsione freudiana, priva per altro di riscontri biologici, essendo le forze biologiche variabili sia a livello ambientale sia a livello individuale. La pulsione lacaniana è un costrutto linguistico; è semplicemente la ripetizione del significante della domanda attorno al buco lasciato nel reale dalla perdita originaria dell'oggetto del desiderio.

Se oggi assistiamo a un secondo affievolimento dell'interesse della cultura per la psicoanalisi la causa principale è la sclerotizzazione operata dalle scuole di psicoanalisi sull'insegnamento del maestro, con qualche responsabilità del maestro. L'ortodossia è il veleno del pensiero; l'accademia è l'antidoto al progresso scientifico. In qualunque campo la scolastica uccide la ricerca e l'innovazione. È successo nel post-freudismo; sta succedendo nel post-lacanismo.

Siamo in tempo per correre ai ripari? Una volta compiuto il "ritorno *a* Freud", assisteremo mai al "ritorno *di* Freud"? Con Lacan noi siamo tornati a Freud. Quando Freud tornerà a noi?

## Gianluca Solla

*Che cosa, della psicoanalisi, la interessa oggi da una prospettiva filosofica, e perché?*

Sin da Freud la psicoanalisi ha attirato l'attenzione sui dettagli, sui margini e sulla proliferazione del malinteso dentro le operazioni di significazione con cui costruiamo la nostra immagine del mondo. In questo modo ha contribuito in maniera potente a scrivere una nuova grammatica dello sguardo. I dettagli su cui la psicoanalisi non ha mai smesso di porre l'accento non sono, tuttavia, i frammenti di una totalità perduta: sono invece i resti di ogni operazione che miri a comporre un'unità di senso. Dunque la psicoanalisi ci guida alla scoperta della dimensione di ciò che resta eterogeneo e irriducibile rispetto all'ordine dei discorsi, dentro ogni discorso come dentro ogni significazione. I lapsus, gli atti mancati, le dimenticanze: sono i vuoti che costellano la nostra esperienza, facendone al contempo il luogo della trasformazione e della scoperta.

*Quale contributo filosofico alla psicoanalisi considera tra i più significativi, almeno per il suo approccio alla psicoanalisi?*

Il contributo di Jacques Lacan, proprio nella misura in cui si dichiara antifilosofico, possiede oggi per la filosofia un carattere inaggirabile (e qui non si può non citare l'importante seminario di un filosofo, Alain Badiou, dedicato proprio al Lacan antifilosofico). Vorrei però ricordare anche le pagine intense dedicate già negli anni '90 da Jacques Derrida al contributo della psicoanalisi a concetti quali l'archivio, la traccia, la lettera. Quelle pagine sono state indubbiamente decisive nella mia formazione.

*A parte Freud, c'è qualche altro psicoanalista a suo parere capace di stimolare una proficua riflessione filosofica sulla psicoanalisi?*

Oltre a Lacan direi in modo particolare Pierre Fedida, di cui pure sarebbe urgente raccogliere l'eredità, meglio se in forma collettiva, all'interno di un programma condiviso di ricerca.

*Possiamo chiederle se ha avuto un percorso psicoanalitico, e se esercita come psicoanalista? In ogni caso, come vede quel che accade nella pratica clinica analitica? Ovvero, che cosa veramente accade in una cura?*

La mia analisi – mia per così dire, perché la domanda che subito si pone è: un'analisi è mai veramente mia e solo mia? – è stata indubbiamente una di quelle cose che nella vita meritano davvero il nome (spesso abusato) di esperienza. Il suo valore lo ritrovo nei dettagli su cui è stata via via capace di ritrovare la parola perduta, di riattivarla, di spostarla, suscitando un nuovo sguardo sul mondo, una curiosità di ricerca. Così questi dettagli di cui parlo non sono mai gli aspetti oggettivi di una biografia, ma coincidono integralmente con l'esperienza stessa che se ne può fare nel momento in cui emergono in forma di parola, lapsus, inciampo… Coincidono con la scoperta di una singolarità che non è mai propria, se non per essere al mondo con altri, da cui è inseparabile.

In questo senso non credo si possa dire – o almeno io non ne sarei capace – *cosa* accade in un'analisi, perché il suo carattere principale risiede nel farsi incontro di ciascuno ai propri momenti, ai propri mancamenti. Ecco uno dei motivi per cui l'analisi è davvero infinita, senza termine. Ciò che mi sembra capace di suscitare è la qualità di questo evento inaudito che è una sorta di incontro segreto con se stessi. Magari ritrovato nei dettagli all'apparenza più marginali e secondari. Così un'analisi coincide con tutti quei momenti in cui, spesso senza saperne niente o nel mezzo della crisi più brutale, qualcosa in noi può dire: Ecco! Lo si può dire solo *scoprendosi*, nei molti sensi che questo gerundio possiede. Non a caso trovo che il gerundio sia, insieme all'infinito, il modo verbale di un accadimento in atto, senza fine.

*Nietzsche e Freud. Quest'ultimo ammise di non aver mai veramente letto l'opera del filosofo, perché temeva di scoprire, tra le sue pagine, intuizioni anticipatrici del proprio lavoro. Come vede il rapporto tra i due?*

Sicuramente il pensiero conosce declinazioni singolari, ma è anche un lavoro collettivo, spesso in maniera molto più oscura di quanto non supponiamo. Non sono perciò escluse collisioni di rotta né ripetizioni. Gli incontri a distanza – anche quando temuti o disattesi – sono parte essenziale di questo cammino. In ogni caso – tralasciando ogni considerazione di tipo storico-filosofico – mi pare un segno di grandezza riconoscere simili parentele segrete, anche con tutto il timore reverenziale che Freud esprime all'indirizzo di Nietzsche.

*Sin dagli inizi della psicoanalisi, con Fenichel, Bernfeld, Reich, Fromm e altri, si è sviluppato un filone freudo-marxista sia tra gli analisti sia tra i filosofi, ancora fiorente. Come va pensato, oggi, il rapporto tra Marx, marxisti e psicoanalisi?*

Anche in questo caso occorrerebbe una più diffusa riflessione sugli intrecci come motivo fondamentale del pensiero. Al di là della facile formula dei "maestri del sospetto", che mi pare sin troppo semplicistica, occorrerebbe mostrare l'esistenza di uno sforzo concettuale differenziato ma comune, volto a pensare sia in Marx che in Freud l'eccesso immanente all'esistenza umana. Una volta inteso come motore della storia (che possiede molte figure: il surplus, la contraddizione, la sovradeterminazione messa in luce da Althusser); un'altra volta pensato come eccedenza della vita psichica rispetto alle istanze della ragione (la pulsione, l'irriducibilità del desiderio a un ordine, il godimento). Da questo punto di vista, si potrebbe per esempio riconoscere come la centralità dell'ordine coscienziale per la politica, in Marx, possa eventualmente far spazio a un'idea di storia mai integralmente ed esclusivamente umana, mai risolta nello sforzo della coscienza, ma come somma inconscia di processi che accadono all'ombra della produzione.

*Crede che la psicoanalisi possa essere uno strumento utile per interpretare i fenomeni politici, sociali e di costume contemporanei? In particolare, le differenze di genere, il processo emancipativo delle donne e di persone con orientamenti sessuali non ortodossi? E se sì, secondo quale chiave?*

Da un lato l'interpretazione del proprio tempo – che noi chiamiamo abitualmente contemporaneità – non so proprio come potrebbe essere condotta senza l'ausilio degli strumenti che ci mette a disposizione la psicoanalisi. È stata questa, del resto, la strada a cui, pur in tutta la sua difficoltà, Freud stesso si è attenuto. Penso in particolare al contributo che può derivare al dibattito attuale sulle differenti forme di genitorialità e anche rispetto al trans-femminismo, che mi pare essere oggi la prospettiva più promettente da un punto di vista politico. D'altra parte non dobbiamo nasconderci le difficoltà di questa impresa che promette di condurre al di là di molte semplificazioni e forse di certe resistenze all'interno del mondo psicoanalitico. Anche in questo caso sarebbe urgente una discussione.

*A partire da Popper, si è sviluppata nel corso dei decenni una corrente di critica radicale della psicoanalisi, che ne nega la plausibilità scientifica assimilandola a una mitologia, e contesta la validità della pratica analitica. Come si pone in questo dibattito, se in qualche modo vi si pone?*

Questa domanda ci permette di affrontare la questione della mitologia. Di quanta mitologia abbiamo bisogno? Al di là di un'idea stereotipata della scienza come insieme di discipline differenti e del valore demitizzante che di solito non-scienziati le attribuiscono nell'ambito della cultura, credo che oggi sia più che mai importante interrogarsi sulla necessità del mito per le nostre vite. E su come già in Freud la psicoanalisi – proprio nella sua ambizione a essere scientifica – attinga – consapevolmente o no, poco importa – alle risorse della mitologia, agli strati narrativi delle culture e alle sopravvivenze anche anacronistiche, ma decisive e insopprimibili, di modelli, referenze, formule. Senza una visione che non opponga scienza e mito, ma che ne colga gli intrecci costitutivi, rischiamo un'idea superficiale tanto dell'una (nello scientismo abbondantemente superato in prima istanza dalle pratiche scientifiche stesse) quanto dell'altro (in un mitologismo oscurantista).

*Trova importante che la psicoanalisi oggi dialoghi con il sapere biologico (scienze dell'evoluzione, neuroscienze) e con le scienze in generale?*

La risposta a questa domanda non può che concepirsi in continuità con la risposta precedente. Il confronto non può certo essere escluso. Non vedo poi perché dovrebbe esserlo. La questione è però come sia importante rigiocare una differenza a suo modo classica, che è quella tra arte e scienza. La medicina, per non fare che un esempio, è stata a lungo considerata un'arte, prima di essere inglobata in via esclusiva nell'area scientifica. Ora è importante considerare come l'arte non sia di per sé né ascientifica né tanto meno antiscientifica. Essa è in relazione alla scienza ciò che vi mantiene un'eccedenza, già per il solo fatto di essere in connessione con il vivente in quanto parlante. Esiste però tutto un rigore a cui la dimensione dell'arte appartiene, e che è fondamentale non dimenticare.

*Oggi la psicoanalisi si confronta con psicoterapie e teorie rivali – la psicoterapia comportamentale e/o cognitiva, la psicoterapia sistemica-relazionale, e svariati altri tipi di cure. Come situarla in relazione a queste? E in particolare, possiamo dire che la psicoanalisi sia una psicoterapia, e se sì, in che senso?*

La singolarità della psicoanalisi credo meriti di essere ascoltata almeno su due versanti differenti. Il primo riguarda la dimensione terapeutica. Direi che tanto da un punto di vista clinico quanto da un punto di vista teoretico – ammesso e non concesso che siano scindibili – la psicoanalisi non è una terapia. Ha effetti terapeutici, ma è al tempo stesso una pratica libera dalla teleologia terapeutica, che cerca, che deve cercare il suo effetto, magari calendarizzandolo (penso, ovviamente, più che a una terapia psicologica, ai risultati bizzarri a cui pervengono certe forme di counseling o di coaching personale, che propongono risultati dopo un certo numero prefissato di incontri). L'altro aspetto che sottolineerei è espresso dalla domanda: cosa fa di un analista l'analista che è? Nel suo testo capitale *Die Frage der Laienanalyse* (1926), impropriamente tradotto in italiano con il titolo fuorviante di *Il problema dell'analisi condotta dai non medici*, Freud scrive che nel corso di studi di un'ipotetica facoltà di psicoanalisi occorrerebbe introdurre materie estranee al campo medico, come la letteratura, la storia della civiltà e delle religioni, la mitologia, mentre allo psicoanalista è del tutto inutile quanto si insegna abitualmente nelle facoltà di medicina. Questo enunciato è radicale e come tale attende di essere nuovamente raccolto (a onor del vero c'è chi lo fa) e posto come questione sia teorica che clinica. Bisognerebbe esserne capaci al di là di ogni interesse economico o di parte. In Italia, ma in generale in Europa, la regolamentazione della formazione degli analisti (che devono possedere come prerequisito un titolo universitario in ambito psicologico o medico) ha finito non solo per escludere quelli che Freud definiva "analisti laici", ma anche per porre un serio freno alla discussione su questo campo, dando per acquisiti (e per "scientifici") una serie di presupposti che tali non sono. Naturalmente questa modalità ha inteso così sottoporre le pratiche cliniche a un controllo, esercitato dagli ordini professionali, ritenendo che questo possa garantirne la qualità. Eppure la psicoanalisi mi sembra dipenda a tal punto dal carattere aleatorio del suo incontro con la parola e con l'ascolto, che essa rischia ogni volta di scomparire sotto la pressione del discorso dominante che le preferisce soluzioni più facilmente controllabili. In questo senso la scommessa sull'avvenire della psicoanalisi è una scommessa sui nostri stessi modi di vita.

## Francesco Saverio Trincia

*Quale contributo filosofico alla psicoanalisi considera tra i più significativi, almeno per il suo approccio alla psicoanalisi?*

Non si può parlare di un "interesse" filosofico per la psicoanalisi da parte mia, come si direbbe che nutro interesse per la pittura di Raffaello, e neanche si può assimilare tale interesse a quello per un qualsiasi filosofo (Hegel, ad esempio): non è in gioco infatti qualcosa come un "interessamento" per la psicoanalisi, che abbia una fonte e una provenienza e una caratteristica filosofica, almeno per quel che mi riguarda e che credo di aver capito nei molti anni di attenzione rivolta alla psicoanalisi, accompagnata alla lunga pratica di analizzante presso almeno tre psicoanalisti diversi. Direi piuttosto che in quanto filosofo non voglio e non posso prescindere più dalla "sfida" tra i due modi del pensare, una sfida che li avvicina più o meno conflittualmente l'uno all'altro, nel momento stesso in cui ne respinge ogni possibile sintesi o reciproca integrazione o utilizzazione. Molto in breve aggiungerei che, all'interno dell'universo del pensare, il logos filosofico e quello psicoanalitico si incontrano, e che è divenuto impossibile pensare filosoficamente senza che il paradosso del senso di una vicinanza distante torni a presentarsi come compito di un'indagine a cui non intendo sottrarmi, e a cui in generale non ci si deve-può sottrarre. Ciò non significa che se con il pensatore Freud (tale infatti lo considero) il formato concettuale del pensare assume questa forma paradossale, lo stesso si possa dire del rapporto che un filosofo critico ha con altri filosofi. Quel che manca in questo secondo caso, quando cioè Freud non è in gioco, è quella strana "costrizione" che nel caso del rapporto pensante con Freud impone di non lasciare intatto il pensiero del suo interlocutore (il mio quindi, dato che mi espongo in prima persona). Non dunque tanto il "che cosa", quanto il "come" della psicoanalisi e del suo rapporto con la filosofia definisce quello che, per questo motivo, *non è* concepibile come un interesse tematico e oggettivabile in termini solo teoretici o solo storiografici. Jacques Derrida ha capito questo punto, che ha a che fare con la presenza pensante della soggettività del filosofo di fronte a Freud.

*A parte Freud, c'è qualche altro psicoanalista a suo parere capace di stimolare una proficua riflessione filosofica sulla psicoanalisi?*

Considero fondamentali i saggi di Thomas Mann su Freud. Mi pare che Mann indichi uno dei modi della lettura di Freud cui non si può rinunciare. Sono stato stimolato, per quanto riguarda la letteratura recente, dai saggi di Élisabeth Roudinesco, cui attribuisco il merito non comune di quella che considero una lettura filosofica di Freud, non scolastica e fortemente impregnata di passione pensante la soggettività, e tramite una soggettività che si nutre dell'inconscio che la abita.

*Nietzsche e Freud. Quest'ultimo ammise di non aver mai veramente letto l'opera del filosofo, perché temeva di scoprire, tra le sue pagine, intuizioni anticipatrici del proprio lavoro. Come vede il rapporto tra i due?*

Ho dedicato al modo in cui Freud e Nietzsche (e Mann) si inscrivono, intrecciandovisi, nella costruzione di un orizzonte di neo-umanesimo contemporaneo incarnante l'idea freudiana di un "progresso regressivo" storico e psichico, un volume in uscita spero in tempi brevi, cui mi permetto di rinviare.

*Sin dagli inizi della psicoanalisi, con Fenichel, Bernfeld, Reich, Fromm e altri, si è sviluppato un filone freudo-marxista sia tra gli analisti sia tra i filosofi, ancora fiorente. Come va pensato, oggi, il rapporto tra Marx, marxisti e psicoanalisi?*

Non sono interessato al tema Marx, marxisti, psicoanalisi: non l'ho studiato a fondo e non gli riconosco (ma è questione di gusti) risultati di grande rilievo. Mi sembra che appartenga a un mondo e una prospettiva concettuale un poco appassiti.

*Crede che la psicoanalisi possa essere uno strumento utile per interpretare i fenomeni politici, sociali e di costume contemporanei? In particolare, le differenze di genere, il processo emancipativo delle donne e di persone con orientamenti sessuali non ortodossi? E se sì, secondo quale chiave?*

Non mi è facile capire bene come la psicoanalisi contribuisca (al di là dei saggi di Freud stesso, come quello sulla psicologia delle masse) alla comprensione dei fenomeni politici, sociali e di costume odierni. Temo le semplificazioni, che tuttavia non sono un destino inevitabile. Ho dedicato al tema, insieme a Federico Lijoi, il libro *L'anima e lo Stato. Kelsen e Freud*, scritto tuttavia in chiave teorica e non di analisi di fenomeni sociali e politici contemporanei. Differenze di genere, processo emancipativo delle donne e sessualità non ortodossa sono temi che evocano il contributo psicoanalitico, certamente, ma non saprei aggiungere molto nel merito. L'argomento in fondo non mi interessa particolarmente; temo, di nuovo, le semplificazioni.

*Una parte della fenomenologia filosofica si è occupata della psicoanalisi. Anche chi procede sulla scia del pensiero di Heidegger e chi coltiva l'ermeneutica spesso ha tematizzato la psicoanalisi. Che cosa pensa di questa "appropriazione" fenomenologica della psicoanalisi?*

Ho vissuto una lunga pratica di paziente di psicoanalisti e ho dedicato in particolare un saggio al "tempo dell'analisi", per come l'ho attraversato con la mia psiche: credo che più in generale esso sia destinato a diventare uno dei temi della riflessione del paziente all'interno della cura. In quanto studioso di Edmund Husserl e in particolare del rapporto tra Husserl e Freud, ho riservato una collocazione centrale allo studio del tema del tempo in Freud. Vi si constata (come ho scritto in un mio libro del 2008 su Husserl e Freud) quella distanza non estranea rispetto a Husserl, nonostante la diversità degli esiti filosofici, di cui ho parlato sopra e che coinvolge, persino costringe, l'attenzione del filosofo analizzante, "catturato" all'interno dell'orizzonte di pensiero freudiano.

*Oggi la psicoanalisi si confronta con psicoterapie e teorie rivali – la psicoterapia comportamentale e/o cognitiva, la psicoterapia sistemica-relazionale, e svariati altri tipi di cure. Come situarla in relazione a queste? E in particolare, possiamo dire che la psicoanalisi sia una psicoterapia, e se sì, in che senso?*

Sono convinto della possibilità di un dialogo tra la psicoanalisi e le altre psicoterapie, purché si ammetta, come credo opportuno, che anche la psicoanalisi sia una psicoterapia, sebbene non psichiatrica. L'importante è tenere ben fermo il punto che questa peculiare psicoterapia ruota sulla nozione della psiche inconscia, e che il suo dialogare con altre psicoterapie non può richiedere il sacrificio dell'inconscio.

Respingo le tesi di Popper: la psicoanalisi è una scienza peculiare, come Freud stesso sapeva e ha più volte ribadito. Non vi colgo affatto elementi mitologici, ma la presenza di strumenti di comprensione scientifica dell'uomo, della storia e del loro inconscio che mancano del tutto in altri pensatori. È mitologica e regressiva la volontà di rinuncia alla psicoanalisi, perché mitica (positivistica) è la concezione della scienza che si ritiene di poterle contrapporre.

*Molti filosofi si sono interessati particolarmente al pensiero di Jacques Lacan. Che valore e che senso attribuisce al contributo* après coup *di Lacan?*

Troppo impegnativo rispondere in breve a una domanda su Jacques Lacan, che peraltro mi sembra segnata da una qualche ambiguità semantica tipicamente lacaniana, come quella che si coglie nell'espressione "contributo *après coup* di Lacan", che andrebbe chiarita, almeno per rendere meno grave l'imbarazzo di una risposta.

## Silvia Vizzardelli

*Che cosa, della psicoanalisi, la interessa oggi da una prospettiva filosofica, e perché?*

Mi permetto di disegnare in breve il mio percorso di ricerca perché ne emerga la ragione del recente avvicinamento alla psicoanalisi. Mi occupo di estetica e teoria delle arti. Ho navigato per anni intorno al costituirsi delle categorie estetiche, a partire dalla filosofia settecentesca, che vede la nascita dell'estetica come disciplina filosofica, fino al *morphing* che queste categorie hanno subito nel mondo contemporaneo. Bello, sublime, opera, genio, gusto, grazia, forma, piacere, godimento. Si potrebbe proseguire, ovviamente, ma vorrei arrivare al punto: che cosa ho intravisto nella psicoanalisi? La psicoanalisi non ha aggiunto un *contenuto*, non ha offerto un materiale nuovo su cui riflettere. Se si volesse giocare un po', potremmo facilmente mostrare come la caratterizzazione dell'esperienza estetica che emerge, ad esempio, nei testi freudiani e lacaniani non apporti molte novità, dal punto di vista dei contenuti, rispetto alla riflessione filosofica sugli stessi temi. E allora, cosa ha brillato nei testi psicoanalitici? Provo a dirlo icasticamente per poi affidarmi alla vividezza di un esempio: l'*imminenza* del corpo pulsionale all'interno del concetto. Si tratta di quella sorta di diplopia, di visione doppia, che mentre persegue, da un lato, l'articolazione del pensiero, dall'altro lo sloga, facendo parlare il fantasma del corpo. Come si intuirà, siamo nel cuore di un'esperienza estetica. Solo che questa esperienza, vista attraverso la finestra della pulsione, non si presenta più come la quintessenza della vita, dell'espressività, della fedeltà alle ragioni profonde di uno slancio vitale e creativo, bensì mostra la sua connivenza con la morte. La pulsione ci dice questo: non possiamo stare né solo dalla parte della vita, né solo dalla parte della morte. Occorre inaugurare un commercio demoniaco tra vita e morte. Cosa altro è la psicoanalisi se non un certo "saperci fare" con questa spola tra vita e morte, o, altrimenti detto, un saperci fare col fantasma o col sintomo? La psicoanalisi mi ha dunque aiutata a contaminare il vitalismo estetico con un'istanza di morte. Beninteso, non la morte come sentenza, come pensiero della morte (la qual cosa non apporterebbe niente di nuovo rispetto alla tradizione del pensiero filosofico), bensì la morte sentita, avvertita sotto la vita, non in continuità dunque con la vita, ma neanche in opposizione. E ora, un esempio.

Da sempre l'esperienza estetica si interroga sul valore di *monumento* dell'opera d'arte. L'opera conquista la sua autonomia dal soggetto creatore e dal contesto della creazione, si stacca dall'*artifex* ed entra a far parte del mondo. L'opera, diceva Deleuze in *Che cos'è la filosofia?*, si stacca come un *blocco di percetti ed affetti*, capaci di sopravvivere al di là del soggetto che li ha partoriti, e diventa parte di mondo. Deleuze, qui, non fa altro che ribadire, con straordinaria limpidezza, un topos della riflessione estetica, riassumibile nel concetto di *autonomia* dell'opera. È un concetto che possiamo dire e declinare in vari modi, e l'estetica non ha fatto altro che provare a documentare questa autonomia. Pensiamo a quello che è stato forse l'ultimo grande tentativo di darne conto, la *Teoria estetica* di Adorno. Ma quale luce ha preso questo tema, quando ho lasciato che il discorso psicoanalitico lo contagiasse, lo infettasse un po'? Ecco come ho provato a riformularlo sotto il segno di tale contagio non privo di entusiasmo.

Esiste nella vita psichica qualcosa di analogo a quello che sono unghie e capelli per il corpo? Esiste qualcosa che, pur partecipando dell'organico e della vita, si presenti con l'inesorabilità di un oggetto lasciato cadere? Una risposta potrebbe essere questa: esiste, ed è l'*opera.* Purché s'intenda l'opera in generale, e l'opera d'arte in particolare, come l'esito di uno stacco, di un taglio e di una resa a qualcosa di non più solubile, non più assimilabile, non più legato alla forza trasformativa dell'atto che la produce o degli atti che la circondano. Non più innervato, direi. Una reminiscenza dell'inorganico nell'organico. Nient'altro può descrivere meglio il carattere eversivo della produzione artistica: interruzione, stacco, caduta.

Proviamo allora a cogliere l'anima di questa caducità. La produzione d'opera è il gesto di dar forma a qualcosa a partire da un atto di rinunzia al possesso. C'è una negligenza dell'atto creativo che è ciò che consente a qualcosa di prendere forma davanti a noi e di essere ceduto, come se – usando una terminologia adorniana – qualcosa di estraneo allo spirito, qualcosa di naturale, s'inscrivesse, imponendo la sua necessità, all'interno dello spirito stesso. Ciò richiede che l'atto creativo senta su di sé la forza di un "imposto", la spinta della *fatalità*, l'urgenza dell'inesorabile.

È importante sottolineare, a questo punto, che l'immagine per lasciarsi cadere e offrirsi all'occhio deve guadagnare una forma. Perché qui è in gioco un particolare tipo di caduta, di deposizione, di abbandono: non il semplice andar giù, ma un precipitare dato in pasto alla vista, una caduta che è al contempo un atto di presentazione. Come dire: io mi lascio cadere e nello stesso tempo mi abbandono alla fatalità del mio esser così e non altrimenti, "io sono questa", succeda quel che succeda, eccomi qua consegnata all'occhio del mondo. E in questo processo di fatale ostensione di sé, il soggetto vive non più come polo attivo di un processo rappresentativo, ma come colui che *decide* di non decidere più.

Da più parti, nell'estetica contemporanea – penso in particolare agli ultimi lavori di Giorgio Agamben, ma anche ai contributi di Jacques Rancière – si associa questa negligenza della volontà, questa felice rottura del primato dell'azione causata e finalizzata, al carattere *inoperoso* del gesto artistico. Il gesto artistico, secondo questo paradigma, sarebbe assimilabile al gioco, al tic, a una danza cosmica, emancipandosi da qualsiasi relazione col fine, da qualsiasi rapporto con l'opera come prodotto, configurandosi come atto puro che, a differenza dell'azione, non ha alcuno scopo e non è agito da alcun soggetto. Mi riferisco, in particolare, alle recenti teorizzazioni di Agamben già nell'*Uso dei corpi* e poi nel recentissimo *Karman. Breve trattato sull'azione, la colpa e il gesto* (2017).

Che cos'è, dunque, il gesto artistico per Agamben? Qualcosa di estremamente vicino a quanto abbiamo appena detto a proposito di Rancière. Il gesto artistico è l'*exemplum* di un modo di agire che può virtuosamente inceppare il dispositivo volontà-azione-imputazione alla base dell'edificio etico e politico occidentale, un dispositivo che salda l'azione alla finalità, lasciando come ombra dietro di sé il soggetto agente. Detto in altre parole, la saldatura *crimen-karman* ha inesorabilmente vincolato l'azione, da una parte, al suo fine e, dall'altra, alla volontà del soggetto. Abbiamo un soggetto che, volendo qualcosa, diventa responsabile, quando è il caso anche penalmente, delle sue azioni, le quali, proprio in quanto mosse da volontà, sono tese verso il raggiungimento dell'opera come fine. Il gesto dell'artista è, invece, l'esempio più vivido di un atto che, emancipandosi dal fine, diviene, come avrebbe detto Benjamin, puro mezzo e archivia l'opera come orpello, appendice inessenziale. Naturalmente la riflessione di Agamben è molto fine e articolata come sempre. A noi interessa qui isolare il nucleo dell'argomentazione, anche a rischio di semplificarlo. Il gesto artistico rappresenta, in questo contesto, un modello di esperienza che fa collassare il paradigma *crimen-karman* che ha dominato nell'azione politica, riportando l'attenzione sul disinteresse, sull'inoperosità dell'atto puro. A me pare, invece, che tale negligenza, cedevolezza della volontà, rinunzia, apertura all'inerzia sia l'ambiente naturale in cui germina l'*opera* come deposito incontrollato: una cosa felice che cade, all'apice dell'angoscia. Il concetto di caduta è una mostruosità teorica, avrebbe detto Derrida, qualcosa di perturbante, nella misura in cui affianca vita e morte, senza cedere a una loro identificazione, né a una loro opposizione. La produzione d'opera è l'ingresso della morte nella vita, una morte con la complicità della vita. Ecco qual è stata la grande intuizione di Freud in *Al di là del principio di piacere:* tra il principio di piacere e la pulsione di morte non esiste un rapporto di opposizione, né di identità, ma di differenza e di alterità. L'ha visto molto bene Derrida nel suo bellissimo seminario del 1975-1976, *La vie la mort*, rimasto inedito fino a qualche mese fa e ora disponibile grazie alla cura di P.A. Brault e P. Kamuf. C'è una negligenza del vivere, una tentazione dell'inanità, che non è sinonimo né di decadenza né di inoperosità o di beata erranza contemplativa, bensì di risveglio e di produzione d'opera: uno strano risveglio che si produce con la complicità della morte. Oserei dire che non c'è produzione d'opera se non a partire da una sorta di depotenziamento, di decreazione in cui acconsentiamo a che qualcosa si stacchi da noi e venga lasciata cadere. Pensiamo alla bellissima definizione del gesto artistico che ci viene suggerita da Claudia Castellucci, regista teatrale e cofondatrice della Socìetas Raffaello Sanzio, nel suo *Setta. Scuola di tecnica drammatica* (2005):

> C'è bisogno di un attacco. In due sensi: come appoggio e come assalto. Impatto di dono e di violenza. L'attacco è una prova del proprio porre, che avviene in relazione alla scolarca che per prima depone un fatto. La propria solitudine e il proprio porre azioni si conoscono grazie all'attacco, un attacco di dono e di violenza, un attrito che è dono violento. È un atto di solitudine, questo dono, perché il donante conclude da solo il gesto. L'attacco non è attaccamento. La dura integrità del dono consiste nella sua pura indifferenza. All'orizzonte del donante non vi è alcuna ricompensa, alcuna devozione, alcun saluto. V'è durezza: netta, tersa, azzurra. Il dono è un prodotto azzurro dello stare, perché stipula un rapporto con la fine. Il dono è una fine. Non è l'inizio di qualcosa che, terminando nella ricompensa, innesca il meccanismo del dare e dell'avere. Col dono si finisce qualcosa della vita. È una conclusione cui si perviene e che si dona.

È qui descritta mirabilmente la relazione tra la solitudine dell'atto e lo stacco, terso e azzurro, dell'*ergon*. L'atmosfera è quella della relazione instabile, e non giustappositiva o paratattica, che si crea tra vita e morte. Potremmo parlare di una morte con la complicità della vita. Si tratta di pensare l'impensabile, come si può intuire. Un progetto ambizioso avviato da Freud con *Al di là del principio di piacere* (1920), proseguito da Lacan e Roland Barthes e riletto mirabilmente da Derrida. Il gesto, a differenza dell'azione lanciata verso l'esito efficiente della produzione di qualcosa, vuole e non vuole produrre un effetto, opera mentre fa un passo indietro, genera effetti non voluti, stacca da sé oggetti al fondo di una vertigine.

*Quale contributo filosofico alla psicoanalisi considera tra i più significativi, almeno per il suo approccio alla psicoanalisi?*

Dovrei forse lasciar rispondere gli psicoanalisti a questa domanda. Provo, tuttavia, ad azzardare una risposta, individuando quelli che a mio parere sono i due filosofi più vicini nello stile e nell'atmosfera di pensiero alla psicoanalisi. Il primo l'ho già ricordato nella prima risposta ed è Jacques Derrida, il secondo è Emmanuel Levinas, due filosofi che hanno peraltro dialogato molto tra loro. Perché proprio loro, con le dovute differenze ovviamente? Provo a dirlo con un'estrema sintesi: entrambi hanno intuito che l'atto libero non è endometabolico, ma è una telegrafia e una teleplastia. Non scriviamo accanto alle nostre disposizioni, alle nostre motivazioni, non diamo forma, in un rapporto di prossimità, a ciò che siamo, ma scriviamo e "formiamo" a distanza. La creazione non è l'esito di uno zampillo vitale che genera restando fedele a se stesso, l'atto libero non è aderente, sincero, è piuttosto segnato da una separatezza, da uno stacco, da un taglio. Scriviamo laggiù, in un luogo non innervato dalla nostra intenzione e dalla nostra volontà. Tra l'intenzione del dire e l'evento del tracciare c'è una spaziatura, una casella bianca che stacca il detto dallo scritto. L'ha compreso molto bene Lacan, alla fine del *Seminario VI*. Il rapporto del desiderio con l'atto fantasmatico e la produzione d'opera conduce Lacan verso una concezione, potremmo dire, non vitalistica del gesto creativo. Il desiderio che trova il varco fantasmatico nell'opera non procede come uno zampillo vitale dall'essenza stessa dell'uomo, «poiché fin dal primo momento in cui sillabiamo la nostra esperienza, vediamo come questo desiderio, man mano che lo approfondiamo, si confonda sempre meno con un puro e semplice slancio, e come invece si decomponga, si disarticoli, si allontani sempre più da quello che è un rapporto armonico. Nella risalita regressiva da cui è costituita l'esperienza analitica non c'è desiderio che non ci appaia come un elemento problematico, disperso, polimorfo, contraddittorio, e, in sintesi, ben lontano da qualsiasi coaptazione orientata». Mentre pensiamo di sapere cosa desideriamo, in un altro luogo, separato dal primo da una spaziatura e non innervato da quella che Lacan chiama "coaptazione orientata", si scrive qualcosa che è dell'ordine dell'evento e dell'impensato. L'evento è lo spazio aperto all'Alterità, ovvero lo spazio aperto a ciò che non possiamo prevedere, non possiamo calcolare, non possiamo anticipare perché non è e non può essere innervato dal soggetto pensante. Freud diceva che l'Io «non è padrone a casa propria». Proprio così: non tutto ciò che accade è diluibile, assimilabile, digeribile da chi ne fa esperienza, qualcosa accade laggiù, lontano da noi, teleplasticamente, si scrive in parallelo su due fogli separati. Sono queste, peraltro, le prese di posizione lacaniane che, contrariamente alle tendenze interpretative che oggi vanno per la maggiore, lo allontanano decisamente da Bergson e da una filosofia dell'immanenza e della continuità. Possiamo dirlo, usando un'espressione forte e imprudente, ma che riassume quanto detto. La psicoanalisi ha visto che dall'essere si può uscire, che c'è un «altrimenti che essere», per riprendere la bellissima espressione di Levinas, c'è qualcosa che si presenta come Altro assoluto non innervabile dall'essere, come un impossibile. La filosofia, tranne le eccezioni che abbiamo menzionato, ha difficoltà a confrontarsi con questa intuizione, con cui, invece, la psicoanalisi fa costantemente i conti.

Nel pensiero contemporaneo domina, infatti, tutt'altro paradigma. C'è un modo di pensare l'atto creativo, nel suo slancio di libertà, come fuga *sur place*, come un'esperienza, per così dire, endometabolica. L'atto libero sarebbe una sorta di trasformazione plastica che si dispiega restando attaccata al soggetto agente, in una serrata continuità con quella che, con una parola abusata, chiamiamo «disposizione», e con una parola esatta metafisicamente chiamiamo «durata». In quest' orizzonte, l'atto libero, ovvero l'atto creativo, ha un suo paesaggio lessicale che così potremmo evocare: sincerità, fedeltà, compenetrazione, profondità.

Il concetto di *plasticità* viene perlopiù utilizzato per alludere alla capacità trasformativa dell'uomo, alla facoltà di rigenerarsi in un *morphing* fluido e continuo a discapito della permanenza e fissazione delle scritture. Penso in particolare al lavoro di Catherine Malabou e al suo testo forse più interessante, *La plasticité au soir de l'écriture* (2005). Malabou contrappone all'idea di scrittura, di traccia, che sono due concetti che esigono si riconosca una qualche forma di separatezza e consistenza depositata, autonomizzata, quello di plasticità. Il presupposto teorico intorno a cui ruota la proposta di Malabou è il seguente: dall'essere non si esce. L'essere è ciò da cui è impossibile fuggire. Ecco cosa destina l'essere a una continua *metamorfosi*; nessuna irruzione di trascendenza dunque, nessuna porta aperta all'evento puro. Nessun messianismo. L'essere non è altro che cambiamento di forma, nient'altro che mutamento e trasformazione. In ciò Heidegger e Hegel sarebbero solidali: nessuna irruzione del fuori e nello stesso tempo nessuna immobilità. Si comprende così la critica che Malabou rivolge a Levinas, il pensatore dell'evasione dall'essere fin da *Totalità e infinito* (1961), per arrivare a *Altrimenti che essere o al di là dell'essenza* (1974). Per Levinas, se l'apparizione di un volto, la sua epifania, provoca sempre uno stravolgimento, questo stravolgimento non discende da una trasformazione endometabolica, ma da uno scarto brusco e senza genesi. Il viso dell'Altro, sostiene Levinas, distrugge, fa collassare, annulla l'immagine plastica che mi lascia. E ciò accade perché l'esperienza assoluta non è sviluppo, dinamismo metamorfico, ma rivelazione. E si comprende anche la critica che Malabou muove a Derrida – che pure è stato il suo maestro –, in quanto portatore di un pensiero dello stacco, del taglio, dell'eccedenza.

Per riassumere: la psicoanalisi ha portato all'evidenza dell'esperienza psichica cosa voglia dire stacco, taglio, lontananza, distanza, telegrafia, teleplastia. I fantasmi arrivano da lontano e diamo loro forma non plasmando materiali tra le mani, ma attraverso una tattilità a distanza. Convocare la magia o la parapsicologia non sembrerà allora imprudente. Purché "magico" sia l'attributo della più prosaica delle esperienze.

*A parte Freud, c'è qualche altro psicoanalista a suo parere capace di stimolare una proficua riflessione filosofica sulla psicoanalisi?*

Certamente. Innanzitutto Lacan. L'idea che la produzione d'opera s'inscriva nell'ambiente della caduta e della cedevolezza, del taglio e dell'angoscia della riuscita mi è stata suggerita soprattutto dalla lettura e dallo studio del *Seminario X* (dedicato all'angoscia) e del *Seminario XI* (dove troviamo una straordinaria riflessione sulla pulsione scopica e sulla natura dello sguardo). Ci sono però altri due autori, tenuti ai margini dell'eterogenea comunità psicoanalitica – due autori minori, per così dire – e alla cui marginalizzazione ha sicuramente contribuito lo stesso Lacan con un giudizio ingiustamente liquidatorio; si tratta di Nicolas Abraham e Maria Torok, due psicoanalisti di origine ungherese poi emigrati a Parigi, compagni inseparabili nella vita e nel lavoro, stranamente invisi a Lacan che li apostrofò come fulgido esempio di un delirio psicoanalitico. Secondo questi due autori, il fantasma presuppone un passaggio a vuoto, un topos segreto, una cripta appunto, che non risiede nella psiche di ciascun individuo, ma che è intrinsecamente sociale, inter e transgenerazionale. Questo passaggio a vuoto, questo attraversamento di un quasi nulla, preindividuale, preoggettivo, presoggettivo, che definisce l'area relazionale dello psichismo (in modo analogo a quanto fa Freud quando parla di «alterazione quantitativa» in *Analisi terminabile e interminabile* nel 1937 o di «identificazione primaria», in *Psicologia delle masse e analisi dell'Io*, nel 1921) è una sorta di contagio mentale non ancora caratterizzato dall'investimento libidico, che produce il fantasma come qualcosa che si scrive al di là, lontano da noi, a distanza, in una condizione di *separatezza*. Per provare a orientare il discorso potrei far riferimento a come Poincaré, matematico e fisico, precursore della teoria della relatività, definiva l'atto creativo della scienza. L'atto creativo ha una fase in cui lavora in piena luce, in un'elaborazione cosciente che deve essere tesa, faticosa, laboriosa, e una fase in cui lavora inconsciamente, in una dimensione subliminale, inconscia, criptica, per poi riemergere a distanza in una modalità che assomiglia a una rapidissima intuizione che torna in superficie, ma che, per il fatto di aver attraversato il quasi nulla del subliminale, si presenta come qualcosa di non innervato dalla volontà, qualcosa che si scrive a distanza.

*Possiamo chiederle se ha avuto un percorso psicoanalitico, e se esercita come psicoanalista? In ogni caso, come vede quel che accade nella pratica clinica analitica? Ovvero, che cosa veramente accade in una cura?*

Non ho avuto un'esperienza di analisi, non sono una psicoanalista. A oggi, il mio interesse per la psicoanalisi è di carattere prevalentemente teorico ed è orientato da un interesse estetico. Mi sono avvicinata alla teoria psicoanalitica con un presentimento che poi ha trovato una felice conferma: che vi sia una omologia tra quanto accade in una cura psicoanalitica e la creazione artistica. Lo stesso Lacan ne era convinto.

Cosa accade veramente in una cura? Anche qui azzardo,

prendendo in prestito le parole di Derrida in *Spettri di Marx*: «Io vorrei apprendere a vivere infine. Apprendere a vivere, se resta sempre da fare, non lo si può fare che tra vita e morte. Non nella vita né nella morte *da sole*. Quel che accade tra due, e tra i "due" che si vorrà, come tra vita e morte, non può che intrattenersi con qualche fantasma». Difficile trovare una definizione più pertinente della cura. Ma, direi anche, una definizione più pertinente della "riuscita" estetica. La psicoanalisi ci abitua a uno strabismo, a una diplopia, a guardare simultaneamente, in un parallelismo perfetto, nella direzione della vita e nella direzione della morte. E fa questo ispirandosi al sintomo, che è il modo in cui entriamo in analisi. Il sintomo non lo si spiega né a partire dalla sola vita, né dalla sola morte. È per l'appunto la spola inconciliabile tra vita e morte. Lo stesso accade per il fantasma, che è il modo in cui terminiamo l'analisi.

*Nietzsche e Freud. Quest'ultimo ammise di non aver mai veramente letto l'opera del filosofo, perché temeva di scoprire, tra le sue pagine, intuizioni anticipatrici del proprio lavoro. Come vede il rapporto tra i due?*

Quello di Freud è un timore fondato. In Nietzsche avrebbe trovato, detto con altro stile e altro linguaggio, ciò che di più scabroso e destabilizzante egli stesso aveva colto, soprattutto a partire da *Al di là del principio di piacere*. Il nuovo genere di filosofia che Nietzsche auspica e per il quale spende il suo pensiero, è, in fondo una filosofia che si è, idealmente, lasciata contagiare dalla psicoanalisi. Una filosofia che non cerca di deglutire e assimilare l'alterità, ma che la lascia essere in uno spazio non metabolizzabile. Affidiamoci ancora una volta alle parole di Derrida in quell'omaggio a Nietzsche che è il suo *Politiche dell'amicizia:*

> Questi filosofi di un genere nuovo accetteranno la contraddizione, l'opposizione e la coesistenza di valori incompatibili. Non cer-

cheranno né di dissimularla, né di dimenticarla, né di superarla. Ed è qui che la follia sta in agguato, ma è pure qui che la sua urgenza chiama davvero il pensiero. Che dice infatti *Al di là del bene e del male*? Che bisogna essere folli agli occhi dei "metafisici di ogni tempo" a chiedersi come una cosa potrebbe sorgere dal suo contrario, e se per esempio la verità potrebbe nascere dall'errore, la volontà di verità dalla volontà di illusione, l'azione disinteressata dall'egoismo ecc. Come addirittura porsi una simile questione senza diventare folle?

Inutile ribadire che per Derrida, come per Nietzsche e come per Freud, la contraddizione da tollerare, madre di tutte le contraddizioni, è quella tra vita e morte. Derrida ricorda che all'inizio del primo capitolo di *Ecce Homo* ("Perché sono così saggio"), Nietzsche associa l'origine della sua vita, suo padre e sua madre, alla contraddizione immanente di vita e morte: mio padre morto e mia madre vivente ed io, dice Nietzsche, sono tra i due, la mia verità si gioca in una incessante spola tra i due. «Io sono, in quanto mio padre, già morto (*als mein Vater bereits gestorben*), e in quanto mia madre, vivo ancora e divento vecchio, o vecchia (*als meine Mutter lebe ich noch und werde alt*)».

*Trova importante che la psicoanalisi oggi dialoghi con il sapere biologico (scienze dell'evoluzione, neuroscienze) e con le scienze in generale?*

Sì, lo trovo importante, perché inaugurando questo confronto se ne scoprono delle belle. Intendo dire che il rapporto tra psicoanalisi e neuroscienze diventa fecondo quando non se ne fa una questione di principio, ingaggiando una battaglia sui massimi sistemi. Quando cioè ci si addentra nelle questioni che di volta in volta vengono a galla, quando si entra nel merito delle problematiche specifiche. Lo sto facendo, ad esempio, occupandomi della teoria polivagale di Stephen Porges, una frontiera degli studi neuroscientifici. Non c'è spazio qui per addentrarmi nelle ricerche di Porges. Vorrei solo precisare che sono studi che si situano proprio in quella zona d'indecidibilità tra vita e morte di cui abbiamo tanto discusso in queste poche pagine. Cosa mi ha colpito? Il tipo di discorso, di narrazione, che viene adottato per segnalare quale sia l'interesse di questa esplorazione delle crisi vagali. È una narrazione che fa uso abbondantemente di un lessico, per così dire, filosofico e psicoanalitico, senza tuttavia metterlo in discussione, analizzarlo, scomporlo. Prendendolo per vero, come un pacchetto preconfezionato. L'ironia della sorte vuole che perlopiù questo lessico venga poi utilizzato, soprattutto dai talebani del riduzionismo, e Porges non è uno di questi, in chiave antifilosofica o antipsicoanalitica. Insomma, si vuole litigare, anche quando tutto porterebbe a uno scambio proficuo. Lo stesso è accaduto per la genetica, la quale non ha fatto altro che mutuare dalla teoria dell'informazione, del linguaggio, un lessico fatto di progetti, memorie, scritture, tracce, testi, per poi imbracciare le armi verso i contesti che avevano suggerito tali terminologie. Naturalmente ciò vale anche per la psicoanalisi e per la filosofia, che spesso si nutrono delle intuizioni e della terminologia scientifica per poi intraprendere battaglie senza senso. Ecco, questo è un tema che merita discussione: perché un'analogia di discorsi e di lessici, anziché indurre a lavorare per mantenere in tensione le diversità, funziona invece come anticamera di un'opposizione – le neuroscienze di qua, la psicoanalisi e la filosofia di là?

## Alenka Zupančič

*Che cosa, della psicoanalisi, la interessa oggi da una prospettiva filosofica, e perché?*

La psicoanalisi non è semplicemente una pratica terapeutica. È – probabilmente prima di ogni altra cosa – un'incredibile invenzione concettuale che ha reso possibile questa nuova pratica. In questo senso, la psicoanalisi è anche qualcosa che è "accaduto" alla filosofia e a cui la filosofia non può restare indifferente, come se nulla fosse successo. Ma questo implica naturalmente il fatto che – come Lacan disse da qualche parte – «la psicoanalisi non è psicologia». Per me questo significa che la psicoanalisi non è una scienza regionale dell'essere umano, ma riguarda, e ha qualcosa da dire su, la vera costituzione della soggettività, anche nel suo senso filosofico profondo. Il ritorno a Freud di Lacan ha implicato un impegno estremamente serio con la filosofia, con l'intera storia della filosofia, come un mezzo per mostrare e concettualizzare quel che è nuovo, o diverso, circa Freud. La psicoanalisi non è semplicemente un andare "oltre" la filosofia; per molti versi, la filosofia stessa è stata sempre un andare oltre la filosofia (precedente)...

Per rispondere alla domanda più direttamente: il mio interesse principale per la psicoanalisi ha a che fare con il modo in cui essa ci ha permesso di ripensare e di mantenere la nozione del soggetto proprio nel momento in cui la filosofia contemporanea era pronta a scardinare questo concetto in quanto appartenente al suo passato metafisico. Invece di unirsi a questo adagio, Lacan ha rivoluzionato la nozione di soggetto nel modo più interessante, anche filosoficamente. Il soggetto non è un agente autonomo e libero, ma non è semplicemente un mero effetto della struttura in quanto pienamente coerente in sé stessa. È piuttosto un effetto del gap in questa struttura, della sua incoerenza e incompletezza costitutiva. E questo ha conseguenze importanti in filosofia, in ontologia, come in politica. Per esempio, sono fortemente persuasa del fatto che non ci possa essere un materialismo (filosofico) senza il concetto di soggetto. Questo si correla anche con quella che è probabilmente l'invenzione concettuale di Lacan più genuina e importante, e cioè quella dell'"oggetto a piccola": una specie singolare di oggetto, che è non è l'opposto del soggetto, ma piuttosto è il nucleo "estimo" del soggetto, qualcosa nel soggetto più che il soggetto, qualcosa in cui il soggetto non può riconoscersi...

*Quale contributo filosofico alla psicoanalisi considera tra i più significativi, almeno per il suo approccio alla psicoanalisi?*

Quando Lacan portò la discussione filosofica proprio nel cuore del suo Seminario psicoanalitico, uno spazio di pensiero nuovo e più che mai interessante si aprì, il quale non era semplicemente "clinico" né "filosofico" nel senso tradizionale. Lui, Lacan, andò strenuamente contro i modi stabiliti in entrambi questi campi, e fu così che incontrò una tenace resistenza in entrambi questi campi. La resistenza da parte dell'establishment psicoanalitico fu probabilmente anche più forte.

D'altro canto, molti giovani filosofi a quel tempo pensarono che ci fosse qualcosa di molto interessante nel Seminario di Lacan; lo percepirono come un sito possibile di un'autentica rivoluzione concettuale. Questa percezione/ricezione già di per sé ha costituito un contributo molto importante dato dalla filosofia (contemporanea) alla psicoanalisi. Naturalmente, Lacan stesso aveva avuto una formazione filosofica molto seria, che gli permise di formulare il nocciolo della scoperta freudiana in una maniera filosoficamente interessante, ovvero in una maniera che ha aperto la psicoanalisi a qualcosa di diverso dal semplice destino di essere una "scienza (umana) locale". In altre parole, e senza mezzi termini, la filosofia ha contribuito a dare alla teoria psicoanalitica una portata possibilmente universale, così come la capacità di percepirne la rilevanza ontologica. La psicoanalisi non è una nuova ontologia, ma non è senza rapporto con l'ontologia e con le interrogazioni ontologiche. Aspetto che viene completamente perduto quando la psicoanalisi viene ridotta alla sua dimensione terapeutica. E penso che questo si applichi anche alla configurazione specificamente clinica: la questione del fine e della fine della psicoanalisi come terapia non è di per sé una questione terapeutica, ma implica decisioni che sono entrambe di ordine etico e politico, decisioni che anche la filosofia permette di interrogare. Se non si vedono queste implicazioni, allora gli psicoanalisti diventano «ortopedisti dell'inconscio», come ebbe ironicamente a dire Lacan in una delle sue espressioni umoristiche. È importante, tuttavia, sottolineare qui che la filosofia non è una specie di *supplemento* necessario alla psicoanalisi. L'etica della psicoanalisi non è una questione filosofica che andrebbe aggiunta al *savoir faire* clinico, è una questione intrinsecamente filosofica della clinica stessa. E così sono molte altre questioni.

*Nietzsche e Freud. Quest'ultimo ammise di non aver mai veramente letto l'opera del filosofo, perché temeva di scoprire, tra le sue pagine, intuizioni anticipatrici del proprio lavoro. Come vede il rapporto tra i due?*

Ho una teoria un po' più complessa su questa relazione. Da una parte, c'è quella che si potrebbe chiamare una serie intera di rassomiglianze superficiali. Nietzsche si compiaceva delle sue intuizioni psicologiche sugli "uomini". Certo egli aveva delle intuizioni, ed erano proliferanti, ma queste non possono essere considerate separatamente dalla sua (nuova) ontologia. Porsi domande psicologiche, e interrogarsi sulle motivazioni psicologiche dietro affermazioni filosofiche che si pretendono neutre, equivale a introdurre una nuova serie di affermazioni e prospettive filosofiche. Nietzsche è filosofo dalla testa ai piedi, e la sua nozione di genealogia ha fatto sorgere alcune correnti vitali della filosofia contemporanea – basti citare Foucault. Ma la genealogia non è esattamente la psicoanalisi. E qui, dove la rassomiglianza sembra essere la più ovvia, le due cose sono forse le più lontane. Credo che Freud intuisse questo, e fosse perciò riluttante a concludere con il (troppo) ovvio: capiva che c'erano forse due tipi alquanto diversi di "rivoluzione", in questi due progetti. E in effetti c'erano.

D'altro canto, Nietzsche giunge spesso molto vicino alla psicoanalisi e al suo progetto, proprio quando non pratica alcun tipo di "psicologia" o genealogia dirette: ad esempio, con la sua nozione singolare di temporalità (l'eterno ritorno non come tempo ciclico, ma come ripetizione di una interruzione fondamentale, o di un "momento senza tempo") e del tipo di teoria del soggetto implicata in questa configurazione, se la pensiamo interamente…

*Sin dagli inizi della psicoanalisi, con Fenichel, Bernfeld, Reich, Fromm e altri, si è sviluppato un filone freudo-marxista sia tra gli analisti sia tra i filosofi, ancora fiorente. Come va pensato, oggi, il rapporto tra Marx, marxisti e psicoanalisi?*

Questa è una domanda molto complessa e interessante. Il freudo-marxismo (o "sessuo-sinistrismo", come lo chiamava Lacan) vide fondamentalmente il marxismo e la psicoanalisi come il supplemento (e il complemento) ciascuno dell'altro, nella misura in cui la psicoanalisi spiegava, ed eventualmente curava, le cause psicologiche della perpetuazione del potere, dello sfruttamento e della subordinazione. Il suo schema fondamentale si basa sull'idea che l'oppressione causa la rimozione (nel senso di *Verdrängung*), la quale a sua volta causa un'ulteriore oppressione sociale, e che una delle aree di oppressione culturalmente o socialmente più severe è la sessualità. Se liberiamo la sessualità (anche sul piano istituzionale), possiamo interrompere questa causalità e apportare una liberazione sociale più generale. Qui semplifico, ma questa nondimeno è la presupposizione di base. Tuttavia, Freud già vide, e Lacan rese esplicito, il fatto che c'è qualcosa di sbagliato in questa presupposizione, laddove essa sottintende che tutti "i guai del sesso" vengono dall'esterno e sono il risultato dell'oppressione (regolazione) imposta *alla* sessualità. Invece, Freud e Lacan hanno sostenuto che ci fosse qualcosa di intrinsecamente problematico nel sesso, di disturbante dal suo interno, che impediva una soddisfazione piena e non problematica. Il progetto della psicoanalisi freudiana non è la liberazione sessuale, che porterebbe a una più vasta liberazione sociale. L'inconscio riguarda non solo e semplicemente tutte le cose che rimuoviamo (e perché), ma anche come una certa dimensione della rimozione sia costruita e si presenti nell'ordine simbolico in quanto tale. Per questa ragione in psicoanalisi la liberazione non significa soltanto liberazione dall'oppressione, ma implica la capacità di maneggiare i punti di impasse strutturale e di farvi fronte, punti che sono anche le fonti principali di oppressione e di ulteriore rimozione. In altre parole, il sesso è rimosso e regolato in molti modi non perché esso esponga alla minaccia di un qualche godimento sfrenato, ma perché porta a un'impasse strutturale e la perpetua... Tutto questo, naturalmente, non esaurisce la questione della relazione tra Marx e Freud, la quale senza dubbio esiste ed è più che mai interessante. Per esempio, come ha dimostrato Louis Althusser nel suo potente saggio *Su Marx e Freud*, una delle cose che il marxismo e la psicoanalisi hanno in comune è il loro essere entrambe scienze conflittuali. Entrambe sono situate dentro il conflitto che teorizzano; esse sono in quanto tali parte della realtà che riconoscono come conflittuale e antagonistica. In questo caso il criterio dell'obiettività scientifica non rappresenta una supposta neutralità, la quale altro non è che una dissimulazione (e da qui una perpetuazione) dell'antagonismo dato, o dello sfruttamento reale. In ogni conflitto sociale, una posizione "neutrale" è sempre e necessariamente la posizione della classe dominante: sembra neutrale perché ha raggiunto lo statuto dell'ideologia dominante, che ci colpisce sempre come auto-evidente. Il criterio dell'oggettività in questo caso non è allora la neutralità, ma la capacità della teoria di occupare un punto di vista singolare, specifico, entro la situazione. In questo caso, l'oggettività è legata alla capacità di essere "parziali" e "partigiani". Come dice Althusser: quando si ha a che fare con una realtà conflittuale (è il caso sia del marxismo sia della psicoanalisi) non è possibile vedere ogni cosa da ogni parte (*on ne peut pas tout voir de partout*); alcune posizioni dissimulano questo conflitto, mentre altre lo rivelano. Si può dunque scoprire l'essenza della realtà conflittuale solo occupando certe posizioni, e non altre, in questo conflitto. Ora, vorrei sostenere che il sesso, o *il sessuale*, è appunto una "posizione" o punto di vista simile in psicoanalisi. Questo è molto diverso dal dire che la psicoanalisi prende il sesso come la realtà ultima o la verità di ogni cosa; no, il sesso è un'entrata privilegiata nelle contraddizioni (antagonismi) che ci forza a vedere, a pensare, a misurarci con esso.

*Crede che la psicoanalisi possa essere uno strumento utile per interpretare i fenomeni politici, sociali e di costume contemporanei? In particolare, le differenze di genere, il processo emancipativo delle donne e di persone con orientamenti sessuali non ortodossi? E se sì, secondo quale chiave?*

Sì, la psicoanalisi può intervenire in questi dibattiti in maniera produttiva. Non certo predicando modi e valori tradizionali della famiglia, ma nemmeno promuovendo l'orientamento sessuale come una semplice questione di scelta entro un sistema di valori liberale. Dire alla gente che sono "liberi di scegliere" la loro sessualità e di creare la loro identità sessuale è un approccio molto dubbio. Perché una cosa è mettere in questione i ruoli simbolici pre-costituiti e i loro significati e le loro imposizioni culturali, altra cosa è rifiutare di vedere il nocciolo problematico della sessualità in quanto tale. In altre parole: la sessualità eterosessuale normativa è di per sé problematica e lotta con una impasse, e questa è propriamente la ragione per cui l'eterosessualità può sentirsi minacciata, dall'omosessualità per esempio. Non esiste una sessualità non problematica. Per questa ragione l'idea di "liberazione della sessualità" oggi è spesso sostituita dall'idea di "liberazione dalla sessualità". È necessario capire la discriminazione e la persecuzione sociali (che certamente esistono) di alcune forme di orientamento sessuale sullo sfondo del carattere problematico della sessualità in quanto tale. L'ideologia del libero mercato degli orientamenti sessuali copre e perpetua gli antagonismi implicati nella sessualità, e permette di sfruttarli ulteriormente. Il sesso è una questione di "scelta" a un livello molto diverso – diciamo al livello che Kant avrebbe chiamato «la scelta trascendentale del carattere», o a quello che Lacan (seguendo Freud) chiamò la «scelta della nevrosi». Non è una scelta che noi facciamo come soggetti autonomi, ma la scelta attraverso cui diventiamo soggetti, come fondamentalmente soggetti di questa "scelta", di questa risposta particolare all'impasse strutturale.

*Trova importante che la psicoanalisi oggi dialoghi con il sapere biologico (scienze dell'evoluzione, neuroscienze) e con le scienze in generale?*

Sì, naturalmente la psicoanalisi non può ignorare tutto questo. Lacan ha interrogato continuamente la relazione tra psicoanalisi e scienza, ha affermato persino che il soggetto dell'inconscio è il soggetto della scienza moderna galileiana. Allo stesso modo, oggi non basta affatto cercare di "tenersi al passo" con i più recenti sviluppi nelle scienze, bisogna anche interrogarsi su questa relazione. Per questo, sottolineare le similarità (o anche le dissimilarità) tra scienze e psicoanalisi non è sufficiente. Le neuroscienze si basano su una intera serie di presupposti che esse raramente fanno oggetto di analisi, di cui non vogliono saper nulla. Questo non impedisce loro di raggiungere dei risultati straordinari, o di compiere grandi progressi, come suol dirsi. La psicoanalisi è vista talvolta (dagli psicoanalisti) come la guardiana della nostra umanità essenziale, che sempre più rischia di sparire in un approccio puramente scientifico agli esseri umani. Cioè, essa è vista come la guardiana e la custode di ciò che sfugge ai calcoli, agli scan cerebrali e alle formule scientifiche. Si tratta di una paura alquanto tradizionale: la paura che la scienza possa cancellare o disperdere il mistero che ci rende interessanti in quanto umani. Penso che qui si debba rovesciare la prospettiva: il problema non è semplicemente la scomparsa dell'opacità, ma piuttosto la sua creazione massiccia da qualche altra parte. Certamente non mancano, oggi, manifestazioni dell'oscurantismo, a cominciare da quello che molti scienziati frequentano nel loro tempo "libero", come a voler compensare la razionalità connessa alla loro professione. L'inconscio è lontano dallo scomparire, è prodotto su scala massiccia, anche se assume nuove forme. La psicoanalisi – almeno nel modo in cui io la intendo e la apprezzo – non afferma che *oltre* alla ragione e alla razionalità possediamo anche altre dimensioni di cui dovremmo tener conto. La sua affermazione fondamentale, quella più rivoluzionaria, è che la ragione stessa è strutturata attorno a un nocciolo "irrazionale"; che c'è qualcosa di irrazionale nel cuore stesso della ragione – cosa che non la rende per questo meno ragione. La tesi sull'inconscio riguarda la nostra stessa razionalità, e non qualcosa che si colloca accanto, o sopra di essa. Alcune teorie scientifiche risuonano con questo, o puntano in una direzione simile, ma esiste anche tanto scientismo piuttosto ingenuo, che si integra a varie forme di misticismo.

Propongo un'idea un po' pazza: di fatto non siamo più di quello che uno scan cerebrale rivela, ma piuttosto qualcosa *di meno*. Si suppone che gli scan cerebrali abbiano senso e siano (almeno potenzialmente) interamente mappabili sulla nostra individualità. Ma se invece non lo fossero? Quello che ci rende soggetti (dell'inconscio) forse non è qualcosa che non si mostra negli scan cerebrali, ma piuttosto qualcosa che si mostra solo negli scan cerebrali e che non può essere mappato in alcuna altra cosa…

## Notizie sugli intervistati

ALAN BASS

Ph.D., pratica come psicoanalista a New York, e insegna alla Graduate philosophy faculty della The New School for Social Research (New York). È analista didatta e membro di facoltà dell'Institute for Psychoanalytic Training and Research (IPTAR) e della Contemporary Freudian Society. È autore di: *Difference and Disavowal. The Trauma of Eros* (Stanford: Stanford University Press, 2000), *Interpretation and Difference: The Strangeness of Care* (Stanford: Stanford University Press, 2006) and *Fetishism, Psychoanalysis and Philosophy. The Iridescent Thing* (London: Routledge, 2018). Ha tradotto vari libri di Jacques Derrida (*La scrittura e la differenza*, *Posizioni*, *Margini della filosofia*, *La carta postale*) e ha curato il volume *The Undecidable Unconscious. A Journal of Deconstruction and Psychoanalysis.*

SERGIO BENVENUTO

Psicoanalista, già 1° ricercatore presso il CNR (ISTC) a Roma. È presidente dell'Istituto Elvio Fachinelli (Istituto di Studi Avanzati in Psicoanalisi). Ha fondato nel 1995 e diretto fino al 2020 «European Journal of Psychoanalysis», che è pubblicato sia in inglese che in russo, ed è redattore di «American Imago» e di «Psychoanalytic Discourse». Ha collaborato e collabora a varie riviste culturali, tra cui «Telos», «Lettre Internationale» (edizioni tedesca, francese, spagnola, ungherese, rumena), «Texte», «Journal for Lacanian Studies», «L'évolution psychiatrique», «DIVISION/Review», «Cliniques Méditerranéennes». Ha tradotto in italiano per Einaudi il *Séminaire XX. Encore* di Jacques Lacan. Tra le sue pubblicazioni più recenti: *Perversioni. Sessualità, etica, psicoanalisi* (Torino: Bollati Boringhieri, 2005); *Accidia* (Bologna: Il Mulino, 2008); con A. Molino, *In Freud's Track's* (New York: Aronson, 2008); *La gelosia*

(Bologna: Il Mulino, 2011); *Lacan, oggi* (Milano: Mimesis 2014); *Leggere Freud* (Salerno: Orthotes 2018); *Godere senza limiti. Un italiano nel maggio '68 a Parigi* (Milano: Mimesis, 2018); *Conversations with Lacan* (London: Routledge, 2020); *La ballata del mangiatore di cervella* (Salerno: Orthotes, 2020).

ALESSANDRA CAMPO

È assegnista di ricerca in filosofia teoretica presso l'Università degli studi dell'Aquila e membro del centro di filosofia e psicoanalisi "Après-coup" presso la stessa università. Per diversi anni si è occupata dei rapporti tra filosofia e psicoanalisi, con particolare riguardo alle implicazioni metafisiche e cosmologiche della teoria freudiano-lacaniana (Bergson, Whitehead e Deleuze). Più recentemente, le sue ricerche si sono consacrate allo studio della causalità metafisica in Kant e Spinoza e, nello specifico, alla presenza di alcune istanze caratteristiche della filosofia del secondo nella riflessione del primo. È autrice di diversi saggi e collabora con «Il Manifesto». Ha curato il volume *L'uno perverso. L'uno senza l'altro: una perversione?* (L'Aquila: Textus, 2018) ed è autrice della monografia *Tardività. Freud dopo Lacan* (Milano: Mimesis, 2018).

FELICE CIMATTI

Insegna Filosofia del linguaggio all'Università della Calabria. Ha pubblicato, da ultimo, *Cose. Per una filosofia del reale* (Torino: Bollati Boringhieri, 2018) e *La vita estrinseca. Dopo il linguaggio* (Salerno: Orthotes, 2018).

MARCUS COELEN

È uno psicoanalista e supervisore analitico che esercita nella pratica privata a Berlino e a New York. Insegna anche letteratura e teoria letteraria, e ha un insegnamento nello *Psychoanalytic Study Program* alla Columbia University di New York. Ha tradotto in tedesco e ha curato vari volumi di testi del romanziere e saggista Maurice Blanchot. La sua ricerca accademica è focalizzata sul pensiero francese contemporaneo e sull'intersezione tra letteratura, filosofia e psicoanalisi, così come sul posto della follia nella pratica e nella teoria analitiche. Ha in preparazione, assieme a Jamieson Webster, *The Cambridge Introduction to Jacques Lacan.*

LUCIANO DE FIORE

Insegna Storia della filosofia moderna alla Sapienza, Università di Roma. È membro di ALIPsi (Associazione Lacaniana Italiana di Psicoanalisi) e di diverse società filosofiche. Tra le sue pubblicazioni recenti, i volumi *La città deserta. Leggendo il Sapere assoluto nella* Fenomenologia dello spirito *di Hegel* (Roma: Lithos 2012); *Anche il mare sogna. Filosofie dei flutti* (Roma: Editori Riuniti 2013); *Passaggi sul vuoto* (Giulianova: Galaad Edizioni, 2014); *Philip Roth. Fantasmi del desiderio* (Roma: Castelvecchi, 2018, Second Edition) e *Risposte pratiche, risposte sante. Pasolini, il tempo e la politica* (Roma: Castelvecchi 2018).

GUY FELIX DUPORTAIL (1952 – 2018)

È stato un filosofo francese, e Professore di Filosofia all'Università di Parigi I (Panthéon-Sorbonne). Ha studiato i possibili collegamenti fra fenomenologia e psicoanalisi, e ha tentato in particolare di allineare Husserl e Merleau-Ponty e la psicoanalisi lacaniana, specialmente per quanto riguarda la topologia e il nodo Borromeo. I suoi scritti comprendono: *L'a priori littéral* (Paris: Cerf, 2003); *Intentionnalité et Trauma* (Paris: L'Harmattan, 2005); *Les Institutions du monde de la vie* (Merleau-Ponty et Lacan) (Grenoble: Millon, 2008); *L'origine de la psychanalyse. Introduction à une phénoménologie de l'incoscient* (Sesto San Giovanni: Editions Mimesis, 2013); *Existence et psychanalyse* (Paris: Hermann, 2016).

ALFONSO MAURIZIO IACONO

Professore ordinario di Storia della filosofia, si è occupato e si occupa dei rapporti tra filosofia, politica e antropologia tra XVIII e XX secolo. Ha lavorato attorno alle nozioni di *zòon politikòn* e di autonomia, nonché sui rapporti tra storia, filosofia e antropologia in particolare attorno alla questione del *feticismo*. Si è occupato di epistemologia, in particolare del problema dell'osservatore, dei concetti di "sistema", "complessità", "autopoiesi", della questione della rappresentazione visiva, del tema dei *mondi intermedi*. Ha studiato gli aspetti teorici della riabilitazione neurocognitiva. Ha fatto esperienza di filosofia con i bambini. Tra i suoi scritti: *Il borghese e il selvaggio* (Milano: Angeli, 1982, Pisa: ETS, 2003 seconda edizione; tr. ingl.: *The Bourgeois and the Savage*, New York: Palgrave Macmillan, in corso di pubblicazione); *Teorie del feticismo* (Milano: Giuffré, 1984); *L'evento e l'osservatore* (Bergamo: Lubrina, 1987, Pisa: ETS, 2013 seconda edizione; tr. fr.: *L'evénément et l'observateur*, Paris: L'Harmattan, 1998); *Le fétichisme. Histoire d'un concept* (Paris: PUF, 1992); *Tra individui e cose* (Roma: Manifestolibri, 1995); *Paura e meraviglia. Storie filosofiche del XVIII secolo* (Catanzaro: Rubbettino,1998); *Autonomia, potere, minorità* (Milano: Feltrinelli 2000); *Caminhos de Saida do Estado de Menoridade* (Rio de Janeiro: Lacerba, 2000); *Storia, verità, finzione* (Roma: Manifestolibri, 2006); *L'illusione e il sostituto* (Milano: Bruno Mondadori, 2010); *Il sogno di una copia* (Milano: Guerrini, 2016); *The History and Theory of Fetishism* (New York: Palgrave Macmillan, 2016); *Studi su Karl Marx* (Pisa: ETS, 2018). Nell'ambito della filosofia con i bambini: A.M. Iacono e S. Viti, *Le domande sono ciliegie* (Roma: Manifestolibri, 2000) e *Per mari aperti* (Roma: Manifestolibri, 2003) e in quello della riabilitazione neurocognitiva: *Storie di mondi intermedi* (Pisa: ETS, 2016).

FEDERICO LEONI

È coordinatore scientifico della Fondazione Giangiacomo Feltrinelli. Ha studiato e ha insegnato presso il Dipartimento di filosofia dell'Università Statale di Milano per dieci anni. Membro ALIPsi (Associazione lacaniana italiana di psicoanalisi) e Sgai (Società Gruppoanalitica Italiana), condirettore della rivista internazionale «Chiasmi» (dedicata a Maurice Merleau-Ponty), condirettore di «Antropoanalisi», collabora con riviste italiane e straniere e ha pubblicato tra l'altro: *Habeas Corpus. Sei genealogie del corpo occidentale* (Milano, 2008); *Franco Basaglia. Un laboratorio italiano* (Milano, 2011); *Descartes. Una teologia della tecnologia* (Milano, 2013); *L'idiota e la lettera. Quattro saggi sul* Flaubert *di Sartre* (Napoli, 2013).

ROMANO MADERA

È stato professore ordinario di Filosofia Morale e di Pratiche Filosofiche presso l'Università degli Studi di Milano Bicocca. Fa parte delle associazioni di psicologia analitica AIPA (italiana) e IAAP (internazionale), del LAI, (Laboratorio Analitico delle Immagini,) e della redazione della «Rivista di Psicologia Analitica». È uno dei fondatori della Scuola Superiore di Pratiche Filosofiche *Philo*. Ha chiamato la sua proposta nel campo della ricerca e della cura del senso "analisi biografica a orientamento filosofico" formando la società degli analisti filosofi (SABOF). Tra le sue pubblicazioni: *Identità e feticismo* (1977) ripubblicato in una nuova edizione ampliata come *Sconfitta e utopia. Identità e feticismo attraverso Marx e Nietzsche* (Mimesis, Milano-Udine, 2018-2006; *La carta del senso. Psicologia del profondo e vita filosofica*, (Milano: R. Cortina, 2012); *C.G. Jung. L'Opera al Rosso* (Milano: Feltrinelli, 2016).

BRUNO MORONCINI

È professore di Filosofia morale presso l'Università di Salerno. Fra i suoi libri più recenti: *Gli amici non si danno del tu* (Napoli: Cronopio, 2011); *Il lavoro del lutto. Materialismo, politica e rivoluzione in Walter Benjamin* (Milano: Mimesis, 2012); *Sur l'amour. Jacques Lacan et Le banquet de Platon* (Bruxelles: EME, 2013); *Lacan politico* (Napoli: Cronopio, 2014).

JEAN-LUC NANCY

Insegna filosofia all'Università di Strasburgo e ha insegnato in precedenza all'Università della California a San Diego. Tra i suoi lavoro: con Philippe Lacoue-Labarthe, *Il titolo della lettera. Una lettura di Lacan* (Roma: Astrolabio, 1973) e *L'Absolu litté-*

*raire* (Paris: Le Seuil, 1978); *La communauté désoeuvrée* (Paris: 1986, 2001); *L'expérience de la liberté* (Paris: Galilée, 1988); *Etre singulier pluriel* (Paris: 1996); *Hegel, l'inquiétude du négatif* (Paris: 1997); *Le regard du portrait* (Paris: Galilée, 2000); *L'"il y a" du rapport sexuel* (Paris: Galilée, 2001). *Essere singolare plurale* (Torino: Einaudi, 2001); *L'equivalenza delle catastrofi (Dopo Fukushima)* (Milano: Mimesis, 2016).

DANY NOBUS

Nato in Belgio, ha studiato Psicologia Clinica e Psicoterapia Psicoanalitica all'Università di Ghent. Titolare della cattedra in Psicologia Psicoanalitica presso l'Università Brunel di Londra dal 2006. Ha pubblicato sei libri ed è l'autore di oltre 200 fra articoli, capitoli di libri e relazioni in svariate riviste accademiche e professionali. Nel corso degli anni ha presentato i suoi lavori presso prestigiose istituzioni accademiche in diversi luoghi del mondo, da Harvard alla Columbia e all'UCLA (università di Los Angeles, California), e ha condotto seminari clinici per professionisti della salute mentale su entrambe le sponde dell'Atlantico. Dal 2013 al 2017 ha presieduto la Commissione dei Curatori (Board of Trustees) del Museo Freud di Londra, e nell'Aprile 2017 gli è stata anche conferita la Sarton Medal dell'Università di Ghent, come riconoscimento per la rilevanza straordinaria dei suoi contributi alla storia della psicoanalisi. I suoi libri comprendono *Jacques Lacan and the Freudian Practice of Psychoanalysis* (Routledge, 2000), *Knowing Nothing, Staying Stupid: Elements for a Psychoanalytic Epistemology* (with Malcolm Quinn) (Routledge, 2005) e *The Law of Desire: On Lacan's "Kant with Sade"* (Palgrave, 2017).

ALEX PAGLIARDINI

Psicoanalista, vive e pratica a Roma. Tra le sue pubblicazioni, *Jacques Lacan e il trauma del linguaggio* (Giulianova: Galaad Edizioni, 2011), *Il sintomo di Lacan* (Giulianova: Galaad Edizioni, 2016), *Lacan al presente* (Giulianova: Galaad Edizioni, 2020).

RICCARDO PANATTONI

Insegna "Etica e psicoanalisi" presso l'Università di Verona, dirige il Centro di ricerca "Tiresia. Per la filosofia e la psicoanalisi" sempre presso la stessa Università. Insegna inoltre "Critica e clinica" presso l'Irpa (Istituto di Ricerca di Psicoanalisi Applicata) di Milano. Insieme a Elio Grazioli cura per Moretti & Vitali la serie "Imm'" sulla cultura visuale. Dirige con Federico Leoni per Orthotes la serie "Le parole della psicoanalisi". Tra le sue ultime pubblicazioni: *Giorgio Agamben. La vita che prende forma* (Milano: Feltrinelli, 2018), *Altitudo. Perché l'essere umano desidera elevarsi?* (Genova: Il Melangolo, 2019).

ROCCO RONCHI

È docente di *Filosofia teoretica* presso l'Università degli Studi di L'Aquila. Insegna filosofia presso l'IRPA (Istituto di Ricerca di Psicoanalisi Applicata) di Milano. Dirige la scuola di filosofia *Praxis* (Forlì) e le collane di filosofia "Filosofia al presente" della Textus edizioni di L'Aquila e "Canone minore" della Mimesis edizioni di Milano. Tra le sue più recenti pubblicazioni: *Come fare. Per una resistenza filosofica* (Milano: Feltrinelli, 2012); *Gilles Deleuze* (Milano: Feltrinelli, 2015); *Il canone minore. Verso una filosofia della natura* (Milano: Feltrinelli, 2017; traduzione francese: *La ligne mineure, Pour une philosophie de la nature*, Mimesis, 2020); *Bertolt Brecht. Tre dispositivi* (Napoli-Salerno: Orthotes, 2017). Insieme a Riccardo Panattoni ha curato il volume *Immanenza: una mappa* (Milano: Mimesis, 2019). Con Bernard Stiegler, è autore di *L'ingovernabile: due lezioni sulla politica* (Genova: Il Nuovo Melangolo, 2019).

ANTONELLO SCIACCHITANO

È nato a San Pellegrino Terme (BG) il 24 giugno 1940. Si è laureato in medicina e chirurgia con il massimo dei voti nel novembre del 1965 con una tesi in immunologia. Nel 1977, durante un percorso di *passe* della durata di sei mesi presso l'*Ecole freudienne de Paris*, diretta da Jacques Lacan, ha testimoniato pubblicamente la propria formazione psicoanalitica con analisi personale. Nel 1981 si è specializzato in Psichiatria con lode presso la Scuola di specialità diretta dal prof. Carlo Lorenzo Cazzullo. Attualmente vive e lavora a Milano, dove opera come psicoanalista. I suoi interessi scientifici sono diretti alla rifondazione della metapsicologia freudiana, al fine di riformularla su base scientifica moderna in termini di logica epistemica e di topologia. Scrive per riviste psicoanalitiche italiane, inglesi, francesi e tedesche. Dal 1998 è redattore della rivista di filosofia «aut aut», fondata da Enzo Paci e diretta da Pier Aldo Rovatti. Dal 2009 al 2012 è stato redattore del «Journal of European Psychoanalysis», diretto da Sergio Benvenuto. Alcune pubblicazioni: *Anoressia, sintomo e angoscia* (Milano: Guerini, 1994); *Il terzo incluso. Saggio di logica epistemica* (Firenze: Shakespeare and Company, 1995); *Wissenschaft als Hysterie. Das Subjekt der Wissenschaft von Descartes bis Freud und die Frage nach dem Unendlichen* [Scienza come isteria. Il soggetto della scienza da Cartesio a Freud e la questione dell'infinito.] (trad. R. Scheu, Turia + Kant, Wien 2002; l'edizione italiana è Udine: Campanotto, 2005); *Il tempo di sapere. Saggio sull'inconscio freudiano* (Milano-Udine: Mimesis, 2013). Traduzioni: J. Lacan, *Il Seminario, Libro I, Gli scritti tecnici di Freud* (1953-1954) (Torino: Einaudi, 1978); S. Žižek, *L'isterico sublime. Psicanalisi e filosofia* (1988) (Milano-Udine: Mimesis, 2003); S. Freud, *La questione dell'analisi laica. Conversazioni con un imparziale* (1926-27, in collaborazione con Davide Radice; Milano-Udine: Mimesis, 2012); E. Bleuler, *Dementia praecox o il gruppo delle schizofrenie* (1911) (Sacile: Polimnia Digital Editions, 2016).

Gianluca Solla

Insegna Filosofia teoretica presso l'università di Verona, dove è associato al Centro di ricerca filosofia e psicoanalisi "Tiresia". È stato visiting professor presso la Freie Universität di Berlino, la Ludwig-Maximilians-Universität di Monaco di Baviera, l'Europa-Universität Viadrina a Frankfurt/Oder. Tra le sue monografie: *Memoria dei senzanome. Breve storia dell'infimo e dell'infame* (Verona: ombre corte, 2013); *Buster Keaton. L'invenzione del gesto* (Napoli: Orthotes, 2016); *Il debito assoluto, l'economia della vita* (Pisa: ETS, 2018).

FRANCESCO SAVERIO TRINCIA
È professore onorario di Filosofia morale alla Sapienza di Roma dove ha sempre insegnato. Scrive su riviste come «La Cultura», «Discipline filosofiche», «L'Inconscio. Rivista italiana di filosofia e psicoanalisi», e collabora con riviste italiane e straniere. Ha dedicato i suoi studi i dapprima a Marx, ai marxismi, a Hegel, al neoidealismo italiano, all'etica e alla bioetica. A partire dagli ultimi tre lustri si occupa prevalentemente di fenomenologia husserliana e del pensiero di Sigmund Freud, passando attraverso un periodo intermedio di lavoro e di pubblicazione dedicato a Martin Heidegger. Si è affermato come uno dei punti di riferimento degli studi di fenomenologia e su Edmund Husserl in Italia e all'estero, oltre che come uno degli esponenti indipendenti degli studi filosofici dedicati alla psicoanalisi, con quasi esclusivo riferimento a Sigmund Freud, e al rapporto tra fenomenologia e psicoanalisi. Tale seconda fase, che tuttora è in atto, è stata oggetto del volume in *Omaggio a Francesco Saverio Trincia*, offertogli in occasione del suo pensionamento (2016). Il suo ultimo libro, *Umanesimo europeo. Sigmund Freud e Thomas Mann* (Brescia: Morcelliana Scholé, 2019), in corso di pubblicazione, è stato preceduto da: *Husserl, Freud e il problema dell'inconscio* (Brescia: Morcelliana, 2008); *Freud e la filosofia* (Brescia: Morcelliana, 2010); *Freud* (Brescia: La Scuola, 2014); *L'anima e lo Stato. Hans Kelsen e Sigmund Freud*, con Federico Lijoi (Brescia: Morcelliana, 2015).

SILVIA VIZZARDELLI
È docente di Estetica nel Dipartimento di Studi Umanistici dell'Università della Calabria. Membro della Società Italiana di Estetica (SIE). È capofila di un progetto interuniversitario di nome Skia, Estetica e psicoanalisi volto ad organizzare, tra le altre cose, una Summer School dedicata al tema della visione

fantasmatica. Collabora col quotidiano «Il Manifesto» e il suo settimanale «Alias». Da qualche anno si occupa del rapporto tra estetica e psicoanalisi. Tra le sue più recenti pubblicazioni in volume: *Filosofia della musica* (Roma-Bari: Laterza 2007); *Verso una nuova estetica. Categorie in movimento*, (Milano: Bruno Mondadori 2010); con Felice Cimatti, a cura di, *Filosofia della psicoanalisi. Un'introduzione in ventuno passi* (Macerata: Quodlibet 2013), *Un canto, un corpo. Teorie romantiche della musica* (Il Glifo ebook, 2013); *Io mi lascio cadere. Estetica e psicoanalisi* (Macerata: Quodlibet, 2014); *La tentazione dello spazio. Estetica e psicoanalisi dell'inorganico* (con V. De Filippis, Orthotes 2017); con M. Bonazzi, C. Serra, a cura di, *Voce. Un incontro tra filosofia e psicoanalisi* (Milano-Udine: Mimesis, 2018).

JAMIESON WEBSTER

Esercita come psicoanalista a New York; professoressa assistente aggiunta alla New York University e a The New School di New York; candidata avanzata al New York Psychoanalytic Institute. Ha scritto vari articoli sulla teoria e la pratica della psicoanalisi. Ha pubblicato i libri *The Life and Death of Psychoanalysis* (London: Karnac); e con S. Critchley, *Stay Illusion. The Hamlet Doctrine* (New York: Pantheon Books, 2013).

ALENKA ZUPANČIČ

È ricercatrice a tempo pieno all'Istituto di Filosofia dell'Accademia Slovena delle Scienze e delle Arti, ed è visiting professor all'European Graduate School (EGS) in Saas-Fee, Svizzera. Ha scritto estensivamente su psicoanalisi e filosofia. È autrice di numerosi articoli e libri, tra cui: *Ethics of the Real: Kant and Lacan* (London-New York: Verso, 2000), *The Shortest Shadow. Nietzsche's Philosophy of the Two* (Boston: MIT Press, 2003), *The Odd One In. On Comedy* (Boston: MIT Press, 2008), e *Why Psychoanalysis: Three Interventions* (Aarhus: Aarhus University Press, 2008).

VOLUMI PUBBLICATI

1. Alex Pagliardini, *Jacques Lacan e il trauma del linguaggio.*
2. A cura di Antonio Lucci e Alex Pagliardini, *Desiderio e godimento.*
3. Thomas Macho, *Segni dall'oscurità.*
4. A cura di Luciano De Fiore, *Passaggi sul vuoto.*
5. Igor Pelgreffi, *La scrittura dell'autos. Derrida e l'autobiografia.*
6. Alex Pagliardini, *Il sintomo di Lacan. Dieci incontri con il reale.*
7. Nicolò Terminio, *Teoria e tecnica della psicoanalisi lacaniana.*
8. Fabio Milazzo, *Senso e godimento.*
9. A cura di Alex Pagliardini e Igor Pelgreffi, *La direzione della cura. Psicoanalisi e filosofia.*
10. A cura di Alessandro Siciliano e Federico Chicchi, *Pensare il rovescio. Psicoanalisi in movimento.*
11. Claudio Cavallari, *Foucault con Lacan. La produzione discorsiva del soggetto.*
12. A cura di Fabrizio Gambini e Mauro Milanaccio, *Perché la topologia. Lacan, la psicoanalisi e la topologia.*
13. Alex Pagliardini, *Lacan al presente. Per una clinica del reale.*

Stampato per conto della Galaad Edizioni
presso Universal Book s.r.l., Rende (CS)
nel mese di novembre 2020